EZOTERYKA
DLA
ROZWAŻNYCH

KATARZYNA
POŁUDNIAK

EZOTERYKA DLA ROZWAŻNYCH

ALE ROMANTYCZNI TEŻ MOGĄ PRZECZYTAĆ

HARDE
WYDAWNICTWO

Babci Marii, mamie Longinie i córce Marysi
– trzem pokoleniom silnych kobiet,
które tworzą spoiwo mojego życia.
Z miłością i podziwem

OD AUTORKI

Cóż za wyzwanie – opowiedzieć o ezoteryce tak, by przekonać zarówno tych z racjonalnym spojrzeniem, jak i tych, którzy widzą życie przez różowe okulary! Sama kiedyś byłam ezoterycznym niedowiarkiem, jeśli można użyć takiego określenia.

Trudno mi precyzyjnie wskazać moment, kiedy po raz pierwszy zetknęłam się z ezoteryką. To trochę tak, jakby próbować złapać mgłę w dłonie. Być może dlatego, że od najmłodszych lat wychowywałam się w miejscu, gdzie codzienność splatała się z tajemniczością. Mój dom był pełen osobliwości – dziwnych przedmiotów i jeszcze dziwniejszych gości, którzy często odwiedzali mamę, która – choć z zewnątrz wydawała się zwyczajną farmaceutką – miała niezwykłe zainteresowania: astrologię, tarot, numerologię, a także homeopatię i ziołolecznictwo.

Tak naprawdę więc ciężko mi określić, kiedy dokładnie astrologia czy numerologia stały się częścią mojego życia. W dzieciństwie były jak meble – zawsze obecne, choć nie zawsze zauważane.

Jako dziecko, będąc świadkiem tych wszystkich ezoterycznych ceremonii, postanowiłam, że moje życie będzie zupełnie inne. „Nauka to przyszłość!" – mówiłam sobie, idąc na studia z fizyki. Potem dla odmiany wpadłam na pomysł, żeby zostać psychologiem. Wydawało się, że każdy mój krok oddala mnie od tego tajemniczego świata, w którym się wychowałam. Ale jak to w życiu bywa – im bardziej starałam się uciec, tym silniej wracało to do mnie.

Pamiętam jak dziś – to było chyba na drugim roku studiów z fizyki – koleżanka w akcie desperacji, a może ciekawości, poprosiła mnie o sporządzenie horoskopu. Postanowiłam wtedy poprosić o pomoc mamę – ekspertkę w tej dziedzinie. Wszystko sprawdziło się z niezwykłą dokładnością. Jakież to fascynujące! Potem już potoczyło się lawinowo. Najpierw wpadłam w objęcia astrologii. Następnie, nie wiem nawet kiedy i dlaczego, zaczęłam wróżyć z kart tarota. Początkowo dla zabawy, poźniej coraz częściej i poważniej. Horoskopy, przepowiednie, sesje z runami – wszystko to wkradło się do mojego życia tak naturalnie, jakby zawsze miało tam być. Przez ostatnie 30 lat zajmowałam się różnymi dziedzinami ezoteryki. I wiecie co? Mimo całego mojego naukowego sceptycyzmu jest w nich dla mnie coś fascynującego.

Witajcie w więc moim świecie. Będę waszą przewodniczką po zakamarkach ezoteryki, gdzie magia i zagadki splatają się, tworząc fascynującą mozaikę trudnych do opisania doznań i zaskakujących odkryć. Ezoteryka, otoczona aurą tajemnicy, przyciąga poszukiwaczy sensu pragnących zgłębić sekrety ludzkiej duszy i wszechświata. Jest jak drzwi do innego wymiaru, gdzie logika przenika się z intuicją, a nauka z mistycyzmem.

Zapraszam do przekroczenia progu tego świata, gdzie gwiazdy szepczą sekrety, a karty wcale nie służą do gry. Ta książka to przewodnik po ścieżkach tajemnej wiedzy. Numerologia wykracza daleko poza zwykłą matematykę, a reiki to coś więcej niż ruchy rąk. Przygotujcie się na podróż, w której runy to nie tylko litery starożytnego alfabetu, a intuicja nie jest zgadywaniem, co kombinuje wasz kot.

Zaczniemy od astrologii, ale zapomnijcie o horoskopach przewidujących, czy dzisiaj spotkacie wysokiego nieznajomego. Zamiast tego odkryjemy, jak znaki zodiaku i ruchy planet mogą wpływać na nas w bardziej znaczący sposób.

Karty tarota mogą być użytecznym narzędziem do introspekcji i samopoznania, a nie tylko do wróżenia przyszłości. Numerologia to nie zabawa liczbami, ale sposób na zrozumienie, jak cyfry wpływają na nasze życie i jakie tajemnice kryją się w dacie urodzenia.

Zajrzymy również do świata run, aby zrozumieć ich starożytne znaczenie i jak współcześnie mogą służyć w codziennych sprawach. Przedstawię wam praktykę uzdrawiania oraz równoważenia energii reiki i udowodnię, że energia może na nas wpływać lepiej niż kawa o poranku.

Przejdźmy więc przez krainę, gdzie intuicja będzie najlepszym przewodnikiem, ucząc nas, jak słuchać i ufać wewnętrznym głosom. Odkryjemy magię kamieni, zobaczycie, że mogą być nie tylko pięknymi ozdobami, ale też sprzymierzeńcami i ochroną przed negatywną energią, codziennym stresem, oferując spokój. Nauczymy się magicznych rytuałów, które są bardziej fascynujące niż najnowsze odcinki ulubionego serialu. Nie będę się skupiać na złożonych ceremoniach, lecz na prostych codziennych praktykach, które mogą wprowadzić trochę magii do naszego życia.

Pokażę, że duchowość i pragmatyzm mogą iść ręka w rękę. Przybliżę świat starożytnych mądrości, ucząc, jak mogą wzbogacić życie w nowoczesnym świecie. To książka dla tych, którzy chcą połączyć duchowy wymiar życia z praktycznym podejściem. Zapnijcie pasy, bo ta podróż może wieść bardzo krętymi drogami.

Zanim jednak przekroczycie próg tajemnicy, pozwólcie, że podzielę się kilkoma istotnymi radami. Pierwsza i najważniejsza: nie wszystko, co błyszczy, to aura. Ezoteryka jest jak biblioteka pełna zwojów niewyjaśnionych tajemnic. W tej książce znajdziecie wiele dróg, to wy musicie wybrać właściwą.

Druga rada: zachowajcie zdrowy rozsądek. W świecie, gdzie energia może być przesyłana myślami, a przyszłość odczytywana z fusów kawy, łatwo o zgubienie się w labiryncie niepewności. Otwórzcie umysły, ale nie na tyle, by całkowicie stracić zdrowy osąd. Ezoteryka wymaga otwartości, ale też umiejętności odróżniania ziaren prawdy od plew fantazji. W tej książce znajdziecie zarówno jedno, jak i drugie – rozróżnienie pozostawiam błyskotliwej intuicji czytelników.

I wreszcie, pamiętajcie, że ezoteryka to także radość, śmiech i lekkość. Nawet wszechświat ma poczucie humoru.

Zapraszam więc do niezwykłej podróży. Kto wie, może na jej końcu znajdziecie coś więcej niż odpowiedzi na pytania – może samych siebie, schowanych gdzieś między kartami tej książki.

Zapraszam do świata ezoteryki, gdzie rozważni i romantyczni mogą znaleźć coś dla siebie. Bo przecież czy nie o to w życiu chodzi, by odnaleźć równowagę między sercem a rozumem?

ASTROLOGIA – CHIRURGICZNA PRECYZJA PRZEPOWIEDNI

DLA SZUKAJĄCYCH KONKRETNYCH ODPOWIEDZI NA KAŻDY TEMAT

Człowiek nieznający swojego horoskopu jest jak kapitan statku,
który wyrzuca za burtę mapy i woła: „Boże, prowadź!".
LESZEK SZUMAN, jeden z najwybitniejszych polskich astrologów

Horoskopy?! To kosmiczne mapy, które dla wielu są tylko kolorową stroną w gazecie obok krzyżówek. „Człowiek nieznający swego horoskopu jest jak kapitan statku, który wyrzuca za burtę mapy i woła:»Boże, prowadź!«" – mawiał Leszek Szuman, a ja, mając trzydziestoletnie doświadczenie w astrologii, mogę tylko dodać: I potem dziwi się, że wpłynął na mieliznę!

Zastanawialiście się kiedyś, dlaczego jedni mają szczęście w miłości, a inni wciąż łapią ryby z tego samego niefartownego stawu? Albo czemu jedni jak magnes przyciągają pieniądze, a inni nie potrafią ich zatrzymać, nawet gdyby zamknęli portfel na kłódkę? Odpowiedź mogą przynieść gwiazdy – dosłownie.

Astrologia, moja ukochana pasja, to nie tylko przewidywanie przyszłości, ale przede wszystkim zrozumienie teraźniejszości. Każdy z nas ma unikatowy horoskop, który jest jak DNA duszy. To nasza osobista mapa skarbów, gdzie X oznacza miejsce naszych możliwości, wyzwań i lekcji życiowych.

Nierzadko spotykam sceptyków, którzy machają ręką na moje gwiezdne opowieści. „Astrologia? To przecież pseudonauka!" – wołają. A ja im na to: „Nie jesteś ciekaw, dlaczego w pełnię księżyca czujesz się jak wilkołak na wolności?".

Pomyślcie o horoskopie jak o instrukcji obsługi siebie samego. Takiej, którą zazwyczaj wyrzucamy, bo przecież wszystko wiemy najlepiej, a potem jesteśmy zaskoczeni, że nasz życiowy blender nie działa tak, jak byśmy chcieli.

Przez lata praktyki astrologicznej widziałam, jak gwiazdy pomogły wielu moim klientom – od miłosnych zawirowań spowodowanych niesfornym Plutonem po zawodowe triumfy pod błogosławieństwem Jowisza. Horoskop był jak GPS, kiedy życiowa droga stawała się zamglona. Oczywiście nie zawsze bywa idealnie. Astrologia, podobnie jak życie, rządzi się swoimi prawami. Gwiazdy mogą wskazać drogę, ale to my decydujemy, czy nią podążymy.

Pamiętam pewnego klienta, który przyszedł do mnie ze złamanym sercem. W horoskopie Pluton właśnie odwiedził jego urodzeniową Wenus, która ostrzegała: „Ostrożnie z emocjami, kolego!". Ale on nie posłuchał. Skoczył na głęboką wodę związków i relacji, nie mając koła ratunkowego. Horoskop podpowiadał mu rozwiązanie, ale on wolał grać w kosmiczną ruletkę. No cóż, gwiazdy ostrzegały.

Astrologia to też świetne narzędzie do zrozumienia innych. Kiedy wiesz, że twój partner ma Księżyc w Baranie, nie dziwisz się, że czasem jego temperament przypomina wulkan przed erupcją. A kiedy szef ma Marsa w Koziorożcu, rozumiesz, dlaczego jest tak zafiksowany na punkcie terminów.

Czy jesteście zatem gotowi wyruszyć w rejs po astrologicznym oceanie? Pamiętajcie, że nieznajomość własnego horoskopu to jak podróż po nieznanych wodach bez mapy. Więc bądźcie odważni, odkrywajcie gwiazdy i pamiętajcie, że niebo jest granicą!

Zacznijmy od Babilończyków. Żyjący ponad 2000 lat p.n.e. mieszkańcy starożytnego miasta mieli tak niezwykły system wróżb, że oko by wam zbielało. Obserwowali planety jak detektywi, a ich zapisy to czysta poezja. „Jeżeli Wenus pojawi się na wschodzie w miesiącu Airu, a Wielkie i Małe Bliźnięta otoczą ją i straci blask, to król Elamu ma poważny problem". Takie rzeczy potrafili przewidzieć!

W starożytnym Egipcie astrologia była częścią codziennego życia. Gwiazdy i planety traktowano jak bogów, a ich ruch – jak boskie przesłania. Nawet piramidy były budowane w zgodzie z gwiazdami, jakby Egipcjanie chcieli stworzyć niebiański GPS.

Na Wschodzie astrologia miała własny niepowtarzalny charakter. Chińczycy, z ich nieodłączną filozofią yin i yang, stworzyli system zodiaku oparty na zwierzętach, a w Indiach astrologia skupiała się na starożytnych tekstach i karmie.

Około 200 roku p.n.e., kiedy pierwsze astrologiczne teksty zaczęto tłumaczyć na grecki, astrologia zyskiwała na popularności niczym nowy serial Netflixa. Początkowo była jak ekskluzywny gadżet dla władzy – narzędzie do sprawdzania, czy będzie urodzaj, czy susza, albo czy jakaś katastrofa nie majaczy na horyzoncie.

Astrologia w starożytnej Grecji to już zupełnie inna sprawa. Integrowano ją z filozofią i nauką – Platon rozważał wpływ planet na nasze zachowanie, a Arystoteles szedł w jego ślady. Wtedy też narodził się zodiak – niebiański układ współrzędnych dzielący niebo na dwanaście segmentów, każdy z własną planetą.

Potem astrologia wyruszyła w podróż do Rzymu i na Bliski Wschód. W Rzymie wykorzystywano ją do przewidywania losów cesarzy, a na Bliskim Wschodzie – w czasach złotego wieku islamu – dzięki astrologii poczyniono prawdziwe postępy w naukowych obserwacjach, a astrologowie stali się prekursorami astronomii.

A w Europie? Cóż, w czasach Konstantyna i Walentyniana astrologowie mieli nieco gorzej. Musieli ukrywać książki, a nawet je palić, kiedy w życie weszły nowe kodeksy. Paradoksalnie właśnie wtedy astrologia przeżywała swój rozkwit.

W średniowieczu astrologia była jak cień medycyny – lekarze korzystali z niej, aby diagnozować choroby, a alchemicy marzyli o przemianie ołowiu w złoto. Na Akademii Krakowskiej mieliśmy nawet Katedrę Astrologii ufundowaną w 1450 roku. To było coś! Ale potem przyszło oświecenie, a z nim nauka empiryczna. Astrologia zaczęła tracić popularność, bo gdzie dowody, obserwacje? Tak narodził się rozdźwięk między astrologią a astronomią.

Pod koniec XVII wieku zainteresowanie astrologią zaczęło słabnąć. Stała się niepopularna, trochę jak stara gwiazda filmowa, która próbuje wrócić na scenę. Po przetrwaniu blisko dwóch stuleci na marginesie życia w XX wieku astrologia znów ożyła, choć w nieco innej formie – trochę jak stary hit w nowej aranżacji. Współczesna astrologia to mieszanka guseł, przesądów i kolorowych horoskopów w gazetach.

Po tylu latach obcowania z astrologią mogę powiedzieć, że to niezła jazda – od starożytnych wróżb po horoskopy w stylu „co ci gwiazdy szykują na obiad". Ale jedno jest pewne: astrologia zawsze będzie miała swoje miejsce w historii ludzkości. A ja nadal będę jej wierną fanką!

Jako astrolożka mogę powiedzieć, że to nie tylko przewidywanie przyszłości, ale sposób na zrozumienie siebie i świata. Chociaż, szczerze mówiąc, czasami zastanawiam się, czy starożytni nie mieli przypadkiem zbyt wiele czasu na patrzenie w gwiazdy. Ale cóż, dzięki nim mam teraz pracę, którą uwielbiam!

Zacznijmy od początku, od tego, czym jest astrologia. To nie tylko horoskopy z gazet, to nauka o planetach i ich wpływie na nasze życie.

A horoskop to nie jest zwykły rysunek, to mapa nieba w momencie naszych narodzin, która jest tak unikatowa jak linie na naszych dłoniach. Aby go sporządzić, potrzebujesz kilku kluczowych informacji: daty, godziny, miejsca urodzenia i oczywiście efemeryd. To one pozwalają nam odczytać pozycje planet, które tańczą wokół Słońca.

Jak powstaje horoskop? To jak malowanie obrazu, gdzie każda planeta, każdy aspekt i każdy dom dodaje kolejne pociągnięcia pędzlem. Słońce, Księżyc, planety, ascendent, medium coeli – wszystkie grają ważną rolę. I choć można użyć programu do obliczeń, prawdziwa sztuka tkwi w interpretacji. To właśnie kombinacja tych elementów daje nieskończoną liczbę możliwości i czyni każdy horoskop jedynym w swoim rodzaju.

Pozwólcie, że teraz poruszę temat astrologów gazetowych. T tych, którzy obiecują, że powiedzą o was wszystko na podstawie dnia i miesiąca urodzenia. Są jak gwiazdy *reality show*, które twierdzą, że znają nas na wylot, bazując tylko na naszym znaku zodiaku. „Barany są uparte, a Skorpiony tajemnicze" – no proszę! To tak, jakby mówić, że każda brunetka ma temperament, albo próbować zrozumieć całą książkę, czytając tylko tytuł. Prawdziwa astrologia to nie tylko zodiak, to sztuka interpretacji wielu zmiennych, pełna niuansów i subtelności, wymagająca nie tylko wiedzy, ale i intuicji.

Jak więc stać się astrologiem? To nie jest jak kurs szydełkowania, gdzie po kilku lekcjach można stworzyć coś uroczego.

Zawsze mówię moim studentom: „Zróbcie 1500– 2000 horoskopów, a wtedy możecie zacząć się nazywać astrologami". To trochę jak nauka gry na instrumencie – potrzeba czasu, cierpliwości i niezliczonych godzin praktyki.

Zapamiętajcie zatem: astrologia to nie tylko przewidywanie przyszłości, to sztuka zrozumienia przeszłości, teraźniejszości i przyszłości w świetle gwiazd. To prawdziwa magia!

Elementarz astrologiczny dla każdego, kto chce zrozumieć, co gwiazdy tak naprawdę próbują nam powiedzieć

Zacznijmy od znaków zodiaku, tych, które często mylimy z gwiazdozbiorami. Gwiazdozbiory to grupy gwiazd na niebie, które z naszej perspektywy tworzą różne kształty, jak Wielki Wóz czy Orion. Zodiak to coś innego. To dwanaście sektorów po trzydzieści stopni każdy, które dzielą ekliptykę, czyli ścieżkę, którą Słońce zdaje się przemierzać niebo z naszej perspektywy. I pamiętajcie: w astrologii używamy tylko dwunastu znaków zodiaku, mimo że czasami media donoszą o odkryciu trzynastego. Ale spokojnie, w astrologicznym świecie wciąż trzymamy się tych klasycznych dwunastu.

W astrologii gwiazdozbiory służą raczej za tło dla planet. Te małe światełka na niebie to właściwi bohaterowie naszych opowieści. Znaki zodiaku to jedynie sceneria, na której rozgrywa się akcja. I choć większość z nas zna swoje znaki zodiaku i przypisane im cechy, to prawdziwa astrologia zaczyna się, gdy patrzymy na pozycje planet.

A co ze zmianami pozycji znaków zodiaku w stosunku do gwiazdozbiorów? Ach, to przez precesję, czyli bardzo powolne wirowanie Ziemi. Wyobraźmy sobie, że Ziemia to bączek. Gdy się kręci, czasami może się delikatnie chwiać. To samo dzieje się z Ziemią, ale trwa to bardzo długo. Teraz pomyślmy o znakach zodiaku i gwiazdozbiorach. Kiedyś znaki zodiaku były dokładnie w tych samych miejscach na niebie co gwiazdozbiory o tych samych nazwach. Ale przez powolne wirowanie Ziemi nasza perspektywa się zmienia. To trochę jak obracanie się na krześle i patrzenie na obrazy na ścianie – wydaje się, że się przesuwają, ale to my się obracamy. Dlatego teraz, kiedy patrzymy na niebo, znaki zodiaku nie pasują już idealnie do tych samych gwiazdozbiorów. To nie gwiazdy się przesunęły, tylko nasza perspektywa z Ziemi się zmieniła przez precesję. W astrologii wedyjskiej uwzględnia się tę zmianę, ale w zachodniej – cóż, trzymamy się tradycji.

Podsumowując, pamiętajcie: znaki zodiaku to dopiero początek. Prawdziwa magia zaczyna się, gdy zagłębiamy się w pozycje planet i ich aspekty. To one prowadzą nas przez zawiłości ludzkich losów. Więc następnym razem, gdy ktoś będzie wam mówił, że jesteście typowym przedstawicielem swojego znaku, uśmiechnijcie się tylko tajemniczo, bo każdy z nas z punktu widzenia astrologii jest wyjątkowy.

Otwieramy więc astrologiczny elementarz, a doświadczona astrolożka, czyli autorka we własnej osobie, poprowadzi was przez ten zawiły świat z odrobiną humoru i przymrużeniem oka. Zacznijmy od krótkiej charakterystyki znaków zodiaku, bo przecież każdy z nas chce wiedzieć, co gwiazdy mają na jego temat do powiedzenia.

Barany (21 marca–19 kwietnia) są jak dynamit gotowy do wybuchu. Porywcze, odważne i nieustraszone. Są jak te słynne baterie, które nie znają słowa „niemożliwe". Pamiętam jednego Barana, który wdrapał się na drzewo, by ratować kota, i sam potrzebował ratunku.

Byki (20 kwietnia–20 maja) to miłośnicy piękna i komfortu. Ich determinacja jest nie do zatrzymania! Mogą być uparte jak osioł. Miałam kiedyś klientkę Byka, która uparcie obstawała przy swoim, mimo oczywistych dowodów na to, że się myli. Było to równie denerwujące, co urocze.

Bliźnięta (21 maja–20 czerwca) są jak wiatr, ciągle zmieniają kierunek. To rozgadane dusze, mistrzowie komunikacji, czasem jednak ich gadatliwość prowadzi w ślepe uliczki. Zabawne jest obserwowanie, jak wyplątują się z sieci własnych słów!

Raki (21 czerwca–22 lipca) to emocjonalne gąbki, które chłoną wszystko wokół. Ich życie emocjonalne jest jak rollercoaster, z którego niełatwo wysiąść. Znałam jednego Raka, który płakał na filmie, zanim jeszcze się zaczął.

Lwy (23 lipca–22 sierpnia) uwielbiają być w centrum uwagi, a ich życie to niekończący się spektakl. Widziałam, jak jeden Lew urządził dramat z niczego, tylko po to, by wszyscy na niego patrzyli. To było coś!

Panny (23 sierpnia–22 września) to perfekcjonistyczni krytycy, którzy zawsze mają wszystko pod kontrolą. Ale kiedy coś idzie nie tak, ich reakcja jest bezcenna. Pamiętam Pannę, która zrobiła listę rzeczy do zrobienia do swojej listy rzeczy do zrobienia!

Wagi (23 września–22 października) są mistrzami dyplomacji. Ale ich niezdecydowanie czasem przypomina taniec na linie. Pewna Waga godzinami nie mogła zdecydować, którą sukienkę wybrać na randkę. W końcu poszła w dresie.

Skorpiony (23 października–21 listopada) to prawdziwe wulkany emocji. Ich intensywność może niekiedy przytłaczać, ale też dostarczać mnóstwa śmiechu, zwłaszcza kiedy próbują być tajemniczy w bardzo banalnych sytuacjach.

Strzelce (22 listopada–21 grudnia) i ich wieczny optymizm! Są jak ogniste fajerwerki na niebie. Ich entuzjazm i chęć do przygód czasem doprowadza do zabawnych sytuacji, ale zawsze wychodzą z nich z uśmiechem.

Koziorożce (22 grudnia–19 stycznia) są prawdziwymi pracoholikami. Pamiętam Koziorożca, który pracował przez całe wakacje, a potem zastanawiał się, dlaczego wszyscy oprócz niego są wypoczęci.

Wodniki (20 stycznia–18 lutego) to innowatorzy. Ich niekonwencjonalne podejście do życia jest urocze, ale ich wynalazki bywają tak dziwne, że trudno powstrzymać śmiech.

Ryby (19 lutego–20 marca) – marzyciele i mistycy. Ich głębokie emocje i intuicja są jak bezkresny ocean. Pewna Ryba tak zatraciła się w marzeniach, że zgubiła się w drodze do pracy.

Każdy znak wnosi coś wyjątkowego i odrobinę humoru do naszego życia. Pamiętajcie jednak, że prawdziwa astrologia to nie tylko znaki zodiaku – to cały wszechświat możliwości, otwarty dla tych, którzy mają odwagę spojrzeć gwiazdom prosto w oczy!

Astrologia to jak scenariusz naszego życia, a domy horoskopowe to teatry, w których rozgrywają się nasze codzienne dramaty i komedie. Można powiedzieć, że każdy z tych dwunastu domów jest jak scena, na której odgrywamy nasze role – od miłości po karierę, od finansów po tajemnice duszy.

Zaczniemy od ascendentu, czyli domu pierwszego. Ascendent to nasza astrologiczna maska, pierwsze wrażenie. To, w jaki sposób wchodzimy do pokoju i mówimy: „Cześć, jestem tu!". Ascendent to nasz osobisty PR-owiec w świecie astrologii. Jeśli masz ascendent na przykład w Lwie, to nawet w najgorszym dniu możesz wyglądać jak gwiazda filmowa na czerwonym dywanie.

Ascendent określa się na podstawie godziny i miejsca urodzenia. To ważne, bo znaki zodiaku zmieniają się co dwie godziny, więc nawet kilka minut może robić różnicę. To trochę jak w spektaklu – kostium, który nosisz na scenie pierwszego domu, mówi światu, jaki jesteś, nawet jeśli pod spodem kryje się coś zupełnie innego.

Ascendent to nasza astrologiczna wizytówka. To jakby mówić wszechświatu: „Hej, spójrz na mnie, ale nie oceniaj zbyt pochopnie – mam jeszcze całą mapę gwiazd, która mówi o mnie dużo więcej". To nasz astrologiczny filtr na selfie – możemy wyglądać jak tajemniczy Skorpion, nawet jeśli w środku jesteśmy beztroskimi Bliźniętami.

W astrologii ważne jest nie tylko to, co mówicie, ale jak to robicie. Ascendent to wasze pierwsze wrażenie na randce z gwiazdami. Pamiętajcie, że nie dostaniecie drugiej szansy na zrobienie wielkiego pierwszego wrażenia. Dlatego ważne jest, aby mieć ascendent w dobrym znaku i dobrze aspektowany. To wasza osobista deklaracja: „Oto ja, zanim jednak zaczniesz oceniać, zerknij na resztę mojego horoskopu!".

Oto przewodnik po domach horoskopowych, takich astrologicznych pokojach, w których każdy dzień to inna scena naszego życia:

1 dom – ja = ego – ascendent

To jak astrologiczne ID. Pokazuje, jak się prezentujecie się światu, jak ludzie was widzą przy pierwszym spotkaniu. Pomyślcie o tym, jak o modnym stroju na astrologicznej imprezie. Mars tu rządzi, więc okażcie trochę zapału!

2 dom – majątek zdobyty = dobytek

Osobisty bank w astrologii. Tu zerkacie na swoje finanse, wartości i to, co z pasją wrzucacie do koszyka podczas wyprzedaży. Dyryguje tu Wenus, więc nie dziwcie się, że tak kochacie zakupy.

3 dom – wiedza i komunikacja

Wasz osobisty newsroom. Tutaj królują plotki, krótkie wyjazdy i wiadomości od sąsiadów. Merkury tu rządzi, więc bądźcie gotowi na plotkarski maraton.

4 dom – dom i rodzina – *immum coeli* (IC)

Astrologiczny dom rodzinny, pełen emocji i tradycji. Miejsce, gdzie naładujecie baterie i możecie cieszyć się bliskimi. Tu rządzi Księżyc, więc przygotujcie się na emocjonalną huśtawkę.

5 dom – dzieci i płodność

Tutaj życie to niekończąca się zabawa. Miłość, twórczość i dzieci – decydujecie, czy to noc na randkę, czy na twórcze szaleństwo. Słońce tu rządzi, więc bawcie się świetnie!

6 dom – praca i zdrowie:

Wasze astrologiczne biuro i siłownia. Tu planujecie codzienne obowiązki, dietę i zdrowie. Merkury tu dyryguje, więc bądźcie gotowi na organizacyjne wyzwania.

7 dom – małżeństwo i związki partnerskie – descendent (DSC)

Astrologiczny Tinder. Znajdujecie tu idealnego partnera, który pasuje do waszego znaku. Wenus tu rządzi, więc bądźcie gotowi na romantyczne uniesienia.

8 dom – śmierć i odrodzenie:

To dom pełen tajemnic, seksualności i wspólnych finansów. Pluton tu rządzi, więc bądźcie gotowi na głębokie transformacje.

9 dom – podróż i ekspresja

Astrologiczny paszport do przygód. Tu decydujecie, czy kolejne wakacje spędzicie w egzotycznych miejscach czy na edukacyjnych kursach. Jowisz tu rządzi, więc marzycie o wielkich podróżach.

10 dom – *medium coeli* (*MC*)

Astrologiczne CV. To miejsce, gdzie wasze zawodowe aspiracje i cele życiowe spotykają się z publicznym wizerunkiem. To jakby konto na LinkedIn, ale w wersji kosmicznej. Saturn tu rządzi, więc przygotujcie się na ciężką pracę i wysokie cele.

11 dom – przyjaciele i znajomi

Astrologiczne *social media*. Tu tworzycie sieć kontaktów, planujecie przyszłe sukcesy z astroprzyjaciółmi i dążycie

do realizacji marzeń. Uran tu dyryguje, więc spodziewajcie się nieoczekiwanych zmian i niespodziewanych so-
juszników.

12 dom – karma i tajemnica

Osobiste miejsce odosobnienia. To dom duchowości,
podświadomości, a także tajemnic i rzeczy ukrytych. Miejsce, gdzie możecie odpocząć od zgiełku świata i naładować
baterie. Neptun tu rządzi, więc przygotujcie się na duchowe podróże i głębokie introspekcje.

Kolej na planety! Wszystkie wnoszą coś wyjątkowego do
astrologicznego życiorysu, sprawiając, że każdy horoskop
to unikatowa historia. Astrologia bez nich to jak film bez
scenariusza – bezbarwny i niepełny.

Słońce jest jak astrologiczna gwiazda rocka. To ono nadaje życie horoskopom, symbolizując naszą esencję, ego,
to, co w nas najjaśniejsze. To jak gwiazda filmowa, której
każdy pragnie dotknąć. W horoskopie Słońce rysuje obraz
naszej tożsamości, naszych ambicji. Bez niego nasze astrologiczne życie byłoby jak film bez głównego aktora.

Księżyc to nasz emocjonalny guru. Jest jak najlepsza
przyjaciółka, która zawsze wie, co czujesz, zanim sam to
zrozumiesz. Rządzi naszym wewnętrznym światem, naszymi potrzebami emocjonalnymi. Na astrologicznej imprezie zawsze siedzi w kąciku, snując opowieści o uczuciach
i intuicji.

Merkury to kosmiczny kurier, mózg operacji, zarządzający komunikacją, intelektem. Gdy Merkury jest retrogradacyjny, czyli pozornie porusza się po orbicie w kierunku przeciwnym niż pozostałe planety, to jakby ktoś wyłączył internet na całym świecie. Nic nie działa jak należy, a wszystkie plany obracają się wniwecz.

Bogini miłości i piękna **Wenus** to ta, która zawsze ma idealny makijaż i styl. Rządzi naszymi relacjami, pięknem, harmonią. Na astrologicznym party króluje w centrum, zawsze otoczona adoratorami.

Nasz osobisty trener i wojownik **Mars** to ta siła, która popycha nas do działania, do stawiania czoła wyzwaniom. To on zawsze rozpętuje debaty i dyskusje, zawsze jest gotowy do akcji.

Jest też astrologiczny optymista, zawsze pełen nadziei i entuzjazmu. **Jowisz** w horoskopie zachowuje się jak ten kumpel, który na każdej imprezie przekonuje wszystkich, że jutro będzie lepiej. Rządzi wzrostem, ekspansją, a jego pozytywne wibracje przyciągają dobrobyt. W horoskopie wskazuje na te obszary życia, gdzie szczęście nam sprzyja, a my mamy powód do uśmiechu.

Mamy też surowego nauczyciela życia. **Saturn** w horoskopie to taki przypominacz, który nie pozwoli wam zapomnieć o obowiązkach i życiowych lekcjach. Jego energia to dyscyplina i odpowiedzialność. To ten gość, który na przyjęciu przypomina wszystkim, że rano trzeba wstać do pracy.

Jest też astrologiczny buntownik, zawsze gotowy na zmiany. **Uran** w horoskopie to jak ten nieprzewidywalny gość, który nagle zmienia muzykę na zupełnie inną. Symbolizuje wolność, innowacje i nieoczekiwane zwroty akcji w życiu, które sprawiają, że nigdy nie jest nudno.

A oto mistyczny marzyciel – **Neptun**. Jest jak osoba, która na imprezie opowiada o swoich sennych wizjach. Rządzi wyobraźnią, snami, intuicją. Jego energia to mglista aura tajemnicy, która otacza nasze najbardziej ulotne marzenia i aspiracje.

I wreszcie **Pluton**, astrologiczny agent transformacji. W horoskopie Pluton to ten tajemniczy gość w kącie, którego obecność czuć, ale nikt nie wie, co myśli. Symbolizuje głębokie zmiany, odrodzenie, podświadome siły. Jego energia to intensywna i niosąca transformację siła, która potrafi odmienić nasze życie.

Każda z tych planet rzuca na nasze życie światło innego rodzaju, kształtując naszą drogę na niezwykłym astrologicznym parkiecie. Czy to Jowisz przynoszący nadzieję, czy Saturn uczący dyscypliny, każda z nich odgrywa ważną rolę w kosmicznej grze!

Są też dwa astrologiczne punkty na niebie – węzły księżycowe – kosmiczne GPS-y w naszej podróży życia. Przyjrzyjmy się im bliżej, bo to doprawdy fascynujący temat!

Węzeł północny (Rahu, inaczej Głowa Smoka) to nasz astrologiczny kompas wskazujący przyszłość. Mówi: „Hej, chodź tutaj, tu jest twoja ścieżka wzrostu i rozwoju".

W horoskopie pokazuje nam, gdzie mamy potencjał do osiągnięcia sukcesu, choć droga do niego bywa wyboista. To jak migający na niebie neonowy znak „Twoje powołanie", który namawia: „Idź tędy, nawet jeśli to trochę przerażające". Rahu zachęca nas do wychodzenia poza strefę komfortu i eksplorowania nowych horyzontów.

Węzeł południowy (Ketu, inaczej Ogon Smoka) to coś jak astrologiczna skrzynka z pamiątkami. Ketu to nasza przeszłość, intuicja, nasze karmiczne doświadczenia. Jest jak stary, trochę zakurzony album ze zdjęciami, który wskazuje: „Oto skąd przyszedłeś, te lekcje już masz za sobą". W horoskopie pokazuje, co możemy powtarzać, ale też co powinniśmy odpuścić, aby iść do przodu. To nasz bagaż doświadczeń, który czasem jest ciężki, ale zawsze wartościowy.

Węzły księżycowe przemieszczają się po zodiaku do tyłu, zmieniając znaki mniej więcej co osiemnaście miesięcy, i są dla astrologów jak znaki drogowe. „Stąd przyszedłeś i tam zmierzasz". To dwie strony medalu życia, pomagające zrozumieć, gdzie leży nasza przeszłość i co nas czeka w przyszłości. Oczywiście zawsze pozostawiają trochę miejsca dla wolnej woli. Bo przecież gwiazdy mogą wskazywać drogę, ale to my wybieramy tę, którą podążamy – prosto przed siebie czy też malowniczymi zakamarkami życia.

Aspekty w astrologii to niebiańskie dialogi między planetami. Niektóre są energiczne, inne bardziej łagodne, ale każdy z nich wnosi coś unikatowego do naszego astrologicznego opowiadania. Oto kilka z nich.

Koniunkcja (0 stopni) to astrologiczna randka w ciemno, gdzie dwie planety spotykają się na jednym stopniu zodiaku. To jakby Słońce i Księżyc zdecydowały się na wspólny projekt „Robimy razem zaćmienie!". W zależności od tego, kto z kim się spotyka, koniunkcja może być jak najlepsze przyjęcie urodzinowe albo rodzinny obiad, na którym wszyscy mają pretensje do wszystkich.

Sekstyl (60 stopni) jest jak flirt na astrologicznym parkiecie. Planety są w odpowiedniej odległości, by sobie dogadywać, ale nie na tyle blisko, by przyniosło to poważne konsekwencje. Jak przyjaciele, którzy raz na jakiś czas wysyłają sobie zabawne memy, potwierdzając, że wszystko między nimi gra. W astrologii sekstyl to obietnica, że coś może się wydarzyć, ale trzeba trochę się postarać. To nie jest darmowy lunch, ale kupon zniżkowy na przyszłe sukcesy.

Kwadratura (90 stopni) oznacza astrologiczne wyzwanie. Dwie planety stoją w rogu i patrzą na siebie jak zawodnicy przed walką bokserską. To jak spotkanie w rodzinnym gronie, na którym każde zdanie może rozpocząć dyskusję. Kwadratury pchają nas do działania, czasem poprzez konflikt, ale pamiętajcie – prawdziwe diamenty powstają pod ciśnieniem!

Trygon (120 stopni) to astrologiczny dzień dobrego humoru. Planety współpracują jak zgrany zespół. To jakby Wenus zdecydowała się pomóc Merkuremu w pisaniu miłosnych wierszy – wszystko płynie gładko i przyjemnie.

W życiu trygon to ten moment, kiedy wszystko się układa, a ty zastanawiasz się, czy czegoś nie przegapiłeś, bo przecież nie może być aż tak pięknie.

Opozycja (180 stopni) jest jak debata na temat, który dzieli tłum. Dwie planety stoją naprzeciwko siebie i krzyczą: „To ja mam rację!". To jak dyskusja między dwoma upartymi krewnymi, którzy nigdy się nie zgadzają, ale właśnie w tej różnicy tkwi ich wzajemna siła. Opozycje uczą nas sztuki kompromisu i zrozumienia, że życie to nie zawsze czarno-białe scenariusze.

Półtorakwadratura (135 stopni) oraz półkwadratura (45 stopni) to mniejsze aspekty działające jak astrologiczne drobne irytacje. Nie są tak intensywne jak kwadratury, ale potrafią dać się we znaki. To jak kamyk w bucie – niby nie przeszkadza chodzić, ale co jakiś czas daje o sobie znać.

Pamiętajcie, że aspekty w horoskopie to jak dialogi między różnymi częściami naszej osobowości. Czasem te rozmowy są przyjemne, innym razem wymagające, ale zawsze w efekcie powstaje coś cennego.

Pozwólcie, że przybliżę wam teraz tajniki żywiołów i jakości, które są jak przyprawy w astrologicznej kuchni.

Ogień to astrologiczni ekstremiści, zawsze na pełnych obrotach. Znaki ognia (Baran, Lew, Strzelec) to dusze pełne pasji, gotowe podbić świat albo przynajmniej zrobić na nim porządny hałas. Są jak petardy – wybuchowe, jasne i nie do przegapienia. Ogień w horoskopie mówi: „Działajmy, zanim stracimy zasięg wi-fi".

Ziemia to fundament astrologii. Znaki ziemskie (Byk, Panna, Koziorożec) są jak solidne skały, na których można zbudować dom albo przynajmniej stabilną półkę na książki. Są praktyczne i realistyczne, ale czasem tak zatopione w szczegółach, że mogą przegapić huczną imprezę obok. Ziemia to ten żywioł, który mówi: „Najpierw zróbmy listę zadań, potem możemy pomyśleć o zabawie".

Znaki **powietrza** (Bliźnięta, Waga, Wodnik) są jak serwery społecznościowe wszechświata, zawsze online i gotowe na wymianę myśli. Są komunikatywne, ale czasem tak bardzo wdają się w dygresje, że zapominają, o czym właściwie mówiły na początku. Powietrze to żywioł, który mówi: „Porozmawiajmy o tym", a potem z łatwością zmienia temat na coś zupełnie innego.

Woda jest głęboka, tajemnicza i pełna emocji. Znaki wodne (Rak, Skorpion, Ryby) są jak ocean – czasem spokojne i kojące, innym razem burzliwe i nieprzewidywalne, intuicyjne i empatyczne, ale czasami ich emocjonalna głębia może być przytłaczająca. Woda to ten żywioł, który mówi: „Poczujmy to", a potem zanurza się w emocjach głębiej niż najlepsi nurkowie.

Każdy żywioł w astrologii to nie tylko zbiór cech, ale cała opowieść, pełna barwnych postaci i niespodziewanych zwrotów akcji. To jak oglądanie serialu o ludzkiej naturze, gdzie każdy odcinek to nowa przygoda. Czyż to nie fascynujące?

Smak naszym zodiakalnym przygodom nadają też jakości. Są jak różne odcienie osobowości. **Kardynalne** to ci, którzy rysują mapę, **stałe** to ci, co budują drogę, a **zmienne** to ci, co eksplorują każdą ścieżkę. Razem tworzą fascynujący taniec charakterów, który sprawia, że każda zodiakalna przygoda jest niepowtarzalna. Pozwólcie, że przybliżę, jak wygląda życie w rytmie każdej z nich.

Znaki kardynalne (Baran, Rak, Waga, Koziorożec) to pionierzy, zawsze gotowi wytyczyć nową ścieżkę. Są jak ci, co na imprezę przychodzą pierwsi i od razu organizują grę w butelkę. Mają tyle energii i entuzjazmu, że czasem nie zauważają, że reszta jeszcze nie dotarła. Kardynalne znaki mówią: „No dalej, śmiało!", nawet gdy inni jeszcze stoją w korkach.

Znaki stałe (Byk, Lew, Skorpion, Wodnik) to skały. Są stabilni, niezłomni i uparci jak osioł. Kiedy mają plan, trzymają się go bardzo konsekwentnie. Są jak ci goście, którzy nigdy nie zmieniają ulubionego drinka. Próba zmiany ich zdania to jak rozmowa ze ścianą.

Znaki zmienne (Bliźnięta, Panna, Strzelec, Ryby) to kameleony. Są elastyczni, dostosowują się do każdej sytuacji jak najlepsi aktorzy. Mają tyle planów i pomysłów, że czasem sami się w nich gubią. Na prywatce to ci, co zaczynają od rozmowy o polityce, a kończą, planując podróż dookoła świata. Ich życie to nieustająca zmiana scenariuszy.

Astrologia to nie tylko zaglądanie w gwiazdy, to cała galaktyka specjalizacji! Każda jest jak inny kosmiczny sektor, pełen tajemnic i możliwości. Pozwólcie, że wprowadzę was w kilka z nich.

Astrologia natalna to nasz astrologiczny akt urodzenia. Kiedy się urodziliśmy, wszechświat urządził nam przyjęcie powitalne, a każda planeta przyniosła jakiś prezent. Słońce dało blask, Księżyc tajemniczość, a Merkury gadatliwość. Odczytując te kosmiczne podarki, możemy odkryć, kim naprawdę jesteśmy i co nas czeka na astrologicznej ścieżce życia.

Astrologia prognostyczna jest jak pogodynka. Patrzy w gwiazdy i mówi: „Zbliża się front z Saturna, oczekujcie przeszkód na drodze kariery". Prognozuje naszą przyszłość, bazując na bieżących i nadchodzących ruchach planet. Trochę jak planowanie podróży z kosmicznym GPS-esem, tylko zamiast mówić „Skręć w lewo", mówi: „Uważaj, retrogradacja Merkurego!".

Astrologia porównawcza to dopasowywanie, taka trochę randka w ciemno, tylko że gwiazdy decydują, czy to miłość, czy katastrofa. Porównuje horoskopy, by zobaczyć, czy wasze planety mogą tańczyć razem w harmonii, czy raczej wybuchnie między nimi konflikt.

Astrologia horarna jest jak pytanie wróżki o przyszłość, tylko bardziej skomplikowane. Odpowiada na konkretne pytania, jak: „Czy znajdę miłość tego lata?" lub „Czy ten biznes się powiedzie?". Wyobraźcie sobie, że macie magiczną kulę, ale zamiast dymu są w niej wirujące planety.

Astrologia elekcyjna to wybieranie idealnego momentu na ważne wydarzenia, jak ślub czy start nowego projektu. To jakby zapytać wszechświat: „Kiedy jest najlepsza pora, żeby rzucić wszystko i wyjechać w podróż życia?". Planety odpowiadają, a my z zegarkiem w ręku planujemy wielkie momenty.

Astrologia medyczna – gwiazdy stają się naszymi kosmicznymi lekarzami. Analizuje, jak pozycje planet mogą wpływać na nasze zdrowie. „Mars w kwadraturze do twojego ascendentu, może warto zacząć ćwiczyć jogę?".

Astrologia finansowa to jak granie na giełdzie z gwiazdami jako doradcami. „Czy to dobry czas na inwestowanie w akcje? A co na to Jowisz?". Podpowiada, kiedy kupować, sprzedawać czy trzymać się z daleka od rynku walut.

Astrologia mundalna zajmuje się światowymi wydarzeniami. „Co gwiazdy mówią o nadchodzących wyborach?" czy „Czy ten rok będzie spokojny dla świata?". To jak czytanie międzynarodowych wiadomości, ale przez pryzmat planet.

Astrologia karmiczna zajmuje się życiowymi lekcjami i zadaniami. „Czego musisz się nauczyć w tym życiu, a co przyniosłeś ze sobą z poprzednich inkarnacji?". Jest jak odkrywanie tajemnic duszy – czasem zaskakujących, czasem pouczających.

Każda z tych astrologicznych ścieżek oferuje inne spojrzenie na życie i wszechświat. Jest jak wielka astrologiczna uczta, na której każdy może znaleźć coś dla siebie – od przewidywania przyszłości przez zrozumienie siebie po odkrywanie tajemnic wszechświata.

Astrokartografia to nic innego jak GPS dla duszy prowadzony przez gwiazdy. Wymyślony w latach siedemdziesiątych XX wieku przez genialnego astrologa Jima Lewisa. Taka kombinacja Google Maps z horoskopem. Zamiast „skręć w lewo przy następnym skrzyżowaniu" dostajesz „wybierz się do Rzymu, tam znajdziesz miłość przy linii Wenus".

Wyobraźcie sobie, że każde miejsce na Ziemi ma indywidualny kosmiczny wpływ na wasze życie. Jedno może być waszym osobistym rajem pod wpływem Jowisza, a inne – astrologicznym bagnem z Saturnem w roli głównej. Astrokartografia to jak wybieranie celu podróży na wakacje, ale zamiast kierować się pogodą i atrakcjami turystycznymi bierzecie pod uwagę położenie planet w dniu waszych urodzin.

To jak posiadanie osobistego przewodnika po gwiazdach, który mówi: „Pakuj walizki, kochanie, bo według twojej linii Marsa w Londynie czeka cię kariera życia!". A może ciągnie was do egzotycznych miejsc? „Bangkok? Twoja linia Księżyca mówi, że znajdziesz tam duchową harmonię".

Ale astrokartografia to nie magiczna różdżka. To raczej kosmiczna sugestia, coś w rodzaju „tu będziesz szczęśliwy". Pamiętajcie, że szczęście to nie tylko miejsce, to też wybory, które podejmujecie. Nawet jeśli przeskoczycie na drugi koniec świata, a wasz horoskop mówi: „Tu będzie ciężko", i tak możecie znaleźć szczęście.

Podsumowując, astrokartografia to trochę jak astrologiczny Tinder dla miejsc na świecie. Skręcacie w prawo na Nowy Jork, bo linia Jowisza mówi o wielkich możliwościach w tym mieście, albo w lewo na Alaskę, nawet jeśli Saturn ostrzega przed zbyt dużym chłodem. W każdym razie to fascynująca podróż po świecie z gwiazdami jako przewodnikami.

Kto by pomyślał, że w dzisiejszych czasach, gdy każdy ma w kieszeni smartfona, a wiedza jest na wyciągnięcie ręki, starożytna astrologia wciąż ma zwolenników? Ale tak właśnie jest! Astrologia, ta tajemnicza i nieco zagadkowa siostra astronomii, wciąż ma nam wiele do powiedzenia. Nie tylko o przyszłości, ale i o nas samych. I choć niektórzy podchodzą do niej z przymrużeniem oka, to inni traktują ją jak GPS-a w podróży przez życie.

Komu potrzebny astrolog w czasach Google'a i AI? Odpowiedź jest prosta: tym, którzy szukają czegoś więcej niż faktów i danych. Poszukiwaczom, którzy chcą zagłębić się w siebie, swoje życie i może trochę w przyszłość.

Zacznijmy od tych, którzy szukają siebie. Astrologia jest dla nich jak lustro, w którym mogą zobaczyć nie tylko swój obraz, ale i odbicie duszy. Horoskop urodzeniowy to nie tylko data i miejsce urodzenia, ale cała mapa osobowości, pełna zakrętów, ślepych uliczek i autostrad do sukcesu.

Dla tych, którzy stoją na życiowym rozstaju, wizyta u astrologa to jak konsultacja z życiowym doradcą. „Czy mam zmienić pracę? Czy przeprowadzka do innego miasta to dobry pomysł?". Astrolog z tablicami tranzytów w ręku pomoże wybrać najlepszą ścieżkę.

A co z tymi, którzy szukają pocieszenia w niepewnych czasach? Tu astrolog staje się terapeutą, który nie tylko pokazuje, gdzie mogą być trudności, ale i podsuwa małe promyki nadziei.

Dla zakochanych i rodzin astrologia jest jak detektyw badający relacje. „Czy on jest tym jedynym? Czy nasze gwiazdy są zgodne?". Astrologia porównawcza potrafi odkryć, gdzie tkwią ukryte siły i słabości w związkach.

A biznesmeni? Dla nich astrologia to narzędzie strategiczne. „Kiedy najlepiej zainwestować? Kiedy rozpocząć nowy projekt?". Astrologia finansowa i elekcyjna to jak specjalne okulary, przez które można dostrzec korzystne konstelacje na rynkach.

I na koniec ci, którzy szukają duchowych odpowiedzi. Astrologia karmiczna otwiera drzwi do przeszłych żyć i ukrytych duchowych ścieżek.

W tym całym naukowym i technologicznym świecie astrologia oferuje więc coś więcej niż tylko prognozy. Daje głębsze zrozumienie, czasami pocieszenie, a czasami po prostu zaspokaja ciekawość, co gwiazdy mają nam do powiedzenia. Czy to nauka, czy magia? A może trochę jednego i drugiego? Jedno jest pewne – astrologia wciąż ma swoje miejsce w nowoczesnym świecie. Więc jeśli czujecie, że gwiazdy mogą wam coś podpowiedzieć, to posłuchajcie. W końcu jedyne, co nas ogranicza, to niebo... Albo i nie!

Po tylu latach w branży astrologicznej widziałam już różne rzeczy. Niektóre tak niezwykłe, że aż trudno uwierzyć, a inne... Cóż, lepiej o nich zapomnieć. Ale przejdźmy do sedna – jak rozpoznać, że astrolog, do którego się udajesz, jest naprawdę dobry? To trochę jak szukanie najlepszego ciasta w cukierni pełnej przeciętnych wypieków. Trzeba wiedzieć, na co zwrócić uwagę.

No więc zaczynajmy! Chcemy znaleźć astrologa, który nie tylko zna gwiazdy, ale i ma serce. A jak to zrobić? Pierwsze, co robi każda rozsądna osoba, to pytanie znajomych i przeszukiwanie internetu. Opinie są jak złoto – jedne świecą prawdą, inne trochę mniej, ale zawsze dają obraz tego, na co się piszemy.

Trafienie na dobrego astrologa to nie loteria, to raczej żmudne śledztwo. Zaczynamy od sprawdzenia, czy nasz astrolog ma papiery. Nie, nie chodzi o horoskop, ale o wykształcenie i doświadczenie. Czy uczęszczał na kursy? Ma jakieś certyfikaty? A może jest samoukiem, ale z doświadczeniem, jest jak stary wędrowiec po gwiazdach?

Astrologia to przecież sztuka z wieloma specjalizacjami. Jeden będzie mistrzem miłosnych zawiłości, inny finansowym guru. Kluczowe jest, by znaleźć kogoś, kto pasuje do twojego problemu jak gwiazda do konstelacji.

I teraz uwaga, bo to ważne: każdy astrolog ma swój styl. Jeden korzysta z tradycji zachodniej, inny z wedyjskiej, a jeszcze inny z chińskiej. Jak w menu w restauracji – musisz wiedzieć, co zamawiasz.

Wstępna konsultacja jest jak pierwsza randka. Możesz zadać pytania, poczuć klimat i zdecydować, czy chcesz dalej tańczyć z gwiazdami. Nie ma presji, to tylko rozeznanie terenu.

Teraz pora na etykę. Tak, w astrologii też jest ważna! Szukamy kogoś, kto traktuje swoją pracę poważnie, dba o twoją prywatność i nie obiecuje gwiazdki z nieba. Profesjonalizm to podstawa. Jeśli astrolog zaczyna obiecywać złote góry albo zdradza sekrety innych klientów, lepiej trzymaj się od niego z daleka.

Ceny – tutaj trzeba mieć oczy szeroko otwarte. Pamiętajcie, że droższe nie zawsze znaczy lepsze. Zrównoważenie jakości i ceny to klucz do zadowolenia.

Na koniec nie mniej ważne: słuchajcie intuicji. Czasem to brzuch mówi nam najwięcej. Jeśli coś wam nie gra, szukajcie dalej. Wewnętrzne przeczucie to najlepszy doradca.

Znalezienie dobrego astrologa to trochę jak wybór idealnej sukienki na wielką galę – musi pasować perfekcyjnie. I pamiętajcie, nawet najlepszy astrolog nie zamieni życia w bajkę, ale może być świetnym przewodnikiem.

W tej branży widziałam już wszystko! Niektórzy astrologowie potrafią wyczarować przewidywania jak królika z kapelusza, a inni... no cóż, lepiej o nich zapomnieć. Ale skoro już o tym mowa, pozwólcie, że podzielę się kilkoma zdarzeniami, które powinny zapalić czerwoną lampkę w czasie poszukiwań astrologa.

Gwarancje? To nie loteria! Jeśli astrolog obiecuje stuprocentową skuteczność, jakby miał szklaną kulę, to lepiej uciekajcie. Astrologia to nie wróżenie z fusów – nie ma gwarancji, są tylko wskazówki i możliwości.

Ceny jak za złoto. Jasne, każdy chce zarobić, ale jeśli astrolog każe płacić fortunę za podstawową usługę, to coś tu nie gra. Chyba że oprócz horoskopu oferuje jeszcze złotą rybkę.

Jeden aspekt to nie cała historia. Uważajcie na astrologów, którzy patrzą tylko na jedną planetę, a ignorują resztę. To jak ocenianie filmu tylko po trailerze.

Gdzie te certyfikaty? Nie mówię, że każdy dobry astrolog musi mieć dyplom z Harvardu, ale trochę edukacji by się przydało. Czy chciałbyś, aby Twój samochód naprawiał ktoś, kto tylko oglądał *Top Gear*?

Strategia strachu. Jeśli astrolog używa strachu, mówiąc o katastrofach, żebyś częściej korzystał z jego usług, to nie astrolog, ale sprzedawca strachu.

Ważne są referencje. Brak opinii lub referencji to zły znak. To jak restauracja bez gości – albo jedzenie jest okropne, albo kucharz zniknął w dziwnych okolicznościach.

Horoskopy na poziomie tych z gazet. Jeśli dostajesz ogólne informacje, które pasują do każdego, to może każdy jest astrologiem. „Dziś spotkasz kogoś wysokiego... Albo niskiego".

Presja na więcej. Jeśli astrolog naciska na kolejne wizyty czy dodatkowe usługi, to może być bardziej zainteresowany waszym portfelem niż gwiazdami.

„Zmienię twoje przeznaczenie!". Jeśli ktoś obiecuje to zrobić, raczej myśli o zmianie zawartości waszego konta bankowego. Astrologia to nie czarodziejstwo.

Pamiętajcie, dobry astrolog jest jak stary mądry przyjaciel – doradzi, podpowie, ale nie obieca wam Księżyca. A jeśli czujesz, że coś jest nie tak, to zawsze możesz poszukać innych gwiazd na swoim astrologicznym niebie.

Kiedyś astrologia była jak gwiazda rocka na uniwersyteckich kampusach. To były czasy, prawda? Pomyślcie tylko – astrologia siedziała obok arytmetyki, geometrii i muzyki w kantynie edukacyjnej jak najpopularniejsze dzieciaki w szkole. W późnym średniowieczu i renesansie to ona była tą, na której wszyscy chcieli zawiesić oko.

Ale cóż, przyszedł wiek XVII, potem XVIII, a z nimi postęp i Kopernik z Keplerem. Rozpoczęła się rewolucja naukowa, która – jak każda porządna rewolucja – wywróciła do góry nogami to, co było oczywiste. Astrologia została zepchnięta na margines. W XIX wieku już w ogóle była *persona non grata*. „Pseudonauka!" – krzyczano. No i astrologia, która kiedyś brylowała na akademickich salonach, musiała uciekać do kąta.

Ale czy to, że astrologia nie spełnia kryteriów metody naukowej, oznacza, że jest bezwartościowa? Nie tak szybko... Zobaczmy, co nam dają teoria względności Einsteina i mechanika kwantowa. Pokazują, że wszechświat jest bardziej skomplikowany i tajemniczy, niż moglibyśmy sobie wyobrazić. Ziemia nie jest płaska, kręci się wokół Słońca, a czas i przestrzeń to jedna wielka i skomplikowana plątanina.

Może więc, tak samo jak fizyka kwantowa i teoria względności, astrologia też coś znaczy? Może nie jest nauką w ścisłym tego słowa znaczeniu, ale czy nie ma w niej mądrości? Może nie potrafi przewidzieć przyszłości z dokładnością co do sekundy, ale czy to oznacza, że nie można z niej czerpać? Mieć dzięki niej wgląd w swoje życie, wybory i potencjały?

Astrologia jest jak dobra przyjaciółka, która może nie zawsze ma rację, ale zawsze ma ciekawą historię do opowiedzenia. I choć nie znajdziemy w niej odpowiedzi na wszystkie pytania, to czasami warto posłuchać, co ma do powiedzenia. Bo w końcu czy nie o to chodzi w poszukiwaniu siebie i swojego miejsca we wszechświecie?

Weźmy na warsztat pierwsze z brzegu zagadnienia mechaniki kwantowej: teorię chaosu, stany splątane, zasadę nieoznaczoności Heisenberga i teorię superpozycji.

Astrologia i teoria chaosu: kosmiczne zabawy w „co by było, gdyby"

Ach, astrologia i teoria chaosu! Jak dwa różne smaki w jednym nieco ekscentrycznym deserze. Zauważyłam, że obie te dziedziny mają coś wspólnego: miłość do nieprzewidywalności. Astrologia jest jak stara ciotka, która próbuje przewidzieć twoją przyszłość na podstawie gwiazd, a teoria chaosu to ten nowoczesny wujek, co zawsze mówi, że jeden fałszywy ruch i... efekt motyla!

W astrologii mamy planety, które niby tańczą według ustalonej choreografii, ale czasami Mars się zapomni i robi salto w najmniej spodziewanym momencie. A teoria chaosu? To jak wyjście na spacer i zastanawianie się, czy to, że się potkniecie o kamień, nie spowoduje światowego kryzysu.

Obie te dziedziny uwielbiają grać w „co by było, gdyby". Astrologia mówi: „Gdyby Merkury nie był w retrogradacji, to może byś nie wysłał tej wiadomości do złej osoby". A teoria chaosu odpowiada: „A gdybyś wysłał, to kto wie, może byś teraz był prezydentem?".

Oczywiście obie mają swoje holistyczne podejście. Astrologia uczy nas, że wszystko jest ze sobą połączone – tak, nawet wasz zły dzień z koniunkcją Wenus i Plutona. Teoria chaosu idzie za ciosem: „Wszystko ma znaczenie! Nawet to, że dziś założyłeś skarpetki nie do pary".

Podsumowując, zarówno astrologia, jak i teoria chaosu są jak ktoś, kto na imprezie zawsze opowiada najbardziej nieprawdopodobne historie. Możesz w nie wierzyć lub nie, ale jedno jest pewne – nigdy nie jest nudno!

Astrologia i zasada nieoznaczoności: gwiazdy i atomowe niespodzianki

Zauważyłam, że astrologia i zasada nieoznaczoności Heisenberga to trochę jak dwaj kuzyni na rodzinnej imprezie.

Obaj mają swój urok, ale czasem sprawiają, że podnosisz brew w zdumieniu.

Weźmy astrologię. Mamy planety, które niby grają według ustalonych zasad, ale kiedy próbujecie zrozumieć, co Saturn kombinuje w waszym siódmym domu, nagle orientujecie się, że tak naprawdę... zależy. Może Saturn chce nam dać lekcję życiową, a może po prostu zepsuć randkę?

A zasada nieoznaczoności? Jest jak ktoś, kto mówi: „Owszem, mogę wam powiedzieć, gdzie jest elektron, ale jak chcecie wiedzieć, jak szybko leci, to już nie ma szans". W astrologii też mamy coś podobnego. Mówimy: „O, Mars jest w Lwie, więc będzie akcja!", ale jak zapytasz, co dokładnie się wydarzy i kiedy, to astrolog uśmiecha się tajemniczo i odpowiada: „No cóż, to już zależy od wielu czynników".

W obu przypadkach mamy do czynienia z cudowną niepewnością. Astrologia daje wskazówki, ale nie zawsze konkretne odpowiedzi, podobnie jak fizyka kwantowa. Czasem tylko kręcicie głową i mówicie: „Naprawdę? To tak to działa?".

Na koniec zarówno w astrologii, jak i w zasadzie nieoznaczoności jest coś, co mnie intryguje – to uczucie, że im więcej wiemy, tym więcej mamy pytań. Jakby wszechświat mówił: „Mam dla was coś specjalnego, ale musicie trochę pogłówkować, żeby to zrozumieć". I wiecie co? Uwielbiam to!

Astrologia i teoria superpozycji: kosmiczne paradoksy i gwiezdne możliwości

Zajmuję się astrologią od lat i przyznam, że czasem czuję się jak ktoś, kto próbuje złożyć meble z Ikei bez instrukcji – wszystko pasuje, ale... no właśnie. I tu wkracza teoria superpozycji, pokonując nasze ziemskie wyobrażenia.

To tak, jakbyśmy mieli kota, który jest jednocześnie żywy i nieżywy, dopóki nie otworzymy pudełka. Astrologia również potrafi zaserwować takie kwiatki. Mars w Byku mówi: „Będziecie wytrwali", ale jednocześnie kwadratura z Neptunem krzyczy: „Ale nie zapomnijcie o marzeniach!". I co teraz? Jesteście zdeterminowani, ale zarazem rozmarzeni – obie te rzeczywistości istnieją jednocześnie, dopóki nie zdarzy się coś, co jedną z nich potwierdzi.

To trochę jak próba zrobienia herbaty i kawy w tej samej filiżance. Astrologia mówi: „Możliwe są obie opcje, wybór należy do ciebie". To właśnie superpozycja w astrologicznym wydaniu – wszystko jest możliwe, dopóki nie zdecydujesz, w którą stronę pójdziesz.

A co z tymi momentami, gdy patrzycie na swój horoskop i myślicie: „To się wyklucza"? No cóż, w fizyce kwantowej też tak bywa. Teoria superpozycji mówi, że coś może być w kilku stanach jednocześnie, a w astrologii czasami macie wrażenie, że gwiazdy nie mogą się zdecydować, czy chcą, abyście byli odważni, czy ostrożni.

Zarówno w astrologii, jak i w teorii superpozycji jest coś fascynującego w tej niepewności i mnogości możliwości. To jakby wszechświat mówił: „Oto paleta możliwości, zobaczmy, co wybierzesz". I wiesz co? To właśnie nadaje życiu smak – ta niekończąca się gra w kosmiczne „co by było, gdyby".

Astrologia i stany splątane: gwiezdne więzi i kosmiczne zakręty

Doskonale wiem, że astrologia potrafi być tak splątana jak kabel od słuchawek w kieszeni. W fizyce kwantowej mają coś podobnego – stany splątane. To, moi drodzy, jest jakby astrologiczny dramat miłosny na skalę kwantową.

To trochę jak z parą, która ostatnio do mnie przyszła. Jego Mars w Lwie, jej Wenus w Strzelcu. A chemia między nimi jak dwie splątane kwantowo cząstki. On mówi coś w Londynie, ona w Nowym Jorku już wie, że to było o niej. Astrologiczne stany splątane w czystej postaci!

A potem przychodzą dni, kiedy patrzycie na niebo i myślicie: „Dziś Wenus i Mars są jak te splątane cząstki – razem, ale osobno". Mars chce akcji, a Wenus szuka harmonii. I choć są na przeciwnych biegunach zodiaku, jakoś dziwnie na siebie wpływają. Jeden ruch Marsa, a Wenus już reaguje, jakby miały ze sobą niewidzialny kosmiczny *hot line*.

Astrologia to trochę jak obserwowanie niewidzialnych, ale odczuwalnych więzi, które splatają nasze losy z układem planetarnym. Czasem to jest jak fizyka kwantowa – nie do końca wiesz, jak działa, ale efekty są oszałamiające.

I pomyśleć, że gdzieś w nieskończoności wszechświata nasze życiowe drogi mogą być splątane z gwiazdami w taki sposób, że jedno mrugnięcie Plutona, a już czujesz, że coś się zmienia. Astrologiczne stany splątane są równie zaskakujące co kwantowe, a efekty często równie zaskakujące.

Czy osoby wierzące powinny chodzić do astrologa?

Jako kobieta, która przekłada gwiazdy na ludzkie losy, często słyszę pytanie: „Czy jako osoba wierząca mogę zasięgnąć porady u astrologa?". No cóż, to jak pytanie: „Czy będąc weganinem, mogę czasem zjeść rybę?". Zależy od indywidualnych przekonań.

W mojej karierze spotkałam wiele osób głęboko wierzących, którzy patrzyli na astrologię jak na niebezpieczną herezję. Ale spotkałam też takich, którzy choć w niedzielę chodzili do kościoła, z równym zaangażowaniem studiowali swoje horoskopy. Co ciekawe, obie grupy często szukały tych samych odpowiedzi – na pytania o miłość, pracę, przyszłość.

Astrologia – moim zdaniem – doradza, ale nie narzuca decyzji. Niektórzy twierdzą, że to wręcz niewierność wobec własnej religii. Ale czy nie da się pogodzić wiary i gwiazd? Czy nie możemy szukać wskazówek w gwiazdach, mając jednocześnie mocne przekonania religijne?

Przykład z życia: pamiętam pewną panią, głęboko religijną, która przyszła do mnie z problemem sercowym. Z jednej strony, modliła się o rozwiązanie, z drugiej – chciała zobaczyć, co gwiazdy na ten temat powiedzą. Czy to znaczy, że jej wiara była słaba? Nie sądzę. Po prostu szukała wsparcia na różnych płaszczyznach życia.

Jednocześnie znam historię księdza, który publicznie potępiał astrologię, ale w tajemnicy pytał o najlepszy dzień na zakup nowego samochodu.

Mój punkt widzenia jest taki: jeśli czujecie, że astrologia może wam pomóc, dlaczego z niej nie skorzystać? Przecież nawet w Biblii mamy mędrców idących za gwiazdą. Ważne jednak, by nie traktować astrologii jako zamiennika dla własnej wiary lub systemu wartości. To raczej narzędzie, które może dodać kolorów życiu, ale nie zastąpi naszych głębokich przekonań.

Drogie osoby wierzące, czy zatem powinnyście odwiedzać astrologa? Moja odpowiedź brzmi: jeśli czujecie, że to może wam pomóc, to dlaczego nie? Ale pamiętajcie, że nie ma jednej drogi do poznania prawdy o sobie i świecie. Gwiazdy, modlitwa, medytacja –każdy znajduje swoją ścieżkę. I choć moja jest wytyczona przez gwiazdy, szanuję każdą inną, która prowadzi do harmonii i zrozumienia.

Pamiętam jak Ewa, 55 lat, przyszła do mnie z zapytaniem o karierę i finanse. Musiałam jej powiedzieć, żeby się trzymała z daleka od ryzykownych inwestycji, bo gwiazdy nie wróżyły nic dobrego. Jej córka od lat marzyła o dziecku.

Gwiazdy mówiły, że w ciągu dwóch miesięcy zajdzie w ciążę. Rok później Ewa w rozmowie telefonicznej opowiadała mi, że wpadła w finansowe tarapaty, bo mnie nie posłuchała, ale córka rzeczywiście zaszła w ciążę! Takie historie tylko utwierdzają mnie w przekonaniu, że astrologia to coś więcej niż tylko zabawa. Dają mi motywację, żeby dalej zajmować się astrologią.

Ania, 40 lat, przyszła do mnie po trzech nieudanych związkach, a tych mniej ważnych to nawet nie liczyła. Opowiadała, że próbowała różnych terapii, ale ciągle kręciła się w kółko i nie widziała nikogo na horyzoncie. Analizując jej horoskop, odkryłam, że gdy miała dwa i pół roku, jej mama zachorowała i wyjechała na pół roku do szpitala. To przeżycie zostawiło w córce ślad – poczucie porzucenia. Ania je przepracowała i w ciągu roku znalazła partnera. Przyszła do mnie, by sprawdzić, czy to ten jedyny, a horoskopy pokazały świetną kompatybilność. Dałam im błogosławieństwo i teraz są razem szczęśliwi. To niesamowite, jak astrologia potrafi zmienić życie!

Spotkał się ze mną również Piotrek, 47 lat, który w prezencie od koleżanki dostał sesję astrologiczną. Widać było, że ma sceptyczne nastawienie, jakby już planował ucieczkę. Ale kiedy zaczęłam analizować jego horoskop, był zdumiony. Opowiedziałam mu o jego rozterkach w biznesie, problemach w małżeństwie i myślach o wyjeździe na drugi kraniec świata. Miał minę, jakby właśnie zobaczył ducha. Uwielbiam takie momenty, kiedy twardzi sceptycy nagle zaczynają wierzyć. To jest właśnie magia bycia astrologiem! I jak łatwo się domyślić, to mój stały klient.

Innym klientem był Tomasz, 38 lat, sympatyczny i pełen ambicji facet. Mówię mu, co gwiazdy mają do powiedzenia o jego potencjale, a on na to, że w sumie to wszystko się zgadza, ale w robocie to on się nudzi. Po długiej pogawędce i przyjrzeniu się jego horoskopowi wyszło na to, że ma talent do pomagania ludziom. Wiecie, co zrobił? Zmienił fach na trenera rozwoju osobistego, teraz odnosi sukcesy i jest spełniony! To jest to, co uwielbiam w tej robocie – pomaganie ludziom w odnalezieniu własnej ścieżki!

Muszę wam opowiedzieć też pewną historię, która przydarzyła się mojej klientce – Basi. Drobiazgowa i praktyczna, mieszkała w Poznaniu od urodzenia. Wszystko w jej życiu było poukładane, ale zawsze czuła, że gdzieś w gwiazdach jest coś więcej. Przyszła do mnie pewnego dnia z ciekawością i lekkim sceptycyzmem w oczach.

Podczas sesji, kiedy analizowałam jej mapę astrokartograficzną (astrologiczna mapa skarbów), ujrzałam coś fascynującego. Okazało się, że idealnym miejscem dla Basi nie jest Poznań, ale... Barcelona. Miasto Gaudiego, słońca i życia pełnego pasji!

Basia była w szoku. Barcelona to było miasto jej marzeń, ale nigdy nie miała odwagi, by się tam przenieść. Przez kilka tygodni ważyła wszystkie „za" i „przeciw". W końcu z determinacją godną prawdziwej poszukiwaczki przygód sprzedała mieszkanie, rzuciła pracę i wyruszyła w podróż życia.

W Barcelonie Basia rozkwitła jak kwiat w pełnym słońcu. Znalazła pracę jako tłumaczka, co zawsze było jej pasją. A pewnego dnia, spacerując po urokliwych uliczkach Barcelony, spotkała Carlosa. Przystojnego, czarującego, z iskrą w oku. Miłość od pierwszego wejrzenia, jak w najlepszych romansach.

Życie Basi nabrało nowych barw, a jej kariera rozpędu. Stworzyli z Carlosem piękną parę. Zrozumiała, że śledzenie gwiazd i słuchanie własnego serca było najlepszym, co mogła zrobić.

Dla mnie jako astrolożki to potwierdzenie, że gwiazdy naprawdę mają w sobie moc prowadzenia nas do niesamowitych miejsc i doświadczeń. Basia znalazła swoje miejsce na Ziemi, pasję i miłość. Barcelona stała się jej domem, a jej historia to dowód na to, że warto czasem rzucić wszystko i podążyć za głosem serca i gwiazd. Cudowne, prawda?

Przyszłość astrologii we współczesnym świecie: trendy i możliwe scenariusze

Astrologia – starożytny romans ludzkości z gwiazdami, który przetrwał epoki, mody i rewolucje naukowe. Jako kobieta, która spędziła z astrologią więcej czasu niż z własnym mężem (nie martwcie się, on to rozumie), mogę śmiało powiedzieć, że przyszłość tej dziedziny jest równie tajemnicza jak jej przeszłość. Ale po trzydziestu latach w branży mam kilka przemyśleń na ten temat.

Astrologia cyfrowa – gwiazdy w sieci. Czy zauważyliście, że astrologia przeniosła się do internetu z prędkością światła? Aplikacje horoskopowe, internetowe wróżby, cyfrowe karty tarota... W przyszłości prawdopodobnie każdy będzie miał osobistego astrologicznego asystenta AI, który przypomni mu, by nie podejmować ważnych decyzji w dniu retrogradacji Merkurego. Może to i wygodne, ale pamiętajcie – komputer nigdy nie zrozumie ludzkiego serca tak jak doświadczony astrolog!

Astrologia i nauka – czy one się kiedyś pogodzą? Naukowcy i astrologowie, czyli odwieczni rywale. Ale czy zauważyliście, że nauka coraz śmielej zagląda w gwiazdy? Badania nad wpływem faz Księżyca na ludzkie zachowania, nad efektem wpływu planet na naszą psychikę... Może kiedyś nauka wreszcie uzna, że astrologia to więcej niż pseudonauka.

Wzrost popularności astrologii w młodych pokoleniach. Młodzi ludzie dzisiaj kochają astrologię. To dla nich nie tylko zabawa, ale i sposób na zrozumienie siebie i świata. Przewiduję, że w przyszłości astrologia stanie się jeszcze bardziej popularna, a młode pokolenie może nawet zacznie uczyć się jej w szkołach. Nie zdziwię się, gdy pewnego dnia zobaczę lekcję astrologii obok matematyki. Tylko czy nauczyciele będą gotowi wyjaśnić, co to jest kwadratura?

Astrologia jako narzędzie terapeutyczne. Coraz więcej terapeutów i coachów życiowych sięga po narzędzia astrologiczne. Może nie zastąpią one psychoterapii, ale z pewnością mogą pomóc w lepszym zrozumieniu siebie. Astrologia jako terapia? Czemu nie! Tylko pamiętajmy, by nie traktować horoskopów jak recepty na wszystkie problemy.

Powrót do korzeni – tradycyjna astrologia znów stanie się popularna. W dobie cyfrowej rewolucji zauważyłam także tendencję do powrotu do tradycyjnych metod. Ludzie znowu chcą spotykać się z astrologiem twarzą w twarz, chcą ręcznie rysowanych horoskopów. Czyżbyśmy tęsknili za ludzkim dotykiem w świecie zdominowanym przez technologię?

Gwiazdy nadal będą świecić. Czy to w aplikacji, czy na papierze, astrologia na pewno nie zniknie z naszego świata. Może się zmieniać, adaptować do nowych czasów, ale jej esencja pozostanie taka sama – próba zrozumienia siebie przez pryzmat kosmosu. A czy gwiazdy naprawdę mają wpływ na nasze życie? Cóż, jedno wiem na pewno – bez względu na to, co mówią gwiazdy, zawsze warto słuchać własnego serca.

Czy astrologia to dobry biznes we współczesnym świecie?

Mogę śmiało powiedzieć, że astrologia to nie tylko przepowiednie i gwiazdy, ale także... całkiem niezły interes. Tak, drogie gwiazdy, wy też macie swój udział w ekonomii!

W dzisiejszych czasach, kiedy wszyscy szukają odpowiedzi na pytanie, co będzie dalej, astrologia cieszy się popularnością równą gwiazdom filmowym (i to dosłownie!). Ludzie chcą wiedzieć wszystko: od miłości po karierę. A ja, z kartami tarota w jednej ręce i komputerem w drugiej, staram się nadążyć za tym kosmicznym popytem.

Kiedyś, żeby dostać horoskop, trzeba było umówić się z astrologiem. Dziś? Wystarczy kilka kliknięć. Internet to dla astrologii jak Wenus w Byku i w dodatku w 2. domu – stabilny, dochodowy związek. Webinary, kursy online, osobiste konsultacje przez Zoom – to wszystko sprawia, że astrologia ma swój czas w cyfrowym świecie.

I kto by pomyślał, że nawet w poważnych korporacjach znajdzie się miejsce dla astrologii? Wierzcie mi, że niejeden menedżer przed ważną decyzją zerka na astrologiczne prognozy. „Czy to dobry dzień na podpisanie umowy?" – pytają, udając, że to tylko dla zabawy. A ja po cichu cieszę się, widząc, jak gwiazdy przenikają do korporacyjnego świata.

Oczywiście w świecie astrologii, jak w każdym biznesie, są pułapki. Ważne jest, by nie zapomnieć o etyce. Pamiętam, jak kiedyś klientka chciała horoskopu, by wygrać w loterii. Uśmiechnęłam się tylko tajemniczo, mówiąc: „Gwiazdy radzą, byś zainwestowała w swoją pracowitość". Bo astrologia to nie wróżenie z fusów, ale narzędzie do samopoznania i rozwoju.

Czy astrologia to dobry biznes? Odpowiedź jest tak jasna jak gwiazdy na nocnym niebie. Owszem. Ale pamiętajmy, że choć astrologia może być dochodowa, to jej prawdziwa wartość leży gdzie indziej – w pomaganiu ludziom zrozumieć siebie i świat wokół nich. A zyski? Cóż, są miłym dodatkiem, ale nie powodem, dla którego każdego dnia spoglądam w gwiazdy.

Przykazania astrologa

W mojej wieloletniej pracy zebrałam całą kolekcję nietypowych, zabawnych, a czasem i absurdalnych pytań od klientów. Niektóre z nich sprawiały, że chciałam spojrzeć jeszcze raz w gwiazdy, żeby zapytać: „Naprawdę?". To mnie skłoniło do stworzenia tzw. przykazań astrologa – małego przewodnika po tym, czego nie wolno mówić astrologowi i jakie informacje możesz otrzymać.

Przykazanie pierwsze: astrolog nie poda wyników lotto. Gdybym dostawała grosz za każde pytanie o numery w lotto, sama mogłabym już nie pracować. Astrologia może wiele, ale czytanie przyszłych numerów lotto? To już raczej domena wróżek i kryształowej kuli. Astrolog podpowie wam lepsze dni na podejmowanie ryzyka finansowego. Ale konkretne liczby? – to już inna bajka.

Przykazanie drugie: nie dostaniesz magicznych rozwiązań. „Czy może pani sprawić, żeby mój były wrócił?" – to pytanie słyszałam już setki razy. Astrologia to nie czarodziejska różdżka. Możemy przeanalizować kompatybilność, zrozumieć lepsze i gorsze okresy w związkach, ale sprawić, by ktoś pokochał na nowo? Tu potrzeba więcej niż horoskopu.

Przykazanie trzecie: nie lekceważysz słów astrologa.
Czasem ludzie przychodzą dla zabawy, a potem dziwią się,
że astrologia ma swoją głębię. „To miał być tylko horoskop,
a pani mi tu mówi o życiowych lekcjach!". Tak, drodzy, astrologia to nie tylko Słońce, Księżyc i gwiazdy, to także głębokie spojrzenie w nasze życie.

Przykazanie czwarte: nie usłyszysz daty śmierci. Jeden z najbardziej kontrowersyjnych tematów – pytanie
o śmierć. To tabu w świecie astrologii. Nie tylko z etycz-
nych względów, ale i dlatego, że astrologia zajmuje się życiem, a nie jego końcem. Zamiast pytać o kres, zapytaj, jak
najlepiej wykorzystać życie.

Przykazanie piąte: bądź gotowy na usłyszenie prawdy. Niektórzy myślą, że astrolog to wróżbita, który zawsze
powie to, co chcemy usłyszeć. Ale prawdziwa astrologia to
czasem trudne prawdy. Jeśli jesteś gotowy na szczere słowa
o sobie i swoim życiu, to jesteś w dobrym miejscu.

Co zatem otrzymasz od astrologa?

Zrozumienie swoich mocnych i słabych stron. Astrologia to świetne narzędzie do pracy nad sobą.

Wgląd w najlepsze okresy do działania. Idealne momenty na nowe projekty, związki czy zmiany zawodowe.

Porady dotyczące związków. Jak poprawić relacje
z innymi, zrozumieć partnera, rodzinę czy współpracowników.

Samopoznanie. Astrologia to podróż w głąb siebie, odkrywanie własnych potrzeb i pragnień.

Zapamiętajcie, że astrolog to nie czarownik, ale przewodnik po gwiazdach i ludzkim życiu. Przyjdźcie z otwartym umysłem, a może się okazać, że gwiazdy mają dla was więcej mądrości, niż przypuszczaliście.

Pozwólcie, że opowiem wam historię J.P. Morgana, słynnego finansisty, który ze sceptyka zmienił się w zagorzałego fana gwiazd! Wszystko zaczęło się, gdy Evangeline Adams, znakomita astrolożka, rzuciła na niego czar astrologicznym wykresem. Morgan, którego portfel był grubszy niż niejeden tom astrologiczny, został jej stałym klientem i zaczął używać astrologii w każdym aspekcie swojego życia, co, zdaje się, sprawdziło się wyśmienicie. Przecież sam powiedział: „Milionerzy nie korzystają z usług astrologów, ale miliarderzy owszem". Jakże trafne, czyż nie?

Co powiecie na historię Nancy i Ronalda Reaganów i ich przygodę z astrologią w Białym Domu. Wyobraźcie sobie, że Nancy, po niefortunnym incydencie z próbą zamachu na Ronalda, postanowiła zwrócić się do gwiazd w poszukiwaniu wskazówek. I tak oto na scenę wkracza Joan Quigley, astrolożka ekstraklasa. Nancy, chociaż z początku była sceptyczna, zaczęła polegać na Joan, zwłaszcza przy planowaniu oficjalnych wyjazdów i działań prezydenta. Kto by pomyślał, że astrologia zagości w samym sercu amerykańskiej polityki! Ale po ujawnieniu tej gwiazdorskiej współpracy przez Ronalda Nancy z gracją starała się umniejszyć rolę astrologii.

Debbie Frank była osobistą astrolożką księżnej Diany. Ich współpraca zaczęła się w 1989 roku i trwała aż do ostatnich dni życia księżnej. Frank doradzała Dianie w wielu kwestiach, zarówno osobistych, jak i zawodowych, stając się przy tym jej bliską przyjaciółką.

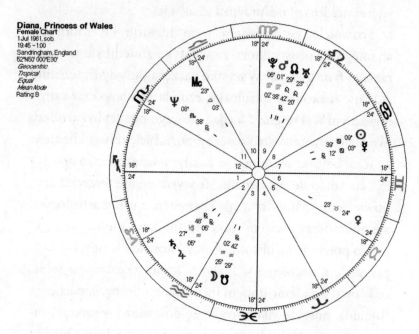

Diana, Princess of Wales
Female Chart
1 Jul 1961, sob.
19:45 −1:00
Sandringham, England
52°N50' 000°E30'
Geocentric
Tropical
Equal
Mean Node
Rating B

Dzięki doświadczeniu i umiejętnościom Debbie Frank miała znaczący wpływ na życie Diany. Jej rady i przewidywania miały pomagać księżnej w podejmowaniu ważnych decyzji i radzeniu sobie z wyzwaniami, jakie stawiało przed nią życie.

Debbie Frank jest autorką kilku książek na temat astrologii, w tym *Written in the Stars* i *What's Your Soul Sign?*, w których dzieli się wiedzą i doświadczeniami z szerszą publicznością. Jej praca z księżną Dianą zyskała uznanie i sprawiła, że Frank stała się jedną z bardziej znanych postaci w świecie astrologii.

Sławna aktorka Cameron Diaz to stała klientka Susan Miller, wielkiej gwiazdy w świecie astrologii. Cameron używa astrologii, żeby lepiej zrozumieć, co przyniesie jej przyszłość. Wyobraźcie sobie, że nawet gwiazdy filmowe szukają rad u gwiazd na niebie! Diaz podchodzi do tego serio, traktując astrologię jako coś więcej niż tylko zabawę. Dla niej to narzędzie, które pomaga podejmować decyzje i patrzeć w przyszłość.

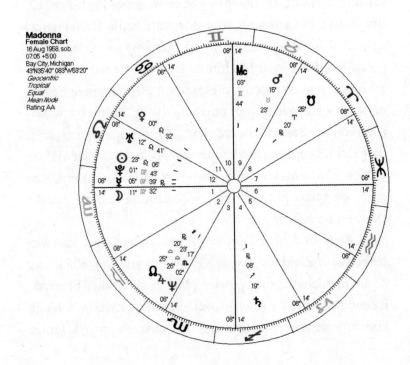

Gdy zaglądam w horoskop Madonny, to od razu rzuca mi się w oczy, że ma ona aż cztery planety w 12. domu: Urana, Słońce, Plutona i Merkurego. Zwykle byśmy pomyśleli, że taka osoba jest zamknięta w sobie, ale z Madonną to zupełnie inna historia. Słońce w jej 12. domu świadczy o potrzebie prywatności i skłonności do introspekcji. Dla kogoś tak uduchowionego jak ona to nic dziwnego. Merkury w tym samym domu sugeruje głębokie myślenie i zainteresowanie duchowymi aspektami życia. A co do Urana, to już typowe dla Madonny: niekonwencjonalne podejście do duchowości i nieoczekiwane zmiany, które wprowadza w życie. Pluton w 12. domu to z kolei intensywne doświadczenia transformacyjne, co idealnie pasuje do jej burzliwego życia pełnego zmian. Poza tym Madonna ma Plutona w koniunkcji z Merkurym, co daje jej niesamowitą inteligencję i zdolność do głębokiego patrzenia na świat. A Jowisz w koniunkcji z węzłem księżycowym to jej aspekt szczęścia, dzięki któremu wszystko, czego dotknie, zamienia się w złoto. No i na koniec Pluton w kwadracie do *medium coeli*, co tylko potwierdza, że Madonna jest po prostu skazana na sukces.

A Tom Holland i Zendaya?! Tom urodzony 1 czerwca 1996 roku i Zendaya 1 września 1996 roku. Wygląda na to, że niebo miało dla nich pewien plan. Tom, typowy Bliźniak, i Zendaya, Panna z krwi i kości, obydwoje mają w sobie tę zmienną naturę, co sprawia, że ich związek jest jak taniec

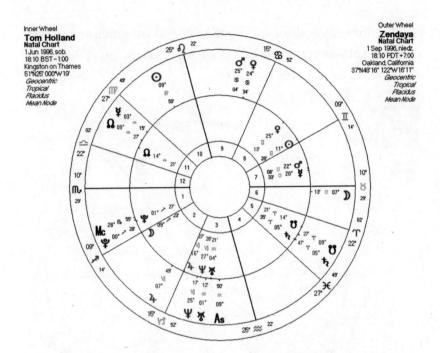

w deszczu – pełen elastyczności i adaptacji. A Merkury, który włada ich znakami, sprawia, że ich rozmowy są tak klarowne jak woda w górskim strumieniu.

Tom urodził się podczas pełni Księżyca, która w astrologii jest jak rollercoaster – niespodzianki i zobowiązania, które zmieniają życie. A Zendaya? Jej gwiazdy śpiewały o odrodzeniu jak feniks z popiołów, ze wsparciem Jowisza i Saturna. No i ten sekstyl między Marsem Toma a Wenus Zendai? To jest coś! Działa jak magnes, który powoli przyciągał ich do siebie. Tom musiał poczuć, że prowadzi, a Zendaya to lubi. Ich związek rozwijał się stopniowo, jak dobry film, aż w końcu osiągnęli ten głęboki romantyczny akord. Gwiazdy czasem piszą lepsze scenariusze niż Hollywood!

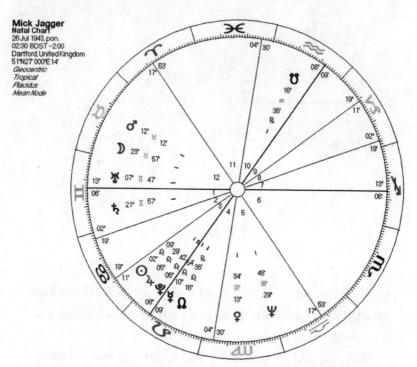

Mick Jagger
Natal Chart
26 Jul 1943, pon.
02:30 BDST –2:00
Dartford, United Kingdom
51°N27 000°E 14'
Geocentric
Tropical
Placidus
Mean Node

Patrząc na horoskop Micka, który urodził się 26 lipca 1943 roku o godzinie 20.30 w Dartford, mogę powiedzieć, że ten facet to prawdziwy Lew w każdym calu. Ze Słońcem w Lewie nie dziwota, że uwielbia być w centrum uwagi – typowy showman z charakterem gwiazdy rocka. A Jowisz przy Słońcu? To jak nosić w kieszeni bilet na loterię, który zawsze wygrywa. Luksus, blask, sława – Mick ma to wszystko.

Ale nie oszukujmy się, Merkury w jego horoskopie dodaje tej mieszance trochę psotnika. Pamiętam, jak raz rozmawiałam z muzykiem, który miał podobne ustawienie – nie do wytrzymania, ale jednocześnie nie można było się od niego oderwać. Właśnie tak, Mick jest jak magnes.

I Uran blisko ascendentu? Jakby wróżył mu te wszystkie niespodziewane zwroty akcji w karierze. Zaczynał skromnie, a skończył na wielkich scenach świata. A Saturn w 1. domu? Pewnie dlatego nie od razu został liderem Stonesów. Musiał trochę poczekać na swoją kolej.

W horoskopie Micka nie brak też władzy i magnetyzmu. Jowisz i Pluton, splecione ze Słońcem we Lwie, to nic innego jak przepis na życie pełne przygód i doświadczeń, które miały wpływ na całą kulturę rocka. Jagger to żywa definicja *sex, drugs and rock'n'roll*. A co z kobietami? Jego Słońce we Lwie i ascendent w Bliźniętach oraz urok i zmysłowość Marsa z Księżycem w Byku to mieszanka wybuchowa, więc nie dziwi, że serca pań płoną. Jednak jego życie miłosne to już inna historia. Uran w nieharmonijnym aspekcie do Wenus wywołuje burzę w sercu Micka, co wyjaśnia turbulencje w jego związkach.

Pamiętam, jak kiedyś... Ale nie, to już zupełnie inna opowieść. Wróćmy do Micka. Jego horoskop to jak mapa skarbów życiowych doświadczeń, a każda gwiazda na niej to kolejny rozdział epickiej opowieści. Mick Jagger z horoskopem jak z hollywoodzkiego filmu jest dowodem na to, że gwiazdy mają swoje zdanie, a życie pisze najciekawsze scenariusze.

TAROT – ODKRYWA INTENCJE OSÓB, KTÓRE NAS OTACZAJĄ

DLA TYCH, KTÓRZY CHCĄ BUDOWAĆ TRWAŁE I SZCZĘŚLIWE RELACJE

*Tarot to język intuicji, który otwiera przed nami drzwi
do wewnętrznej mądrości.*

AUTOR NIEZNANY

Pozwólcie, że będę waszą przewodniczką po meandrach tarota. Zanurzcie się ze mną w ten niezwykły świat, gdzie każda karta ma coś do powiedzenia – czasami więcej niż gadatliwa ciocia na rodzinnych spotkaniach.

Zacznijmy od początku – a ten, jak to często bywa, owiany jest tajemnicą.

Początki tarota są tak mgliste jak przepowiednie niektórych kart. Jedni mówią, że wywodzi się z Egiptu, inni, że z Indii, ale są też tacy, którzy obstawiają, że to wynalazek średniowiecznej Europy. Nikt jednak do końca tego nie wie. To trochę jak z przepisem na sernik – każdy ma swój, ale nikt nie zna idealnej receptury.

Pierwsze wzmianki o tarocie pochodzą z XV wieku. Nie były to ezoteryczne sesje w zamkowych komnatach, ale zwyczajne gry karciane. Tak, tarot był pierwotnie grą towarzyską. To jak ze współczesnymi memami – zaczyna się od zabawy, a kończy na głębszych przemyśleniach.

Przez lata tarot ewoluował, przechodząc z renesansowych salonów do tajemniczych gabinetów wróżek. Każda karta zaczęła nabierać znaczenia – od Głupca, który nie tyle oznacza brak rozumu, ile otwartość na nowe doświadczenia, po Świat, który symbolizuje zakończenie cyklu i osiągnięcie harmonii. Każdy z nas chciałby mieć taki Świat w kieszeni, prawda?

Ale nie oszukujmy się, nie wszyscy traktują tarota poważnie. Dla niektórych to nic więcej niż talia pięknie ilustrowanych kart. A dla innych? Narzędzie do głębokiej introspekcji. To tak jak z kawą – dla jednych tylko poranny napój, dla innych niemal rytuał.

Co ciekawe, tarot nie jest zarezerwowany dla europejskiej kultury. Ta tajemnicza talia odbyła podróż dookoła świata, przyjmując różne formy i znaczenia. W Japonii na przykład stał się popularny jako narzędzie do refleksji i medytacji, a w Stanach Zjednoczonych stał się częścią popkultury i różne gwiazdy chcą mieć osobistego tarocistę.

Teraz, kiedy tarot jest na fali, każdy chce mieć coś więcej niż asa w rękawie. Wystarczy spojrzeć na Instagram, gdzie karty są niemal na każdym ezoterycznym profilu. Stały się jak dobre wino – im starsze, tym lepsze, a ich tajemnicze obrazy to prawdziwe dzieła sztuki.

I tak oto stajemy u progu fascynującego świata, w którym każda karta jest jak otwarta księga, pełna możliwości i tajemnic. Czy jesteście gotowi, aby dowiedzieć się, co kryją w sobie te mistyczne obrazy? Przygoda z tarotem to nie tylko poznawanie przyszłości, ale przede wszystkim poznawanie siebie. Zapraszam was więc do wspólnej podróży, w której razem odkryjemy, co karty mają nam do powiedzenia. Wszystko, czego potrzebujecie, to otwarty umysł i odrobina ciekawości.

Moja przygoda z tarotem zaczęła się wiele lat temu, a wyglądała trochę jak komedia omyłek. Moja mama była znaną astrolożką, która – jakby tego było mało – miała również pociąg do tarota i numerologii. Ot, mama z pasjami. Wracając jednak do tarota... To się zaczęło, gdy mój młodszy brat, taki mały łobuziak, postanowił coś spsocić. Zabrał bez pytania karty mamy i zaniósł je do szkoły. Pomyślcie, zabrał karty tarota do szkoły! Tam na przerwach zaczął wróżyć koleżankom i kolegom, jakby był małym Merlinem.

No i stało się. Szkoła zadzwoniła do mamy, że syn rozkłada karty na korytarzu. A nie tylko dzieciaki były zaciekawione – okazało się, że nauczyciele też chcieli znać swoją przyszłość. Początek lat dziewięćdziesiątych to nie były czasy, kiedy tarot był powszechny, a na pewno nie na szkolnych korytarzach.

Mama, czerwona jak burak, poszła do szkoły, a tam dyrektorka, o zgrozo, zaproponowała, żeby brat mógł wróżyć w jej gabinecie! Możecie sobie wyobrazić, jak mama musiała się czuć. Wtedy też zrozumiała, że jeśli jej syn chce się bawić w tarota, to niech się uczy od najlepszych. Wysłała go na warsztaty do samego Jana Witolda Suligi, znanego tarocisty. Ja z kolei jako starsza siostra pojechałam z nim jako opiekunka.

Myślicie, że brat złapał bakcyla? Skąd! To ja po miesięcznym kursie wróciłam do domu totalnie zakręcona na punkcie tarota. Niby jechałam tam tylko towarzyszyć bratu, a wróciłam jako prawdziwa fanka. I tak oto obok astrologii tarot stał się moją drugą wielką pasją.

Tarot naprawdę nie jest zwykłą talią kart. To podróż do innego świata, a każda karta to przystanek pełen tajemnic i możliwości, narzędzie do eksplorowania nie tylko przyszłości, ale i teraźniejszości, naszych myśli, uczuć, nadziei i lęków.

Czy tarot to magia? Może nie w dosłownym znaczeniu, ale z pewnością jest czymś, co może otworzyć nasze oczy na nowe perspektywy i zainspirować do głębszego zrozumienia siebie i świata wokół nas. I kto wie, może nawet na kolejnej imprezie, kiedy ktoś rozłoży tarota, to nie będzie już tylko zabawa, ale początek czegoś znacznie większego.

Czas rozwiać nieco mitów, które krążą wokół tarota. Słyszeliście kiedyś, że tarot jest tylko dla wróżek z kryształową kulą? Albo że każda karta Śmierci oznacza... właśnie śmierć? Jeśli za każdym razem, kiedy to słyszę, dostawałabym złotówkę, pewnie siedziałabym teraz na Bahamach z drinkiem w ręku. Ale do rzeczy!

Mit 1: Tarot to narzędzie szatana

Słyszałam to już chyba milion razy. „Tarot? Oj, to te diabelskie karty!". Serio? Ludzie, żyjemy w XXI wieku. Tarot to narzędzie introspekcji, a nie wejściówka do piekła. To tak, jakby powiedzieć, że jedzenie makaronu sprawia, że jesteś Włochem. Czasem karta to po prostu karta.

Mit 2: Tarot przewiduje przyszłość

To jeden z największych mitów. Tarot to raczej narzędzie do eksploracji możliwości, a nie kryształowa kula. Prawda jest taka, że tarot może pomóc wam zrozumieć teraźniejszość i uwidocznić potencjalne ścieżki przyszłości, ale decyzje i wybory nadal należą do was. To nie jest *Powrót do przyszłości*, gdzie maszyna czasu pokazuje dokładną przyszłość.

Mit 3: Tarot jest tylko dla osób z darem

Niektórzy myślą, że trzeba mieć jakiś tajemniczy dar, aby używać tarota. Pozwólcie, że to obalę: każdy może korzystać z tarota. To trochę jak gotowanie – niektórzy mają do tego lepszą rękę, ale z odpowiednią praktyką każdy może stworzyć coś wartościowego.

Mit 4: Karta Śmierci oznacza **prawdziwą** śmierć

Karta Śmierci to ulubienica twórców filmów. Nie, ta karta nie oznacza, że ktoś umrze. Przeważnie symbolizuje koniec jednego etapu i początek czegoś nowego.

To jak zakończenie złego związku i otwarcie drzwi do nowych możliwości.

Mit 5: Tarot jest niezrozumiały i skomplikowany

To prawda, że tarot ma swoją symbolikę i niuanse, ale nie jest jak fizyka kwantowa. Z odrobiną cierpliwości i praktyki każdy może nauczyć się podstawowych znaczeń kart i sposobów ich interpretacji. Wystarczy otwarty umysł i chęć nauki.

Zagłębimy się więc teraz w świat tarota. Ale nie tylko w karty, które wróżą przyszłość, ale też w ich tajemnicze korzenie, gdzieś tam w ezoterycznej i mistycznej kabale. To jakby podstawy, od których wszystko się zaczyna. Tarot mówi nam, że mamy wolną wolę, co niby pozwala nam decydować, ale jednocześnie jesteśmy trochę jak marionetki w teatrze życia.

Weźmy na przykład Słońce, które wstaje każdego dnia, czy tego chcemy, czy nie. To jakby życiowy plan dnia, niezależny od naszych zachcianek. A teraz pomyślmy o sytuacji, kiedy pokłóciłam się z sąsiadką. Od kilku dni ani słowa, same spłoszone spojrzenia. No ale w przeciwieństwie do ingerencji we wschód Słońca tu mogę coś zmienić. Mogę przecież przeprosić, prawda? I wtedy są dwie drogi: albo mi wybaczy, albo nie.

I tak oto wchodzimy w świat możliwości. To trochę jak otwieranie puszki Pandory, ale w dobrym wydaniu. Każda decyzja, którą podejmujemy, prowadzi nas po nowej ścieżce. A kabalistyczna sztuka mówi, że w naszych głowach kryje się cały wszechświat potencjalnych wyborów. To jakby mieć całą garderobę pełną sukienek, ale przecież nie można ich założyć wszystkich jednocześnie.

Wracamy do tarota. Wyobraźmy sobie, że wróżbita, patrząc w karty, mówi: „Tak być musi". To trochę jakby mówił, że mamy na sobie tę konkretną sukienkę i już. Ale jeśli wróżbita pokazuje różne opcje, to jakby mówił: „Hej, może byś przymierzyła tę czerwoną, a może zieloną?". Daje wybór i pokazuje, że mamy władzę nad swoim życiem.

Ale pamiętajmy, że życie to nie tylko wybory. To też radzenie sobie z konsekwencjami tych wyborów. Czyli to, co zrobisz, zostaje z tobą. Jak te przeprosiny sąsiadki, raz wypowiedziane już nie znikną. Ale zawsze można dodać coś od siebie, by poprawić sytuację. Więc pamiętajmy, że w życiu, tak jak w tarocie, mamy wiele dróg do wyboru. A każdy wybór to nowa przygoda. Bierzmy więc życie w swoje ręce i decydujmy śmiało!

Tu mała dygresja. Jak to często bywa w mojej pracy, klienci, pełni niepewności, a zarazem pewni siebie, wkraczają do świata przepowiedni. Z ust każdego z nich płyną te same słowa, jakby były nutą tej samej, niekończącej się melodii: „Mamy świadomość, że ostateczna decyzja leży w naszych rękach". O, ironio losu! Wówczas z lekkim uśmiechem na ustach zadaję pytanie, które unosi się w powietrzu niczym delikatna mgła: „Po co więc przyszliście do poczciwej tarocistki, jeśli nie po to, by odkryć tajemnice przyszłości?".

Wtedy zaczyna się prawdziwa magia. Z przekonaniem, jakby to była najważniejsza prawda wszech czasów, wyznają, że pragną poznać wszystkie możliwe ścieżki, które mogą obrać. Chcą znać każdy zakamarek przyszłości, każdy możliwy scenariusz i jego konsekwencje, by podjąć najlepszą z możliwych decyzji. Ach, jakież to ludzkie! Rozkładam wówczas na stole karty tarota i patrzę, co widać w tajemniczej przyszłości.

W moim sercu tli się ciepło, gdy widzę, jak z nadzieją w oczach przyjmują moje słowa, choć tak naprawdę odpowiedzi na wszystkie pytania noszą w sobie. Mówią, że wiedza to potęga, ale ja wiem jedno – największą potęgą jest poznanie samego siebie. Więc ciszę się w duchu, kiedy kolejny klient opuszcza mój gabinet bogatszy o wiedzę, która od zawsze w nim była. Ale cóż, niech im będzie, przecież każdy lubi odrobinę magii w życiu.

To jest trochę tak, jakbyśmy żyli na granicy dwóch światów. Z jednej strony biorę na klatę wszystko, co przynosi życie, to całe „tak być musi". Ale z drugiej strony mam też jakby supermoc – korzystam z tego, co jeszcze przede mną, co może się wydarzyć. I to wszystko dzieje się w sercu, takim centrum dowodzenia mojego „ja".

A teraz uwaga na wróżbitów! Jeśli wróżbita powie: „Tak być musi", to jakby rzucał cię na głęboką wodę bez kamizelki ratunkowej. Ale jeśli zamiast tego pokaże wam różne możliwości, to jakby dawał mapę skarbów i kompas – wiecie, gdzie iść, ale wybór ścieżki zależy od was.

Czasem tak się dzieje, że wróżby pojawiają się same z siebie, jakby znikąd, albo ktoś sobie je „wyczarowuje" – przez medytacje, świadome śnienie, a czasem nawet przez zażycie czegoś na wzmocnienie wizji. Albo ktoś po prostu ma to „coś" od urodzenia, jak talent do śpiewania pod prysznicem. W każdym z tych przypadków to trochę jak otwieranie drzwi do innego wymiaru, ale bez klamki. Może to być ekscytujące, ale też straszne, bo kto wie, co za tymi drzwiami się kryje.

Ale wróćmy do tych, którzy wróżą na jawie. Czasem to robią tak na oślep, jakby strzelając w ciemności. A niektórzy z nich mają taką ekspresję, że nie wiadomo, czy płakać, śmiać się, czy uciekać. Ich gesty, słowa, wszystko jest takie... wielowymiarowe. To trochę jakby oglądać film, nie będąc pewnym, czy to horror, komedia, czy też dramat.

A co jest najgorsze w tym wszystkim? To, jeśli wróżbita zaczyna straszyć ludzi, mówiąc coś w stylu „umrzesz 13 stycznia". To jakby wbijanie ludziom w głowy mentalnych chipów z przerażającymi wiadomościami. No i oczywiście to już jest nadużycie. W końcu nie każdy chce wiedzieć, co na niego czeka za rogiem.

Pamiętajcie, że bycie wróżbitą to nie tylko sztuka przepowiadania przyszłości, ale też odpowiedzialność za to, co i jak się mówi. To trochę jak balansowanie na linie między tym, co można powiedzieć, a tym, czego lepiej nie mówić. No i oczywiście nie chodzi tu tylko o przepowiadanie, ale też o to, jak się do tego wszystkiego odniesiemy – z pokorą, zrozumieniem i odpowiednią dawką szacunku do tego, co niewidzialne i tajemnicze. Więc wróżbici, trzymajcie się na tej cienkiej linii i pamiętajcie o tym, co najważniejsze!

Są takie wróżby, w których wszystko jest już zapisane w gwiazdach, w snach, wizjach, przekazach z góry. To trochę jak spoiler z filmu, którego jeszcze nie oglądałaś. Nie możesz go zmienić, ale możesz wybrać, jak na niego zareagujesz.

Kartomancja to bardziej interaktywna wróżba. To jak rozmowa z najlepszą przyjaciółką, która nie mówi, co mamy robić, ale pomaga zrozumieć, co się święci. Wróżbita pyta, analizuje, a wy decydujecie, co z tym zrobicie. On może coś sugerować, ale to my reżyserujemy ten film. Więc pamiętajmy, że w życiu, jak i w kartach tarota, mamy zawsze kilka opcji. Wszystko zależy od tego, jaką drogę wybierzemy.

Powinniście wiedzieć, co to znaczy być etycznym wróżbitą i czego nie możemy od niego usłyszeć. To taki kodeks wróżbiarski.

Przede wszystkim wróżbita nie powie daty twojego odejścia, bo przecież to nie on ma władzę nad kalendarzem życia i śmierci, prawda? To Bóg, nie człowiek decyduje o takich sprawach.

Wróżbita nie będzie się bawił we wróżenie dla waszej rodziny. Gdy się pojawia za dużo emocji, a za mało dystansu, zaraz sobie wmówi, że każda karta wskazuje jakąś dramatyczną przyszłość ciotki Zosi. Podobnie z wróżeniem dla samego siebie. To trochę jak próba zrobienia selfie aparatem analogowym – zapewne się uda, ale efekt mizerny.

Nie będzie też kładł kart dzieciakom, przyszłym mamom czy osobom emocjonalnie niestabilnym. To jakby dawać im bilety na rollercoaster, którego nikt nie kontroluje.

Wróżbita nie będzie również stał na rogu ulicy i zachęcał przechodniów: „Chodź, powróżę ci za darmo". I nie uwierzycie, ale on też nie jest jakąś alfą i omegą, która zawsze wie lepiej. Nie ma czegoś takiego jak nieomylność w świecie wróżb.

Wróżbita nie zamierza też robić z klientów osobistych fanów, wmawiając im, że tylko on ma klucz do rozwiązania ich problemów. I nie będzie udawał wszechwiedzącego – jak czegoś nie wie, to po prostu przyzna, że nie wie.

I na koniec, nie będzie mieszał osobistych dramatów, uprzedzeń czy niespełnionych marzeń w swoje wróżby. To jakby serwować komuś kawę ze swoimi łzami. Wróżby mają być jak najlepiej dopasowane do osoby pytającej, a nie być ekspresją wewnętrznych demonów wróżbity.

Poza tym nie ma czegoś takiego jak wróżenie na szybko za dodatkową opłatą. Wróżbita dąży do rozwiązania problemu w jednej sesji, bez ciągnięcia za portfel klienta na każdym kroku.

A przede wszystkim prawdziwy wróżbita to taki, który przestrzega zasad sztuki wróżbiarskiej i dba o bezpieczeństwo – zarówno swoje, jak i klientów. Bo przecież nie chodzi o to, żeby robić z wróżenia cyrk na kółkach.

Zapewne ciekawi was, jak wygląda praca tarocisty.

To trochę jak z malowaniem, graniem na gitarze czy projektowaniem wnętrz – żeby wróżyć, trzeba mieć to „coś". Niektóre talenty masz od urodzenia, a reszty... trzeba się nauczyć. Studiowanie tarota, chodzenie na kursy to jest jak trening przed wielkim meczem. Tarot to nie tylko karty, to cała ścieżka życia. I nie ma się co dziwić, że z czasem robi się coraz bardziej wyboista – to nie jest spacer po parku!

Teraz najlepsze. Jak już się zdecydujecie na wróżenie, róbcie to z głową. Wróżenie to nie tylko magia, to przede wszystkim usługa – tak, wróżbita to taki magiczny usługodawca. Wy pytacie, on wróży, a karty to jego narzędzia. I pamiętajcie, to uczy pokory i buduje relację między wami a wróżem na zasadzie „ja ci płacę, ty mi wróżysz".

Każda praca powinna być wynagradzana. Nie wróżymy za darmo, bo inaczej wszyscy będą chcieli kawałek tego magicznego tortu, a wy zostaniecie z niczym. Empatia i altruizm to ważne cechy, ale trzeba też mieć trochę asertywności, żeby się nie dać wykorzystać.

Mówi się, że wróżba niezapłacona się nie sprawdza. To stara wróżbiarska mądrość – klient płaci, wróżbita wróży i nikt nikomu nic nie jest winien. Wszystko jasne jak słońce, po wróżbie każdy idzie w swoją stronę.

I teraz najlepsze: wróżenie i kasa się nie wykluczają, nie słuchajcie tych, którzy twierdzą inaczej. W kabale jest

taki termin jak „cedaka". Chodzi o uczciwość i rzetelność
w wymianie. To jak dawanie prezentu i dostawanie czegoś w zamian – obie strony są zadowolone, a dusza uszla-
chetniona. Brzmi dziwnie? Ale wcale takie nie jest. To jak
uczciwa wymiana prezentów na święta – dajesz coś i dostajesz coś w zamian, jeszcze zanim zacznie się właściwa
zabawa.

Jak to więc jest z tym płaceniem za wróżby? Klient wpa-
da do wróżbity, który za godzinę magicznych usług woła
sobie trzysta złotych. I wtedy już oboje są jakby trochę zo-
bowiązani – wróż ma powróżyć, a klient wyłożyć kasę. Te
pieniądze już należą do wróża, a klient dostaje jego czas
i umiejętności.

Ale pamiętajmy o uczciwości w tym interesie. Wróżbita
nie będzie domagał się więcej niż ustalona cena, a klient
nie będzie oczekiwał, że za te trzy stówki wróżbita będzie
wróżył mu co tydzień. Dajesz i dostajesz coś w zamian, ale
już bez żadnych dodatkowych warunków.

W tym wszystkim chodzi o to, że uczciwe postępowa-
nie ma swoją głębszą wartość dla duszy. Zasady są proste
– nie oszukujesz, nie kłamiesz, nie wyłudzasz. Bo jak to
mówią o przyczynach i skutkach, co odwalicie, to do was
wróci.

A co do samej ceny za wróżbę, to już kwestia doga-
dania się. Może być grosik, mogą być setki. Ważne, żeby
było to jasno ustalone i bez żadnych negocjacji w trakcie.
I nie zapominajmy, że klient płaci nie za to, czy wróżba

się sprawdzi, ale za sam akt wróżenia, rozkładanie kart i całą ceremonię. Bo przecież wróżenie to nie jest zaklęcie, które ma działać na zawołanie.

Jak to jest zatem z opłatami za wróżby? Można zainkasować przed sesją albo po jej zakończeniu. Większość wróżbitów idzie na łatwiznę i bierze pieniądze po wróżbie, ale ja wolę brać z góry. Dlaczego? Bo jak bierzesz kasę dopiero po, to masz problem, kiedy trzeba powiedzieć klientowi coś, co mu się nie spodoba.

Wyobraźcie sobie taką sytuację. Patrzycie w karty i widzicie kobietę, która ma kochanka, a jej mąż leży w szpitalu. Ona go nie odwiedza, a młodszy kochanek żyje na jej koszt. No i co teraz? Jak nie wzięliście forsy wcześniej, to nagle czujecie, że wam język staje w gardle. Zamiast powiedzieć prosto z mostu, co się dzieje, zaczynacie opowiadać bajki o miłości i samorealizacji. No bo przecież nie chcecie stracić klienta, prawda?

Ale jak bierzecie opłatę z góry, to już inna bajka. Mówicie, co widzicie w kartach, bez owijania w bawełnę. Doradzacie kobiecie, żeby się ogarnęła i poszła do męża do szpitala. Oczywiście nie wspominacie o możliwości jego śmierci, bo nie chcecie robić dramatu.

I jeszcze jedno, jeśli opłata jest symboliczna, to cała gra z tonowaniem prawdy nie ma miejsca. Wtedy to już zupełnie inna historia. Więc pamiętajcie, czasem lepiej wziąć kasę z góry, żeby móc mówić to, co trzeba, bez zbędnych ograniczeń.

Jak w każdej pracy, we wróżeniu z kart jest także coś ważnego, co się nazywa zasadą cedaki, o której już wspomniałam. To magiczne słowo pomaga wróżkom i wróżbitom, zwłaszcza tym zielonym, nie wpadać w pułapkę własnych nerwów. Kiedy mieszacie karty i zastanawiacie się, czy to, co zaraz wyjdzie, w ogóle będzie miało sens. Poziom stresu rośnie, umysł robi się jak mgła, a ręce trzęsą się jak liście na wietrze. A klient? Też się trzęsie ze strachu, bo kto wie, co mu wyjdzie – może jakaś „diabelska" karta?

Ale jeśli robicie wszystko płynnie i z głową, to inna bajka. Jesteście mili, zrelaksowani, a przy tym konkretni. Nie ma stresu, jest luz. I to się udziela klientowi. Im mniej dramy, tym lepiej, bo emocje i tak się pojawią, kiedy zaczniemy mówić o problemach klienta. Ale i wtedy trzeba trzymać fason, nawet jeśli te kłopoty brzmią jak nasze własne. Pamiętajcie, że nie każdy ma takie same rozwiązania.

Uważaj, bo niektórzy wróżbici to prawdziwi aktorzy. Stają przed tobą jak czarodzieje z bajki, z amuletami, mantrami, kolorowymi świecami i krucyfiksami. Może i robią wrażenie, ale nie o to chodzi we wróżeniu. Przecież nie jesteś w teatrze! Wróżbita ma być doradcą, a nie czarodziejem z krainy Oz.

I pamiętaj, że prawdziwa sztuka wróżenia to nie sztuczki i pozory. To umiejętność opowiedzenia historii życia z kilku kart tarota. Reszta to tylko dodatki, które często tylko mieszają w głowach i wprowadzają w błąd. Trzymaj się więc z daleka od wróżbiarskich gadżetów i skup się na tym, co naprawdę ważne – na kartach i na tym, co mają do powiedzenia.

Pamiętam, jak kiedyś jedna wróżka wyznała mi, że nie używa tarota, tylko zwykłych kart, bo według niej tarot to diabelskie karty, które ściągają do domu same kłopoty. Podobne bajki próbował wciskać mi katolicki demonolog. Obojgu powiedziałam: „Słuchajcie, tarot to tylko talia obrazków, nie jakieś czary-mary". Z symbolami i tajemnicami, ale bez żadnych ukrytych mocy. Same karty nikomu krzywdy nie zrobią. Nie ma co liczyć na to, że przyciągną anioły czy demony. Dla niektórych to sztuka, dla innych po prostu narzędzie do wróżenia.

Ale w trakcie wróżenia karty zmieniają się z czegoś w kogoś. Tak jakby nagle zaczęły gadać. Niektórzy wróżbici mają wrażenie, że rozmawiają z duchem tarota. A inni nawet z aniołami albo jakimiś duchowymi opiekunami. Dlaczego? Bo w ich głowach karty nabierają życia, trochę jak pluszowy miś w dziecięcych wyobrażeniach. Te duchy to po prostu wytwory ich wyobraźni, nic więcej. To jak otwarcie drzwi do jakiegoś astralnego świata wyobrażeń, gdzie roi się od duchowych istot. Ale to nie znaczy, że są to święte anioły czy straszne diabły. Po prostu ludzka wyobraźnia robi swoje.

Dlatego nie ma co panikować na widok kart tarota. To nie jest żadna brama do świata duchów. To po prostu karty, które w rękach wróżbity mogą opowiedzieć ciekawą historię. Reszta jest tylko dodatkiem podkręcającym atmosferę i nie powinno się brać tego zbyt serio. Bez obaw zatem, tarot to nie kolejka do piekieł i na pewno nie wywoła żadnej apokalipsy w waszym domu.

Jak więc sobie poradzić z tym wróżbiarskim zamieszaniem? Po pierwsze, trzymajmy się z dala od wierzeń w „ducha tarota" czy szepczących do ucha aniołów. To tak, jakby wierzyć, że karty podają wam przepisy na ciasto. Po drugie, warto sobie uświadomić, jak to wszystko działa. Wróżenie z tarota to jak przeglądanie albumu ze zdjęciami – obrazki wywołują skojarzenia i historie w głowie wróżbity. Wszyscy myślimy obrazami, a niektóre z naszych pomysłów są bardziej kolorowe niż inne.

Karty tarota działają jak budzik dla naturalnego talentu jasnowidzenia – większość z nas go ma, ale większość go nie używa (tak jak tych siedmiu języków, których mieliśmy nauczyć się w szkole). Tarot to taki przycisk „start" dla naszej wewnętrznej wyobraźni. Ale nie myślcie, że rozmawiamy z kartami, aniołami czy diabłami. To raczej pogawędka z samym sobą, tylko że z kartami w ręku.

Im więcej czasu spędzacie z tarotem, tym bardziej zaczynacie widzieć w każdym kącie Królową Mieczy czy Cesarza. To jakby noszenie tarotowych okularów, przez które wszystko wydaje się jedną wielką metaforą. Ale uważajcie, żeby nie popaść w tarotowy fanatyzm. Bo to jak mówienie wszystkim, że są jak postacie z waszej ulubionej telenoweli.

Pamiętajcie, że tarot to tylko narzędzie, a nie magiczna różdżka. Nie ma co wierzyć, że karty mają w sobie tajemną moc. To nie one decydują o naszym losie, tylko my sami. Nie dajcie się więc zwariować. Bo tarot to nie wejście do tajemniczej krainy, tylko po prostu kolejny sposób na zrozumienie siebie i świata wokół nas. Bawcie się dobrze, ale bez magii i czarów!

Tarot powinien być jak najlepszy przyjaciel wróżbity, jego prywatny podręczny zestaw. Trzeba o niego dbać, ale bez przesady. Wiele wróżek i wróżbitów nosi karty w woreczku, płóciennym albo z innego materiału i w dowolnym kolorze – nie ma tu żadnej magicznej reguły.

Co zabawne, niektórzy tak bardzo boją się, żeby ktoś inny nie dotknął ich kart, jakby od tego miały one stracić magiczne moce. Myślą, że tarot zasysa złe wibracje od innych ludzi czy coś w tym rodzaju. I co robią? Oczyszczają karty przed każdym wróżeniem, okadzając je dymem albo machając nad nimi świeczką. Serio? To tylko karty, cała magia dzieje się w naszych głowach.

Szanujmy nasze karty, ale bez przesady. Jeśli ktoś naprawdę chce mieć superczystego tarota, to mam dla niego świetną metodę – wrzućcie karty do pralki, a wypranie i odwirowanie gwarantowane. Oczywiście żartuję! Ale pamiętajcie, że to nie karty stawiają wróżbę, tylko my sami. Traktujmy je więc z szacunkiem, ale nie jak świętość.

A jak sobie radzić z wszystkimi przesądami dotyczącymi tarota? Po pierwsze, zapomnijcie o tym, że jakaś karta, niech to będzie nawet Papieżyca, ma supermoce nadzoru nad resztą talii. To kompletny nonsens! W tarocie każda karta jest równie ważna. Jak zaczniemy faworyzować jedną, cała reszta zostanie odrzucona, unieważniona. A to nie fair, prawda?

No i druga sprawa, jeśli wróżbita zaczyna sobie wyobrażać, że on sam jest Papieżycą czy inną ważną kartą, to mamy problem. Bo wtedy uważa, że jest jakimś gwiazdorem tarota. I nagle wydaje mu się, że każda karta, która się pojawia w rozkładzie, jest jakby specjalnie z nim połączona. To tak, jakby zaczął wierzyć, że ma magiczną więź z klientem, a to już droga do obsesji.

Niektórzy tarociści myślą, że jak wypadnie jakaś konkretna karta, to od razu trzeba przerywać wróżbę. Albo jak wszystkie karty są odwrócone, to też lepiej spakować talię i odprawić klienta z kwitkiem. Ale to przecież tak nie działa! Klient może pomyśleć, że wróżbita zobaczył w kartach coś strasznego, i teraz będzie miał koszmary i spodziewał się jakiegoś nieszczęścia. A przecież to tylko karty, a nie wyrocznia.

Karty tarota to narzędzie. Nie ma co traktować ich jak magicznego portalu. To nie one decydują o naszym losie. Więc bądźmy profesjonalni i trzymajmy emocje na wodzy. A jeśli już coś wypadnie podczas tasowania, to najlepiej to zbagatelizować żartem. Bo w końcu trochę humoru w tarocie jeszcze nikomu nie zaszkodziło.

Pamiętajmy o jednej sprawie – im bardziej jesteśmy przyziemni w tym wróżbiarskim biznesie, tym lepiej dla nas.

Nie ma co się zanurzać w głębokie psychologiczno-filozoficzne dywagacje. Ustalamy, ile ma trwać wróżenie, i trzymamy się tego. Ale też bez obsesyjnego zerkania na zegarek, bo to nie wyścigi.

Po skończonej sesji zamiast roztrząsać znaczenie każdej karty, lepiej potasować je raz jeszcze, schować do woreczka, odłożyć na bok i zająć się własnym życiem. Przecież usługa została wykonana, klient wyszedł i już nic nas z nim nie łączy. Powiedzieliśmy, co mieliśmy powiedzieć, zinterpretowaliśmy karty, jak umieliśmy, koniec kropka. Nie ma co rozgrzebywać sprawy ani też dzwonić do klienta z ostatnim słowem. A jeśli to on dzwoni z prośbą o więcej, grzecznie tłumaczymy, że to już inna bajka i potrzebne jest nowe rozłożenie kart.

Musimy zachować dystans, niezależnie od tego, czy nasze wróżby się sprawdziły, czy nie. Bo ciągłe liczenie na sukces to droga do zarozumiałości i myślenia, że wiemy wszystko. A zarazem zasmucenie z powodu niepowodzenia może nas doprowadzić do zwątpienia w siebie. Wszystko ma jakiś sens, nawet to, co się nie sprawdza. Co dokładnie jest tym sensem? Tego nikt nie wie. Trzymajmy się więc swojego kursu i nie dajmy się zwariować!

Powiem wam teraz, co jest niezbędne do wróżenia. Najpierw potrzebne jest specjalne miejsce, najlepiej ładnie urządzony pokój, taki na luzie. Do tego stolik, dwa krzesła i oczywiście odpowiednie oświetlenie, żeby dobrze widzieć karty. Nie zapomnijmy o świeczce gdzieś w kącie – taki mały płomień zawsze robi klimat. No i oczywiście karty, wróżbita i klient – bez nich ani rusz.

Najważniejszy jest jednak profesjonalizm wróżbity. Karta na stół i nie można jej już cofnąć. Jeśli podczas mieszania kart coś pójdzie nie tak, trudno, nie ma co robić z tego afery. W końcu każdemu się zdarza.

Klient przychodzi, siada naprzeciwko – tak jest najlepiej, bo siedzenie obok siebie czyni spotkanie bardziej przyjacielskim, a my jesteśmy tu po to, żeby wróżyć, a nie pić kawę. Stół nie może być ani za mały, ani za duży. I zaczynamy: wróżbita pyta, w czym może pomóc. Klienci są różni. Niektórzy z przymrużeniem oka mówią: „Przecież pan wróżbita powinien to wiedzieć!". Inni chcą wiedzieć coś ogólnie o przyszłości, pracy, miłości, zdrowiu. Jeszcze inni mają konkretne pytania, a są i tacy, którzy zalewają wróżbitę lawiną informacji. W takim wypadku trzeba delikatnie przerwać ich monolog. Za dużo informacji od klienta wcale nie pomaga w trafnym wróżeniu. Trzymamy się więc zasad i działamy po swojemu.

Od czego zacząć? Po pierwsze, trzeba wiedzieć, jaką talię ułożyć – czy to będzie ogólny przegląd, czy bardziej konkretne sprawy. Zanim zaczniemy tasować karty, trzeba zdecydować, jaki rozkład będzie najlepszy. Jak w życiu – najpierw plan, potem akcja.

Gdy już wiemy, co robimy, czas na tasowanie kart. I tutaj ważna sprawa – nie ma co się zagłębiać myślami w problemach klienta. Skupiamy się na kartach. Tasowanie to nie ezoteryczna sztuczka, robimy to po prostu porządnie i bez fajerwerków. Bez tych wszystkich hazardowych sztuczek, które wyglądają podejrzanie.

Następnie mieszamy karty na stole, żeby się odpowiednio porozkładały. I używamy również tych kart, które leżą odwrotnie. Bo w tarocie nie ma dobrych i złych kart! Każda ma swoje ciemne i jasne strony, jak my wszyscy. Nawet taka z pozoru fajna karta jak Świat może nieść cień. Ważne, żeby pamiętać, że wszystkie karty się łączą i dopełniają. A te odwrócone często pokazują, gdzie leży problem i jak go rozwiązać. I nie każda odwrócona karta to dramat.

Więc pamiętajcie, wróżenie z tarota to nie tylko oglądanie ładnych obrazków, ale rozumienie, jak one się łączą i co nam mówią o życiu. A życie, jak wiemy, nie zawsze jest czarno-białe.

W całym tym ceremoniale mieszanie kart to nie lada sztuka i trzeba jej poświęcić chwilę. Tarocista kołysze kartami na stole, oczywiście odwróconymi obrazkami do dołu, żeby dodać trochę tajemniczości. Potem zbiera je, pilnując, by nie zdradzić ich tajemnic na wstępie. Składa talię i jest gotowy do następnego kroku.

Teraz czas na przekładanie kart przez klienta. Tradycja mówi, że robi się to lewą ręką, jakby to miało jakieś magiczne znaczenie. Klient dzieli talię na trzy części, a wróżbita układa je z powrotem, biorąc najpierw tę najbliżej siebie. To trochę jak budowanie domku z kart.

Jeśli chodzi o wróżenie przez telefon czy Skype'a, to robi się tak samo, tylko w imieniu klienta, a ruch jest od wróżbity na zewnątrz, bo inaczej wyglądałoby, jakby wróżył sam sobie. A to już byłoby trochę dziwne. Więc trzymajmy się tych zasad, chociaż tak naprawdę to chyba wszystko jedno, którą ręką i w którą stronę przekładamy karty. W końcu to wróżenie, a nie gra.

Pierwsza rzecz po tasowaniu to wybór karty, która będzie bohaterem dnia reprezentującym klienta. Ta karta mówi o wszystkim – od problemów po sekretne lęki.

Wróżbita rozwija wtedy karty jak wachlarz – trochę dla efektu. I prosi klienta, żeby jedną wybrał, ale bez podglądania, co na niej jest. Klient może to zrobić, jak mu wygodniej, lewą lub prawą ręką. A jeśli klient nagle postanowi odwrócić kartę, trzeba zrobić pokerową minę i przejść do kolejnego etapu, jakby nic się nie stało.

Potem wróżbita układa karty według swojego planu. I teraz moment odwracania kart... Można to robić na dwa sposoby: albo w poziomie, jak przewracanie stron książki, albo w pionie, nieco bardziej akrobatycznie. Wróżbita zawsze robi to w swoim stylu.

I w końcu najtrudniejsze – interpretacja. Tutaj wróżbita musi być jak detektyw. Nie powinien się spieszyć ani wpadać w panikę, nawet jeśli karty na pierwszy rzut oka wyglądają jak hieroglify. Każdy rozkład to mała zagadka do rozwiązania. Wróżbita może nawet rozmawiać z kartami, zadając pytania i sprawdzając, czy jest na dobrej drodze w interpretacji rozkładu. To jak dedukcja w stylu Sherlocka Holmesa.

Teraz trochę o samych kartach. Są różne szkoły myślenia w świecie tarota. Każda z nich twierdzi, że to właśnie ich numeracja i znaczenia kart są prawdziwe. Trochę jak w *reality show*, gdzie każdy uważa się za gwiazdę. Mamy na przykład tarota marsylskiego, który mówi, że Sprawiedliwość to karta numer 11, a Moc to 8. Ale zwolennicy Rider-Waite'a uważają, że Moc to 8, a Sprawiedliwość 11.

Zacznijmy od początku, od talii tarota. Jest ich więcej niż przepisów na idealny sernik. Najpopularniejsze to chyba Rider-Waite i marsylski. I tu zaczyna się zabawa. Możesz poczuć się jak na karuzeli, prawda?

Czemu te karty tak się plączą? Tu jest jak z modą – każda epoka ma swój styl. W przypadku tarota różne tradycje i kultury nadały kartom swoje numery i znaczenia. Jak wiesz, moda wraca, ale w tarocie raz wybrany numer karty zostaje na zawsze.

Rozkłady kart to kolejna sprawa. Tu mamy pełen wachlarz możliwości – od prostego z trzech kart po skomplikowane układy, które wymagają prawie inżynierskiego podejścia. Każdy rozkład ma swój cel i charakter, tak jak różne są rodzaje butów – jedne do biegania, inne na bal.

Ale niech to wszystko cię nie przeraża. Z tarotem jest jak z gotowaniem – na początku wydaje się skomplikowane, ale z czasem łapiesz rytm. I pamiętaj, w tarocie, podobnie jak w życiu, najważniejsza jest intuicja. Czasem warto zamknąć książkę i po prostu poczuć karty.

Tarot to taka nasza magiczna szafa – pełna różnych stylów, numerów i możliwości. Ważne, by nie bać się eksperymentować i szukać własnej drogi w tej dżungli. Pamiętaj, czasem to, czego szukasz, znajduje się tam, gdzie najmniej się spodziewasz!

Przejdźmy do samych kart, a dokładniej zajmijmy się **Wielkimi Arkanami**. To takie tarotowe celebrytki, gwiazdy pierwszej wielkości w świecie kart. Kiedy one wchodzą na scenę, to reszta talii (**Małe Arkana**) robi im miejsce.

Wielkie Arkana to zbiór 22 kart, które w tarocie pełnią główną rolę. Każda z nich reprezentuje ważną lekcję życiową, etap rozwoju czy nawet wyzwanie, z którym przychodzi nam się zmierzyć. Można by rzec, że to one rządzą spektaklem, a my jesteśmy jedynie widzami (albo statystami, w zależności od dnia).

Karty te zaczynają się od Głupca, który jest oznaczony jako zero. Potem mamy resztę – od Maga, który jest jak kolega, który zawsze ma plan, przez Kapłankę, która zna wszystkie plotki i sekrety, aż po Świat, który jest jak finałowy pokaz fajerwerków na zakończenie świetnej imprezy. Każda karta ma swoją rolę i historię.

Co ciekawe, Wielkie Arkana często pojawiają się w czytaniu tarota, gdy dzieje się coś ważnego. To jak przypomnienie od wszechświata, że czasem życie ma dla nas scenariusz, którego się nie spodziewamy.

Znacie to uczucie, kiedy pakujecie walizki na wakacje i nie macie pojęcia, co was czeka? No właśnie, teraz opowiem wam o tarotowej wersji tej przygody – o drodze Głupca do Świata.

Głupiec w tarocie to ten, który stoi na skraju przepaści z szerokim uśmiechem, jakby właśnie miał wybrać się na piknik, a nie na życiową wyprawę w nieznane. Podróż z Głupcem to nie jest zwykła wycieczka. To droga przez życie, z wszystkimi jego zwrotami akcji, wzlotami i upadkami. Głupiec to symbol nowych początków, możliwości, a czasem naiwnego optymizmu. W końcu kto normalny staje na krawędzi przepaści z uśmiechem?

Ale nie bądźmy zbyt surowi dla Głupca. Jest w nim coś inspirującego. On po prostu idzie przed siebie, nie przejmując się zbytnio tym, co go czeka. I choć to może wydawać się szaleństwem, jest w tym też odrobina mądrości. W końcu, ile razy w życiu przegapiliśmy coś wspaniałego tylko dlatego, że baliśmy się zaryzykować?

Droga Głupca to przypomnienie, że czasem warto zrobić krok w nieznane. Może nie zawsze wiemy, dokąd idziemy, ale to właśnie w tej niepewności kryje się magia życia. To jak wybrać się na zakupy bez listy i wrócić z koszykiem pełnym niespodzianek.

Droga Głupca to metafora życia. Uczy nas, że czasem warto być trochę naiwnym, trochę odważnym i otwartym na to, co przyniesie nam los. Bo kto wie, może akurat na tej ścieżce znajdziemy to, czego szukamy – nawet jeśli nie mamy pojęcia, co to jest. No i pamiętajcie, życie to nie tylko cel, ale też podróż. Więc bierzemy naszego Głupca pod rękę i w drogę!

Nasz główny bohater Głupiec stoi na skraju przepaści z torbą pełną marzeń i wyrusza w Świat.

Pierwszy przystanek: **Mag**. Uczy nas, że mamy wszystko, czego potrzebujemy, tylko czasem zapominamy o tym, bo przecież nie wszystko może być proste.

Kapłanka jest jak nasza intuicja, tylko w wersji *de luxe*. Podpowiada, że czasem warto posłuchać, co mówi nam serce, a nie głowa. Może i ma rację, ale kto jej tam wierzy?

Cesarzowa przypomina nam o urodzie i tworzeniu. Jak matka natura, tylko zamiast drzew rodzą się pomysły.

Cesarz jest jak surowy nauczyciel – dyscyplina musi być, choć czasem wolimy improwizować.

Papież to nasz duchowy mentor. Niekiedy czujemy się jak na wykładzie, gdzie wszystko jest ważne i niczego nie można przegapić.

Kochankowie to karta wyborów i relacji. Jak romans, który zaczyna się od randki w ciemno. Czasami słodko, czasami gorzko, ale zawsze emocjonująco.

Rydwan to nasz bilet do sukcesu. Trzeba tylko trzymać ręce na kierownicy i nie zbaczać z drogi, gdy GPS szaleje.

Moc – tu mamy do czynienia z wytrwałością i odwagą, coś jak ćwiczenie charakteru.

Eremita to nasz czas na samotne przemyślenia. Jak weekendowy detoks od *social mediów*, tylko z głębszym przesłaniem.

Koło Fortuny jest jak życiowa loteria. Czasem wygrywacie, czasem przegrywacie, ale emocje zawsze macie gwarantowane.

Sprawiedliwość przypomina, że każdy nasz wybór ma konsekwencje. Jak w tych dniach, gdy wybieracie spanie zamiast pracy – przyjemnie, ale potem trzeba nadganiać.

Wisielec to karta zmiany perspektywy. Jak oglądanie otoczenia, kiedy stoimy na głowie.

Śmierć nie jest tak zła, jak brzmi. To po prostu koniec jednego rozdziału i początek czegoś nowego.

Umiarkowanie to lekcja równowagi. Jak balansowanie między pracą a życiem prywatnym, tylko bardziej mistycznie.

Diabeł to walka z pokusami. Jak obietnica diety, którą łamiesz, widząc ciasto czekoladowe.

Wieża to moment, gdy wszystko się wali. Jak te dni, gdy nic nie idzie po waszej myśli.

Gwiazda przynosi nadzieję. Jest jak promyk słońca po burzy.

Księżyc to pełna niepewności podróż. Jak spacer w ciemności, gdzie każdy cień wydaje się czymś więcej.

Słońce to karta radości i sukcesu, wszystko idzie po waszej myśli i czujecir się jak gwiazdy.

Sąd Ostateczny to czas na odrodzenie. Coś jak noworoczne postanowienia, tylko że trzymacie się ich dłużej niż tydzień.

I wreszcie **Świat** – finał naszej podróży. Czujemy się spełnieni, zrealizowani i gotowi na kolejną przygodę.

Droga przez Wielkie Arkana to nie tylko kolejne karty. To cała historia życia, z jej wzlotami i upadkami, radościami i smutkami. I pamiętajcie, każda karta to kolejny krok na tej niesamowitej drodze, która jest przed nami. Zobaczymy więc, co przyniosą następne karty!

Małe Arkana to 56 kart, które są bardziej podobne do zwykłej talii do gry. Są podzielone na cztery kolory (buławy, miecze, kielichy i denary); każdy składa się z 14 kart: as, liczby od 2 do 10 oraz cztery karty dworskie – paź, rycerz, królowa i król.

Małe Arkana to jak nasza codzienność, ale posypana szczyptą magii. Jako doświadczona tarocistka mogę powiedzieć, że Małe Arkana to karty, które opowiadają o zwykłych, czasem niezbyt ekscytujących perypetiach życiowych. To nie te wielkie, dramatyczne historie, z życiowymi lekcjami i epickimi zmaganiami, które wyznaczają Wielkie Arkana. Nie, to bardziej serial, który oglądasz w piżamie z kubkiem herbaty w ręku.

Każdy z kolorów dotyczy różnych aspektów życia. **Buławy** to energia, działanie, trochę jak ekspresowy trening przed pracą. **Miecze** to nasze myśli, intelekt. **Kielichy** to serce, uczucia, chwile wzruszenia. **Denary** to sprawy materialne, jak sprawdzanie stanu konta i planowanie zakupów.

Pamiętajcie jednak, że Małe Arkana to nie tylko proza życia. One też mają swoją głębię, małe dramaty i radości. Pokazują nam, jak codzienne wybory i drobne decyzje kształtują naszą życiową opowieść.

Kiedy więc w rozkładzie pojawiają się te karty, to wiem, że przed nami podróż przez zwykłe, ale i ważne chwile życia. Małe Arkana to przypomnienie, że magia tkwi w codzienności, a każdy dzień ma swoją wartość. I uwierzcie mi, po tylu latach z kartami wiem, że czasem te małe historie mogą być równie fascynujące jak epopeje. Bo przecież życie składa się z małych, niby nieistotnych momentów, które razem tworzą coś naprawdę wyjątkowego.

O czym dokładnie mówią **buławy**? To taka życiowa huśtawka, pełna zaskakujących zwrotów akcji. Siedzę z kartami w ręku i coraz to inna historia się z nich wyłania. To nie jest spokojna woda, a raczej ogień, który nie pozwala usiedzieć w miejscu.

Kiedy wyciągam kartę buławy, to już wiem, że będzie się działo. To jak zaproszenie na szaloną jazdę bez trzymanki. Buławy to akcja, ruch, energia – pędzenie przez życie z takim zapałem, że trudno nadążyć.

Ale buławy to nie tylko siła i energia. To też wyzwanie. Czasem to jak zmierzenie się z własnym cieniem. Walka, rywalizacja, a nawet demony do pokonania. Buławy to karty, które zmuszą cię do wyjścia ze strefy komfortu.

Z buławami trzeba umieć się poruszać. To nie tylko siła, ale i mądrość. Nie wystarczy iść jak burza, trzeba też wiedzieć, kiedy zrobić krok w tył. Bo inaczej szybko przypomną, że każda akcja wywołuje reakcję, która nie zawsze jest taka, jakbyśmy chcieli.

Droga buław to zatem dzika jazda. Czasem wzloty, czasem upadki, ale nigdy, przenigdy nie jest nudno. I ja to uwielbiam. Każde drgnienie serca, każdy nieprzewidziany zwrot. Bo to właśnie buławy – życie w pełni, z całym jego chaosem i pięknem.

Miecze to tarotowa pięta Achillesa. To nie te miłe, ciepłe karty, które powiedzą, że będzie dobrze. Nie, miecze to twarda szkoła życia.

Jak wyciągam miecze, to już wiem, że przed nami intelektualna uczta. To karty myśli, rozumu, a czasem i zimnej logiki. Są jak bystry profesor z uniwersytetu, co zawsze zadaje trudne pytania i nie da wam spokoju, dopóki nie znajdziecie odpowiedzi.

Miecze mają też swoje ciemne strony. Konflikty, nieporozumienia, a czasami nawet ból serca. Są jak ciernisty krzew – im mocniej się w nie zagłębiasz, tym bardziej cię ranią.

Miecze to też przestroga przed ostrym językiem, bo słowa mogą ranić jak ostrze noża. I czasem lepiej przemilczeć, niż wyrzucić z siebie coś, co później będzie gryzło wasze sumienia.

Ale nie myślcie, że to same smutki. Miecze uczą nas też, jak być bystrym, jak patrzeć na świat z różnych perspektyw.

Jak rozwiązywać problemy, nie tylko sercem, ale i głową. Są jak trudny test, który nas hartuje i sprawia, że stajemy się mądrzejsi.

Droga mieczy nie jest więc łatwą ścieżką. Pełna wyzwań, czasem bólu, ale i ogromnej mądrości. Kiedy je wyciągam, to już wiem, że czas na głęboką analizę i trzeba będzie spojrzeć prawdzie w oczy. Mimo wszystko uwielbiam te karty. Bo z mieczy wychodzi się silniejszym, mądrzejszym i gotowym na kolejne wyzwania życia.

Kielichy to emocjonalna karuzela. Każdy kielich jest jak otwarte serce pełne tajemnic i niespodzianek. Kielichy to nie jest surowa, pragmatyczna energia mieczy czy buław. To bardziej poezja napisana na skrawku chmurki.

Kiedy kielichy wchodzą do gry, to wiadomo, że będzie o uczuciach. O miłości, przyjaźni, radości, a czasem i o smutku. Kielichy są jak romantyczne filmy, kiedy łza się kręci w oku i serce rośnie. Ale nie wszystko złoto, co się świeci – kielichy czasem potrafią być zdradliwe.

Są dni, kiedy przynoszą miłość, tę prawdziwą. Ale są i takie, kiedy to raczej gorzka lekcja o złamanym sercu. Kielichy uczą nas też o emocjonalnej równowadze – nie można tylko brać, trzeba też dawać. Bo uczucia to nie tylko radość, ale i odpowiedzialność. Kielichy przypominają, żeby nie zatracić się w marzeniach, żeby stać obiema nogami na ziemi, nawet gdy głowa błądzi w chmurach.

To prawdziwi mistrzowie emocji. Pokazują, jak ważne jest otwarcie serca, ale i jak ważna jest jego ochrona. Kiedy pojawiają się w rozkładzie, to wiem, że czas na głębokie spojrzenie we wnętrze, na zrozumienie, co naprawdę jest ważne.

Droga kielichów to zatem emocjonalna podróż. Pełna wzlotów i upadków, lekcja o sercu i duszy. Kiedy wyciągam te karty, już wiem, że przed nami podróż do wnętrza. I przyznam szczerze, że mimo całej emocjonalnej huśtawki to jedna z moich ulubionych ścieżek w tarocie. Bo co może być piękniejszego niż prawdziwe uczucia, nawet jeśli czasem są trochę skomplikowane?

Denary to tarotowy kurs życiowej zaradności. Każdy denar to mała przypowieść o życiu materialnym. To nie metafizyczna podróż przez emocje czy intelekt, ale bardziej solidny ziemski poradnik – od finansów po zdrowie.

Kiedy denary pojawiają się w rozkładzie, to wiem, że czas zastanowić się nad sprawami praktycznymi. Denary to taki tarotowy ekonomista, który nie boi się mówić o pieniądzach i materialnych sprawach.

Denary mają jednak i subtelną stronę. To nie tylko chłodna kalkulacja i pragmatyzm. To też przypomnienie o wartościach, o tym, co naprawdę się liczy. Czasem denary są jak przestroga, żeby nie dać się pochłonąć materializmowi, żeby pamiętać, że nie wszystko można kupić za pieniądze.

I oczywiście denary to też zdrowie. Przypominają, że to największy skarb i trzeba o nie dbać.

Nie myślcie, że denary dotyczą tylko rzeczy praktycznych. Uczą nas też wartości ciężkiej pracy, wytrwałości i cierpliwości. Uczą, że dobre rzeczy przychodzą do tych, którzy na nie ciężko pracują.

Droga denarów to ziemska praktyczna podróż. Lekcja o pracy, pieniądzach, zdrowiu i prawdziwych wartościach. Kiedy wyciągam te karty, to wiem, że czas na solidną dawkę życiowej mądrości. I szczerze to uwielbiam. Bo co może być bardziej satysfakcjonujące niż poczucie, że masz kontrolę nad światem materialnym, nawet jeśli czasem trzeba trochę pokombinować, aby wszystko w nim poukładać?

Może kiedyś dotarła do was opinia, że tarot to nic więcej jak kolorowe karty, które nadają się co najwyżej do układania pasjansa. Ale według mnie te karty mogą odmienić wasze życie! Widziałam na własne oczy, jak dzięki nim ludzie łapali życie jak byka za rogi. Od takich błahostek, jak „czy kupić tę śliczną sukienkę na wyprzedaży", aż po ważne życiowe decyzje typu „pakować manatki i lecieć do Brazylii hodować alpaki". No dobrze, może trochę przesadziłam, ale wiecie, o co chodzi.

Po pierwsze, zapomnijcie o tak zwanym wróżeniu z fusów. Tarot to coś więcej, to jak rozmowa z osobą, która ma więcej mądrości życiowej niż Yoda i Gandalf razem wzięci. Karty pokazują to, co jest, co było i co może być, ale ostateczny wybór zawsze jest w waszych rękach.

W codziennym życiu tarot jest jak poranna kawa – pobudza i nastawia na dobry dzień. Rano, zamiast scrollować Instagrama, wyciągnijcie jedną kartę i sprawdźcie, co wam mówi. Może to być wskazówka, jaką postawę przyjąć czy na co zwrócić uwagę. Jeśli na przykład wypadnie Gwiazda, to znak, żeby tego dnia iść przez świat z głową w chmurach i wierzyć w siebie. A jak Wieża – to może warto zabrać parasol, bo zapowiada się dzień pełen emocji i niespodzianek.

A co z planowaniem przyszłości? Tutaj tarot jest jak GPS w podróży przez życie. Rozkładacie kilka kart i *voilà!* – macie przed sobą możliwe ścieżki i rozstaje. Nie spodziewajcie się, że karty podadzą wam wyniki przyszłotygodniowej loterii, ale podpowiedzą, jakie emocje czy wyzwania mogą się pojawić.

Jeśli chodzi o rozwój osobisty, tarot to jak lustro duszy. Pokazuje, kim naprawdę jesteście, czego się boicie i czego pragniecie. Może pomóc zrozumieć, dlaczego ciągle wpadacie na tych samych niewłaściwych partnerów albo czemu praca sprawia więcej bólu niż przyjemności. To świetny sposób na chwilę zadumy i refleksji nad samym sobą.

Pamiętajcie – tarot to tylko narzędzie, nie magiczna różdżka. Karty mogą wskazać kierunek, ale to wy musicie wykonać ruch. I nie traktujcie wszystkiego, co mówią karty, zbyt dosłownie. Magia tarota jest subtelna, więc pamiętajcie, żeby zachować zdrowy rozsądek. Bo nawet najlepsza karta nie zrobi za was zakupów ani nie napisze egzaminu. Ale kto wie, może pomoże wam spojrzeć na te sprawy z innej perspektywy?

Chciałabym opowiedzieć wam kilka historii, które sprawią, że nawet najwięksi sceptycy zaczną się zastanawiać, że może jednak coś w tym jest... To prawdziwe opowieści o ludziach, którym postawiłam karty.

Moja przyjaciółka Ania zawsze miała w życiu tyle zawirowań co w operze mydlanej. Kariera? Jak rollercoaster – raz na szczycie, raz na dnie. Miłość? Jak w serialu *W labiryncie uczuć* – wszystko jej się plątało jak słuchawki kieszeni.

Pewnego dnia, gdy znowu znalazła się na życiowym zakręcie, wpadła do mnie jak burza. „Muszę coś zmienić!" – wykrzyczała, zanim zdążyłam zapytać, czego się napije. Wiedziałam, że to czas na tarota. Tak, moi drodzy, czasem życie wymaga wróżby, nie tylko porady przyjaciółki.

Rozłożyłam karty, a Ania patrzyła na nie jak na rozwiązanie krzyżówki, która od tygodni leży na stole. I wtedy błysk! Cesarzowa wyskoczyła jak królik z kapelusza magika. Ania spojrzała na kartę, a jej oczy się zaświeciły. „To znak!" – zawołała.

Cesarzowa to karta, która krzyczy: „Bierz życie w swoje ręce, dziewczyno!". I Ania wzięła to sobie do serca. Rzuciła nudną pracę, w której kręciła się jak chomik w kołowrotku. Postanowiła pójść za głosem serca, a serce mówiło jej: „Grafika, kochanie, grafika!".

Ale to nie wszystko. W miłości też zrobiła zwrot o 180 stopni. Spotkała na ulicy starą miłość – jak w filmach, tylko bez deszczu i dramatycznej muzyki. Okazało się, że dawne uczucie nie wygasło, tylko czekało na właściwy moment. Widać Cesarzowa miała też coś do powiedzenia w temacie sercowym.

Ania teraz opowiada, że tarot dał jej kopniaka, którego potrzebowała. „Jakbym błądziła w lesie i nagle dostała mapę" – mówi z uśmiechem. Zmieniła się nie do poznania. Pewna siebie, szczęśliwa, jakby na nowo odkryła swój świat.

A ja patrzę na nią i myślę sobie: „Tak, drogi tarocie, dobrze cię wybrałam". Bo czasem wszystko, czego potrzebujemy, to mały znak, by pójść ścieżką, którą zawsze mieliśmy iść. A jeśli po drodze jest trochę magii? Dlaczego nie.

Piotr był nieprzejednanym sceptykiem. Przyszedł do mnie na sesję jak na kabaret, spodziewając się chyba, że zaczną przeze mnie mówić duchy. Lubię wyzwania, a Piotr wyglądał na kogoś, kto ostatni raz miał niespodziankę, gdy przypadkowo zmienił kanał w telewizorze.

Rozłożyłam karty, a on na to z ironią: „I co karty mają mi do powiedzenia?". Pierwsza karta – Umiarkowanie. Piotr wzruszył ramionami, jakby mówił: „No i co z tego?". Ale potem karty zaczęły mówić o jego życiu, jakby znały wszystkie jego sekrety. O strachu przed zmianą, o rutynie, która wciągnęła go jak ruchome piaski.

Z każdą kartą, którą odwracałam, Piotr śmiał się coraz mniej. Jego mina zmieniała się z ironicznej w zamyśloną. „To ja?" – zapytał, patrząc na Koło Fortuny. „Czas na zmiany?".

I wówczas jakby coś w nim pękło. Nagle pierwszy raz zobaczył, że życie to nie tylko kolejny dzień w biurze i serial wieczorem. „Może faktycznie potrzebuję zmiany" – mruknął pod nosem.

I zrobił to. Piotr, który nigdy nie ryzykował nawet w grze w *Monopoly*, zdecydował się na ruch godny gracza szachowego. Zmienił pracę na taką, która naprawdę go pasjonowała – zaczął działać w organizacji ekologicznej. I przeprowadził się. Opuszczenie bezpiecznego, znanego miasta było jak skok na *bungee* bez liny.

Teraz, kiedy się spotkamy, śmieje się i mówi: „Wiesz, tarot to nie są czary. To po prostu... inna perspektywa". A ja na to: „No, w końcu to zrozumiałeś". Bo czasem, moi drodzy, wszystko, czego potrzebujemy, to nowy sposób patrzenia na stare problemy. A jeśli do tego potrzeba tarota i odrobiny magii, to czemu nie? Czasem nawet największy sceptyk może się przekonać, że magia istnieje – choćby była to tylko magia nowych możliwości.

Moja klientka, nazwijmy ją Aga, 32 lata, życie miała jak scenariusz do telenoweli, gdzie każdy dzień przynosił nową dramę. Ale ona nie jest z tych, co się poddają. O nie. Postanowiła, że tarot będzie jej osobistym doradcą.

Każdego ranka, zanim jeszcze kawa zdążyła ją obudzić, Aga tasowała karty. „Co dzisiaj?" – pytała z nadzieją w oczach. Karty działały jak jej osobisty asystent życiowy. Pewnego dnia wyciągnęła Wóz – a potem dostała awans w pracy. Innym razem Gwiazdę – i tego samego dnia spotkała przystojniaka w kawiarni, takiego z brodą i oczami jak przepastne jeziora.

Nie zawsze jednak było tak kolorowo. Pewnego ranka karty pokazały Wieżę i Aga wiedziała, że to będzie dzień pełen wyzwań. I rzeczywiście, w pracy zepsuł się serwer, a szef był jak wulkan przed erupcją. Ale dzięki ostrzeżeniu kart Aga była gotowa. Zamiast wpadać w panikę, wzięła głęboki oddech i przetrwała dzień niczym bohaterka filmu akcji.

A najlepsze było to, jak dzięki tarotowi uniknęła katastrofy na randce. Karty pokazały jej Diabła – znak, żeby uważać. I kiedy jej nowy adorator zaczął opowiadać o swojej kolekcji lalek Barbie, Adze od razu zapaliła się czerwona lampka. Uśmiechnęła się, podziękowała za kawę i z gracją uciekła, zanim randka zamieniła się w horror.

Aga mówi, że tarot to jak rozmowa z przyjacielem, który zawsze mówi prawdę. Czasem trudną, ale zawsze potrzebną. A ja, patrząc na nią, widzę kobietę, która już nie jest pionkiem w grze losu, ale szachistką, która kontroluje partię. Bo czasem do szczęścia potrzeba tylko kilku kart i odrobiny wiary w to, co one mówią. Albo przynajmniej dobrej kawy i otwartości na to, co przyniesie dzień.

Tomek, mój znajomy i zagorzały sceptyk, kiedyś myślał, że tarot to coś na kształt trików Davida Copperfielda – trochę dymu, lustra i błyskotki. Aż pewnego dnia wpadł na pomysł, że być może karty mają jednak coś do powiedzenia. Zamiast kontemplować sens życia przy butelce piwa, postanowił spróbować czegoś nowego – tarota jako narzędzia medytacji.

Mówię poważnie – każdego wieczoru, po dniu pełnym stresu, wyzwań i maili, Tomek siadał z talią kart. Rozkładał je z powagą godną ceremonii herbacianej i po prostu... patrzył. Tak, patrzył na nie, jakby były obrazem w muzeum, a on miał rozszyfrować sekretny przekaz artysty.

Mówi, że to jak zaglądanie w lustro duszy. Karty mówiły mu więcej niż tysiąc słów. Głupiec przypominał, że czasem warto zaryzykować. Księżyc – że nie wszystko jest takie, jakim się wydaje. A Słońce – że wychodzi po każdej burzy.

Najlepsze w tym wszystkim było to, jak Tomek zmieniał się z dnia na dzień. Kiedyś nerwowy i zawsze w biegu, teraz stał się spokojniejszy, jakby znalazł klucz do wewnętrznej równowagi. Karty były dla niego jak stara mądra księga, z której czerpał inspirację.

Pewnego dnia zapytałam go: „Tomek, ty naprawdę wierzysz w karty?". Na co on z uśmiechem godnym Mony Lisy odpowiedział: „Nie wiem, czy wierzę, ale na pewno pomagają mi zobaczyć świat i siebie z innej perspektywy. To jak joga dla umysłu, tylko bez tych wszystkich skomplikowanych pozycji".

I tak Tomek, kiedyś największy sceptyk, jakiego znałam, stał się żywym dowodem na to, że czasem największych odkryć dokonujemy tam, gdzie najmniej się ich spodziewamy. A tarot może nie być kluczem do wszechświata, ale na pewno jest światełkiem, które pomaga naszym myślom odnaleźć drogę w ciemnościach. Albo przynajmniej daje dobrą wymówkę, żeby na chwilę przystanąć i zastanowić się nad życiem, zamiast gonić kolejne terminy.

Maria była kiedyś zagubiona w dżungli emocji – zawsze mówiła „tak", nawet kiedy jej serce krzyczało „nie". Pewnego dnia postanowiła, że tarot pomoże jej odszukać ten wewnętrzny kompas, którego tak bardzo potrzebowała.

Codziennie rano Maria tasowała karty i pytała o to, co najbardziej ją nurtowało. „Jak mogę lepiej zrozumieć siebie?" czy „Jak mogę ustalić granice w relacjach?". I karty odpowiadały jej z mądrością.

Maria zaczęła traktować tarot jak osobistego coacha emocjonalnego. Głupiec przypominał jej, żeby czasem zaryzykować i wyjść ze strefy komfortu. Sprawiedliwość podpowiadała, żeby szukać równowagi w swoich relacjach. A Kochankowie – to była jej ulubiona karta – o znaczeniu miłości, zarówno do siebie, jak i do innych.

Każda karta była jak kolejna strona w dzienniku osobistego rozwoju. Maria, która kiedyś zgadzała się na wszystko, teraz zaczęła mówić „nie" w momentach, kiedy sercem czuła sprzeciw. Zamiast ciągle dbać o innych, zaczęła dbać też o siebie. W pracy, miłości, życiu codziennym – wszędzie tam, gdzie wcześniej się gubiła, teraz stawała pewnie na nogach, jakby nagle odnalazła życiową ścieżkę.

I co najlepsze, zaczęła dzielić się tą mądrością z innymi. „Musisz spróbować tarota!" – zachęcała przyjaciół, którzy byli tak zagubieni jak ona kiedyś. „To jak terapia, tylko tańsza i możesz ją robić w piżamie!".

A ja, patrząc na nią z uśmiechem, myślę: „Maria, kiedyś byłaś jak liść na wietrze, a teraz jesteś jak dąb – mocna i nieugięta". Bo kto by pomyślał, że stos kart może być jak latarnia morska podczas życiowych burz? Maria na pewno nie. Ale dzięki tarotowi odkryła w sobie siłę, której nie znała. I to, moi drodzy, jest magia tarota – nie w przewidywaniu przyszłości, ale w odkrywaniu siebie.

Opowiem wam też historię, która mnie samą zaskoczyła. Przyszedł do mnie kiedyś mężczyzna, taki zamyślony, pełen wątpliwości. Klasyczna sytuacja – chciał wiedzieć, co mu życie przyniesie. Rozłożyłam karty i pojawił się Świat. To karta, która symbolizuje zakończenie cyklu, spełnienie, osiągnięcie celu.

Kolejną kartą była Dziewiątka Kielichów. To karta marzeń, życzeń, jakby spełnienia tego, o czym się marzy. Powiedziałam mu: „Wygląda na to, że jesteś na progu wielkiej zmiany, coś się dopełnia i otwierają przed tobą nowe możliwości".

I on wziął to sobie do serca. Od zawsze marzył o podróży dookoła świata, ale coś go powstrzymywało. Sesja była impulsem. Postanowił rzucić wszystko i wyruszył w podróż życia.

Przeżył przygody, które totalnie odmieniły jego spojrzenie na świat. Odkrył nowe pasje, nauczył się nurkować, próbował egzotycznych potraw, poznawał ludzi z różnych kultur. To było coś, co go naprawdę zmieniło.

Po powrocie nie był już tym samym człowiekiem. Znalazł prawdziwą pasję – pisanie. Zaczął pisać książki o podróżach, inspirując innych do tego, by szukali własnej drogi w życiu.

To niesamowite, jaki czasem karty tarota mogą dać impuls, otworzyć oczy na coś, co zawsze było przed tobą, ale nie miałeś odwagi tego zobaczyć. Ta historia to dla mnie piękny przykład, jak ważne jest, by słuchać swojego serca i nie bać się podążać za marzeniami.

Magda przyszła do mnie z głową pełną pytań. Była w takim momencie życia, w którym nie wiadomo, co robić dalej. Siedziała w tej samej pracy latami, ale czuła, że to nie to.

Rozłożyłam jej karty i wyciągnęłam Śmierć. Powiedziałam jej, żeby się nie bała, bo to nie oznacza nic złego, że karta mówi o końcu jednego rozdziału i początku czegoś nowego, o wielkiej zmianie.

I kolejna karta: Ósemka Monet. To karta mówiąca o rzemiośle, o doskonaleniu swoich umiejętności, pracy, która przynosi satysfakcję.

Mówię jej: „Wygląda na to, że stoisz przed dużą zmianą. Może to czas, żeby pomyśleć o czymś nowym, czymś, co naprawdę lubisz robić, czymś, co będzie cię spełniać".

I Magda posłuchała. Zaczęła się zastanawiać, co naprawdę chce robić. Zawsze miała talent do gotowania, ale nigdy nie myślała o tym poważnie. Postanowiła więc rzucić dotychczasową pracę i zrobiła kurs kulinarny.

A teraz najlepsze: otworzyła własną restaurację. Okazało się, że to był strzał w dziesiątkę. Ludzie pokochali jej jedzenie, a ona sama znalazła w tym pasję, prawdziwe powołanie.

To niesamowite, jak czasem jedna sesja może całkowicie zmienić życie człowieka. Dla Magdy ta decyzja o zmianie kariery stała się kluczowym momentem, który wprowadził ją na zupełnie nową ścieżkę życiową. To pokazuje, jak ważne jest słuchanie siebie i odważne podążanie za głosem serca.

Znasz to uczucie, kiedy życie wydaje się jak ciemna, nieskończona noc bez gwiazd? Miałam kiedyś klientkę, którą można by właśnie tak opisać. Przyszła do mnie w poszukiwaniu czegoś, czego sama nie potrafiła nazwać, zmagając się z depresją, która owijała jej duszę jak zimny, ciężki płaszcz.

Pamiętam nasze pierwsze spotkanie. Usiadła naprzeciw mnie, a jej oczy wydawały się jak zamglone okna do wewnętrznego świata pełnego burz. Rozkładałam karty, a one jak zawsze opowiadały historię. W kartach, jak iskierka nadziei w mroku, pojawiła się Gwiazda. To karta, która mówi: „Jest światło, jest droga, nawet jeśli teraz jej nie widzisz".

Jako druga karta wyłoniła się Czwórka Mieczy. „Czas na odpoczynek – mówiły karty. –Czas, żeby dać sobie chwilę, zatrzymać się, zaczerpnąć oddechu". Powiedziałam jej, że nie musi zawsze być silna, że w spokoju też jest siła, że czasami trzeba zamknąć oczy, aby lepiej widzieć.

Przy kolejnych spotkaniach karty zaczęły opowiadać inne historie. Kiedyś w rozkładzie pojawiła się Siódemka Pucharów – karta wyborów, marzeń, ale i złudzeń. „Czego naprawdę chcesz od życia?" – pytały karty. I ona zaczęła szukać odpowiedzi.

Z każdym kolejnym spotkaniem widziałam, jak się zmienia. Jak ta Gwiazda zaczyna świecić coraz jaśniej w jej oczach. Zaczęła podejmować małe, ale ważne decyzje. Znalazła w sobie odwagę, by zrobić krok w stronę lepszego jutra.

Nasze sesje tarota stały się dla niej jak latarnia w ciemnościach. Nie mówiły jej, dokąd ma iść, ale pomagały odnaleźć drogę. Pokazały, że nawet w groźniejszych chwilach jest promyk nadziei, który nas prowadzi.

Jej historia to opowieść o znalezieniu światła w sobie, o drodze przez noc, która uczy nas, jak cenne jest światło dnia. Pokazuje, że każdy z nas ma w sobie gwiazdę, która może prowadzić nas przez ciemność, wystarczy tylko pozwolić jej świecić.

Pewnego dnia przyszła do mnie Alicja. Była jak zamknięta księga, pełna sceptycyzmu. „Nie wierzę w te wasze karty"

– rzekła, z półuśmiechem rzucając wyzwanie. Ale jej oczy, głębokie jak ocean, zdradzały cichą ciekawość.

Usiadła przede mną, a ja rozłożyłam karty. Niespodziewanie ukazała się karta Kochanków. Symbol wyborów serca, przeznaczenia, nieoczekiwanych zwrotów w życiu. „Spotkasz kogoś, kto zmieni twoje życie" – powiedziałam, patrząc na kartę, która jakby świeciła własnym światłem.

Następnie w odpowiedzi pojawiła się Dwójka Kielichów. Ta karta to dialog dwóch serc, obietnica spotkania dusz. To była historia o harmonii, o połączeniu, które miało nadejść.

Alicja spojrzała na mnie z niedowierzaniem. „To tylko karty" – rzuciła, chociaż w jej oczach pojawił się cień pytania.

Czas płynął, a wraz z nim przyszło spotkanie, które było zapisane w gwiazdach. Pewnego dnia w tłumie, w najmniej spodziewanym momencie zderzyła się z mężczyzną. Ich oczy spotkały się, a serca zabiły mocniej. Rozmowa płynęła jak rzeka, naturalnie, swobodnie. Było coś magicznego w tym spotkaniu, jakby karty wiedziały o nim, zanim wydarzyło się w rzeczywistości.

Gdy wróciła do mnie po pewnym czasie, jej oczy świeciły. „Być może jest coś w tych kartach" – przyznała, uśmiechając się nieśmiało. Opowiedziała mi o mężczyźnie, którego spotkała, o poczuciu, jakby znali się od zawsze.

Ta historia przypomina, że życie jest pełne niespodzianek, a tarot to tajemniczy most między tym, co wiemy, a tym, co ma dopiero nadejść. Dla Alicji stał się on przewodnikiem po ścieżkach serca, odkrywając przed nią nowy rozdział. To opowieść o tym, jak nawet największe wątpliwości mogą zostać rozproszone przez nieoczekiwane zdarzenia, które sprawiają, że zaczynamy wierzyć w coś więcej niż to, co widzimy na pierwszy rzut oka.

Przyszedł też do mnie Janek, otulony płaszczem zagadek własnej duszy. Z oczami pełnymi pytań, zasiadł naprzeciw mnie, szukając w kartach tarota klucza do wewnętrznego labiryntu.

Gdy karty zaczęły układać opowieść, odsłoniły przed nami Eremitę. Ta postać, samotnie wędrująca ze swoją latarnią, symbolizuje głęboką introspekcję, poszukiwanie wewnętrznej prawdy. „Masz przed sobą podróż do głębin własnej duszy" – wyszeptałam, czując powagę chwili.

Dalej karty podsunęły Czwórkę Mieczy. Karta ta mówi o potrzebie odpoczynku, kontemplacji, o chwili zatrzymania się w biegu codzienności, by wsłuchać się w głos serca.

Z każdym kolejnym rozkładem Janek zaczął odkrywać zakamarki swojej osobowości. Dziesiątka Kielichów ukazała mu możliwość emocjonalnego spełnienia, radości rodzącej się z głębokiego zrozumienia siebie i swoich relacji z innymi.

W tym procesie tarot stał się niczym lustro odbijające najbardziej ukryte aspekty jego jaźni. Janek odkrył w sobie siłę i wrażliwość, której wcześniej nie dostrzegał. Ujrzał też obawy, ale i marzenia, które pulsowały w głębi serca.

Z każdą kartą, z każdym słowem interpretacji jego wewnętrzna podróż nabierała głębszego znaczenia. Zrozumiał, że każdy z nas ma w sobie nieskończoną przestrzeń do odkrywania, pełną światła i cienia.

Gdy nasze sesje dobiegły końca, widziałam przed sobą zupełnie inną osobę. Ktoś, kto przyszedł zagubiony, teraz stał się silny, świadomy własnej głębi i złożoności. Ta poruszająca historia jest przypomnieniem, że każdy z nas jest jak nieskończony wszechświat do odkrycia, a tarot może być drogowskazem, który prowadzi nas przez zawiłości naszej duszy, ukazując niewidziane dotąd światło naszej osobowości.

Pewnego dnia odwiedziła mnie Hania, którą można by opisać jako krzyżówkę marzycielki z zagubionym wędrowcem. Usiadła przy moim stole z kartami, a jej oczy pełne były pytań, które nie zdążyły uformować się w słowa.

Gdy zaczęłam układać karty na stole, zobaczyłam Słońce. To karta pełna światła, obietnica nowego początku, triumfu nad przeciwnościami. „Przed tobą rozświetlona ścieżka" – szepnęłam, patrząc na promienne oblicze na karcie.

Jakby w odpowiedzi na to przesłanie pojawiła się Dziesiątka Monet. Symbol szczęścia rodzinnego, spełnienia, bogactwa w najszerszym znaczeniu tego słowa. „Masz przed sobą możliwość osiągnięcia pełni w wielu aspektach życia" – dodałam, czując, że karty mówią o czymś istotnym.

Hania, słuchając uważnie, zaczęła rozważać swoje życiowe wybory. Przed naszym spotkaniem była jak łódź dryfująca bez celu. Karty jednak pokazały jej, że jest więcej niż jedna ścieżka, że ma moc dokonywania wyborów, które mogą ją poprowadzić do spełnienia.

Zmiany, które nastąpiły, były jak odrodzenie. Zdecydowała się zmienić pracę, odnaleźć nową pasję, a nawet odnowić dawno zaniedbane relacje rodzinne. Z każdym kolejnym krokiem, który podejmowała, jej życie nabierało nowych barw.

Kiedy po jakimś czasie wróciła do mnie, w jej oczach zamiast pytań znalazłam odpowiedź. Opowiadała o zmianach z błyskiem w oku, który mówił więcej niż słowa.

To historia o odkrywaniu własnej ścieżki w życiu. O tym, jak czasem potrzebujemy tylko odrobiny światła, by ujrzeć drogę, która zawsze była przed nami. Dla Hani karty tarota stały się tym światłem, które pokazało jej drogę do lepszego jutra, drogę do głębszego zrozumienia siebie i świata wokół. To przypowieść o mocy własnych decyzji i o sile, która rodzi się, gdy odważymy się ich dokonać.

Jakiś czas temu wpadł do mnie Marek. Typowy biznesmen, wyglądał na pewnego siebie. Ale kiedy zaczął mówić, czuło się, że ma spory dylemat. Chodziło o jakąś ważną decyzję w firmie, coś, co mogło wszystko wywrócić do góry nogami.

Usiadł przede mną, bawiąc się swoją wizytówką, i opowiedział mi o wszystkim. A ja w tym czasie zaczęłam rozkładać karty. Wyciągnęłam Koło Fortuny. Ta karta przypomina, że życie to ciągłe zmiany i czasem trzeba podjąć ryzyko.

Kolejna była Czwórka Monet. Ta karta często mówi o tym, że trzymamy się kurczowo tego, co bezpieczne. A nie zawsze to, co bezpieczne, jest najlepsze. Spytałam go prosto z mostu: „Czy to, co masz teraz, naprawdę cię uszczęśliwia?".

Długo rozmawialiśmy, a karty były jak przewodnik. Pomogły mu zrozumieć, że czasami trzeba zaryzykować, żeby iść za tym, czego naprawdę się chce.

Kiedy wychodził, wyglądał na kogoś, kto już wie, co robić. Jakby karty trochę rozjaśniły sytuację i pomogły mu podjąć decyzję.

Takie spotkania i rozmowy przy tarocie pokazują, że czasami potrzebujemy bodźca, żeby zobaczyć, co dla nas jest naprawdę ważne. Dla Marka tarot stał się impulsem, który pomógł mu zdecydować, co robić w życiu. To historia o tym, jak ważne są słuchanie siebie i odwaga, by podjąć trudne decyzje.

Tarot a nauka

Wyobraźcie sobie, moi drodzy, przechadzkę ulicą, gdzie po jednej stronie mamy świat nauki – pełen probówek, teorii i tych wszystkich mądrych rzeczy, a z drugiej tarot – z kartami pełnymi tajemniczych symboli i przepowiedni. Co by było, gdybyśmy spróbowali te dwie dziedziny zeswatać? Czy to nie brzmi jak randka w ciemno, która może skończyć się wielką miłością albo totalną katastrofą?

Zacznijmy od faktu, że nauka w swoim białym fartuchu i okularach zwykle nie wydaje się wielką fanką tarota. No bo jak tu badać coś, co nie daje się zmierzyć czy zważyć na wadze laboratoryjnej? Większość badań naukowych traktuje tarota jak uroczą bajeczkę na dobranoc, nie jak temat godny publikacji w prestiżowych czasopismach.

Ale... No właśnie, jest „ale". Nauka, z jej chłodnym spojrzeniem i logicznymi wnioskami, i tarot, z jego tajemniczym blaskiem i obrazami pełnymi symboli, mają coś wspólnego. Poszukują odpowiedzi i próbują zrozumieć ten skomplikowany świat.

I teraz *plot twist*! Niektórzy naukowcy, kiedy nikt nie patrzy, mogą z ciekawością zerknąć na tarota. Tak jak racjonalista, który podczas pełni Księżyca, choćby z przymrużeniem oka, sprawdza horoskop w gazecie. „No co tam piszą?" – pyta, udając, że to tylko dla żartu.

Można sobie wyobrazić, jak w tajemnicy, w zakamarkach uniwersyteckich laboratoriów naukowcy wyciągają karty tarota, by zobaczyć, czy przypadkiem Gwiazda nie ma dla nich jakiejś podpowiedzi w rozwiązaniu skomplikowanego równania.

Może więc w końcu nauka i tarot nie są takie różne? Może obie te dziedziny próbują odpowiedzieć na te same pytania, tylko różnymi językami? Kto wie, może w przyszłości zobaczymy badania naukowe z kartami tarota na okładce. A naukowiec i wróżbita będą pić razem kawę, dyskutując o tajemnicach wszechświata. Jak mówią, w nauce i miłości wszystko jest możliwe!

W naukowych kręgach mówi się, że tarot działa dzięki efektowi Forera. To zjawisko psychologiczne, które tłumaczy, dlaczego tak wiele osób znajduje ogólne stwierdzenia dotyczące osobowości czy przyszłości jako głęboko trafne i osobiste. Mówiąc prościej, to trochę jak wróżenie z fusów kawy, gdzie każda plamka i kropeczka wydają się mówić coś o nas... Czy na pewno?

Mamy coś, co naukowcy nazywają pamięcią selektywną. Występuje ona wtedy, kiedy pamiętamy te trafienia tarota, które nas zaskoczyły, a zapominamy o tych mniej spektakularnych. To trochę jak z przepowiedniami babci, która zawsze twierdzi, że przeczuwała wszystkie rodzinne wydarzenia, choć zapomina o tych przeczuciach, które się nie potwierdziły.

Czy wiecie, że istnieją badania naukowe nad tarotem? Psychologia, szczególnie ta Jungowska, wskazuje na tarota jako narzędzie do eksploracji podświadomości. Carl Jung,

stary lis psychologii, uważał symbole tarota za manifestacje archetypów – uniwersalnych motywów występujących
w ludzkiej psychice. Tarot to nie tylko wróżenie, ale także
lustro odbijające nasze wewnętrzne dylematy, marzenia,
obawy.

Naukowcy zajmujący się tarotem zauważyli, że karty
mogą działać jak katalizatory introspekcji. W jaki sposób?
Kiedy ktoś rozważa znaczenie wylosowanej karty, może
dojść do przełomowych wniosków na temat swojego życia.
To trochę jak terapia – karty stają się narzędziem do odkrywania ukrytych przekonań i emocji.

Nie można zaprzeczyć, że tarot ma swoje miejsce w psychoterapii. Niektórzy terapeuci wykorzystują karty jako
narzędzie do rozmowy, pozwalając pacjentom otworzyć się
i mówić o uczuciach i myślach. W tym kontekście tarot jest
niczym sympatyczna ciotka, która podaje herbatę i pyta:
„Kochanie, co cię trapi?".

Zatem czy tarot to nauka? Raczej nie, w tradycyjnym
rozumieniu tego słowa. Czy to oznacza, że powinniśmy
odłożyć karty na półkę obok książek o astrologii i numerologii? Broń Boże! Tarot, nawet w swojej niepewności
i mglistości, ma coś, co sprawia, że wciąż wracamy po kolejną dawkę tajemniczości i refleksji.

Czy nauka i tarot mogą więc współistnieć bez konflik-
tu? Może nie w tradycyjnym sensie, ale z pewnością mogą
prowadzić inspirujący dialog. Tarot pozostanie jednak tajemniczym szeptem, który nauka może usłyszeć, ale nigdy

w pełni go nie zrozumie. Ale czy to nie jest właśnie piękno nieuchwytnej gry między wiedzą a tajemnicą?

Tarot XXI wieku

W tej wyprawie po świecie tarota nie może zabraknąć magicznego słowa „internet". To tam, w niekończącej się cyfrowej dżungli tarot wywalczył sobie miejsce niczym gwiazda rocka na festiwalu. I nie mówię tu o jakimś zakurzonym zakątku sieci, gdzie światło słoneczne dociera raz na rok. Nie, tarot w internecie to prawdziwa eksplozja!

Wybierzmy się w podróż do krainy, gdzie tarot stał się gorącym tematem, a mowa tu o... TikToku! Tak, dokładnie tam, w tym wirtualnym cyrku pełnym tańców, wyzwań i filmów z kotami w roli głównej tarot rozbił obóz i robi furorę!

Wyobraźcie sobie, wchodzicie na TikToka, a tu nagle tarotowe triki na każdym kroku. Wróżby, które wyglądają jak sceny z filmu fantasy, rozkłady kart w rytm najnowszych hitów i ludzie, którzy mówią o swoich doświadczeniach z większym entuzjazmem niż influencerzy o nowych paletach cieni.

I to nie są nudne, poważne sesje. Nie, na TikToku tarot to czysta zabawa. Wróżbici, którzy mieszają karty z taką zręcznością, że David Blaine by się nie powstydził. A do tego humor – kto by pomyślał, że Śmierć i Diabeł mogą być bohaterami żartów, które sprawią, że nawet największy pesymista roześmieje się jak dziecko?

A co najlepsze, TikTok sprawił, że tarot stał się częścią popkultury. Młodzi ludzie, którzy kiedyś mogli pomyśleć, że to coś na kształt starożytnej wróżby, teraz stawiają karty między wysyłaniem snapów i scrollowaniem Instagrama. Tarot na TikToku to nie tylko wróżenie, to sposób na wyrażenie siebie, swoich emocji i dzielenie się pasją z innymi.

Jeśli więc macie ochotę zobaczyć, jak tarot wygląda w wersji 2.0, odpalcie TikToka. Może nie znajdziecie tam odpowiedzi na wszystkie życiowe pytania, ale dobra zabawa na pewno gwarantowana. A kto wie, może przypadkiem natkniecie się na wróżbę, która akurat do was przemówi? W świecie TikToka wszystko jest możliwe – nawet to, że tarot stanie się waszym nowym ulubionym filtrem.

Oczywiście nie można pominąć miejsca, gdzie tarot ostatnio stał się prawdziwym hitem. I nie chodzi o jakiś tajemniczy salon wróżb na peryferiach miasta. Mowa o Instagramie.

Tak, ta aplikacja, gdzie zazwyczaj podziwiamy zdjęcia potraw, kotów i wakacyjnych wypadów, stała się nowym domem dla tarota. Możecie w to uwierzyć? Karty, które kiedyś były domeną tajemniczych wróżek i mistyków, teraz królują między zdjęciami smoothie bowl i porannej jogi.

I nie myślcie, że to tylko suche rozkłady kart na białym tle. O nie! Tarot na Instagramie to prawdziwe dzieło sztuki.

Zdjęcia kart są stylizowane tak pięknie, że aż chce się je oprawiać i powiesić na ścianie. Do tego dochodzą inspirujące cytaty, które sprawiają, że nawet najbardziej ponury dzień staje się odrobinę jaśniejszy.

A wróżby? To już zupełnie inna bajka. Instagramowi wróżbici dzielą się przemyśleniami na temat kart w postach, które czyta się jak dobry artykuł w gazecie. A do tego wszystkiego dochodzą InstaStories, gdzie tarociści odpowiadają na pytania obserwatorów na żywo, tworząc interaktywny tarotowy show.

Ale to jeszcze nie koniec. Instagramowy tarot to też mnóstwo poradników, jak czytać karty, kursy online, a nawet konkursy na najlepszy rozkład kart. To jak wejście do cyfrowego świata magii, gdzie każdy może zostać wróżbitą.

Jeśli jesteście więc ciekawi, co nowego w świecie tarota, zapraszam was do zanurzenia się w Instagramie. Zdziwicie się, jak wiele można się nauczyć między scrollowaniem zdjęć z wakacji i śledzeniem ulubionych influencerów. Kto wie, może nawet znajdziecie tam odpowiedzi na pytania, które od dawna was nurtowały. Albo przynajmniej zrobicie sobie kilka pięknych zdjęć kart, które idealnie wpasują się w wasz instagramowy feed!

A teraz wisienki na torcie w naszej tarotowej internetowej wędrówce. Chcę was zabrać do miejsca, gdzie tarot święci triumfy – na YouTube'a. W tej nieskończonej wirtualnej krainie filmików na każdy temat tarot uwił sobie przytulne gniazdko.

Wyobraźcie sobie, że wchodzicie na YouTube'a, szukacie czegoś na rozluźnienie po ciężkim dniu, a tu proszę – tarotowe vlogi, wyskakujące jak grzyby po deszczu. Filmiki z rozkładami kart, które wyglądają jak sceny z filmów fantasy, porady, jak odczytywać przesłania kart, a nawet całe kursy tarota.

I wiecie co jest najlepsze? Że to nie są nudne, poważne wykłady. To prawdziwy show! Youtuberzy tarotowi, ubrani jak na galę Oscarów, z kolorowymi kartami w rękach, jakby to były rekwizyty z najnowszego filmu Marvela, opowiadają o tarocie z takim zapałem, że aż chce się wyciągnąć własną talię i dołączyć do zabawy.

A rozkłady kart na żywo to prawdziwy hit. Ludzie zadają pytania w komentarzach, a tarocista wyciąga karty i odpowiada. Widzowie zaś siedzą z zapartym tchem, jakby oglądali finałowy odcinek ulubionego serialu.

No i oczywiście nie może zabraknąć tutoriali – „Jak zacząć przygodę z tarotem", „Co oznacza ta karta", „Jak nie zgubić się w tarotowym świecie". To jak youtube'owa uczelnia tarota, tylko bez egzaminów i zaliczeń.

Jeśli więc kiedykolwiek zastanawialiście się, jak wygląda świat tarota, to YouTube jest doskonałym wyborem, by się tego dowiedzieć. Może nie znajdziecie tam przepisu na idealne życie, ale na pewno dużo dobrej zabawy i może nawet kilka życiowych wskazówek. A przy okazji, kto wie, może sami zaczniecie nagrywać filmiki i zostaniecie nową tarotową gwiazdą YouTube'a! Bo w końcu każdy ma w sobie coś z wróżbity, tylko nie każdy ma kanał na YouTubie.

Na koniec naszej tarotowej podróży po internecie mam coś specjalnego. Chciałbym zaprosić was do miejsca, które może nie wygląda jak gwiazda na czerwonym dywanie, ale w świecie tarota jest równie popularne. Mowa tu oczywiście o forach internetowych, tych cyfrowych zakamarkach, gdzie dyskusje trwają dłużej niż maraton filmów z serii *Gra o tron*.

Wyobraźcie sobie, że wchodzicie na forum, a tam dyskusja jak na targu średniowiecznym. Ludzie z każdego zakątka świata wymieniający się doświadczeniami, interpretacjami kart i życiowymi radami, jakby tarot był kluczem do wszystkich drzwi.

I to nie są powierzchowne pogaduszki. To głębokie rozmowy, podczas których każda karta jest analizowana, jakby była dziełem sztuki Leonarda da Vinci. „Co oznacza Gwiazda w kontekście miłości?" – pyta jeden użytkownik. „Jak interpretować Wieżę w rozkładzie na karierę?" – dopytuje inny. To jak wejście do tajemniczego miejsca, gdzie każda karta otwiera nowe drzwi percepcji.

W dodatku na tarotowych forach nie brakuje humoru. Dowcipy o tym, jak Diabeł wyskakuje za każdym razem, gdy myślisz o diecie, czy żarty, że Głupiec to portret każdego, kto kiedykolwiek próbował zrozumieć sens życia.

Oczywiście nie brakuje też tarotowych guru, którzy swoimi postami oświecają tłumy niczym współcześni prorocy. Dzielą się mądrościami, jakby mieli bezpośredni kontakt z wyższymi mocami, a ich wskazówki są przyswajane jak słowa z Ewangelii.

Jeśli więc macie ochotę na trochę mądrości albo po prostu chcecie się dobrze bawić, wbijajcie na fora internetowe. Na pewno będziecie mieli okazję pogłębić swoją wiedzę i nawiązać nowe interesujące znajomości. A kto wie, może właśnie tam odkryjecie, że tarot to nie tylko karty, ale cała społeczność, która ciągle czuwa. Bo, jak mówią, tarocista nigdy nie śpi, tylko tasuje karty w innej strefie czasowej.

Dzięki temu wszystkiemu tarot stał się tak popularny jak kiedyś Beatlesi. Teraz każdy może być jak magik w domowym zaciszu, rozkładając karty na stole kuchennym, a potem dzieląc się swoimi odkryciami online.

Jeśli macie więc ochotę na trochę magii w życiu, nie musicie już wychodzić z domu i szukać wróżki pod czerwonym namiotem na jarmarku. Wystarczy kliknąć i już jesteście w internetowym świecie tarota. Kto wie, może to właśnie tam znajdziecie odpowiedzi na swoje pytania? Albo przynajmniej dobrze się zabawicie, bo w końcu, jak mówi nowe przysłowie: „Tarot nie gryzie, chyba że ma wi-fi".

NUMEROLOGIA – POMAGA WYBRAĆ NAJLEPSZY CZAS NA REALIZACJĘ PLANÓW

DLA POTRZEBUJĄCYCH POTWIERDZENIA W PODEJMOWANIU WAŻNYCH ŻYCIOWYCH DECYZJI

> *Liczby są uniwersalnym językiem,*
> *którym Bóg stworzył wszechświat.*
>
> PITAGORAS, grecki matematyk, filozof i mistyk

Pragmatyzm to taki modny dodatek w garderobie każdego naukowca – elegancki, praktyczny, ale czasem sprawia, że człowiek czuje się, jakby nosił gorset z epoki wiktoriańskiej. Swoją naukową przygodę zaczęłam od fizyki, gdzie nauczyłam się, że wiarę zostawia się przy wejściu do pracowni, a bierze się ze sobą tonę wątpliwości i mikroskopijny pędzelek do odkurzania faktów. Potem przyszła kolej na psychologię, która wywróciła mój świat do góry nogami. Tam dowiedziałam się, że ludzka psychika to taka szuflada z nieskończoną ilością zakamarków, a każda teoria to próba zrozumienia, dlaczego ktoś nagle postanowił w środku nocy przemalować swój pokój na różowo.

Zawsze uważałam, że logiczny umysł to taka moja supermoc – tarcza ochronna przed pseudonaukowymi bzdurami.

Ale życie lubi płatać figle. Kiedy zetknęłam się z numerologią, poczułam, jakbym nagle odkryła, że moja tarcza to zwykła patelnia. Walczyły we mnie różne odcienie mojej osobowości. Fizyczka i psycholożka krzyczały: „To bez sensu! Gdzie są dowody?". A buddystka i miłośniczka tajemnic wszechświata szeptała: „A co, jeśli jest w tym coś więcej?".

Te wewnętrzne rozterki pchnęły mnie w stronę numerologii. Stworzyłam własną teorię wszystkiego, mój umysł – uzbrojony w logikę i racjonalne myślenie – miał być tarczą przed wszelkimi pseudonaukowymi bredniami. Ale wiecie co? Życie ma ten zabawny zwyczaj rzucania pod nogi skórki od banana, gdy najmniej się tego spodziewamy. Dla mnie takim bananem była numerologia.

Zaczęłam od sceptycznego podchodzenia do tematu, a skończyłam na tym, że analizuję daty urodzenia znajomych, sprawdzam, czy numer domu ma wpływ na ich życie, i zastanawiam się, dlaczego urodziłam się 7 lutego. Z czasem moja skorupa logicznego myślenia zaczęła pękać. Zaczęłam dostrzegać w numerologii pewien urok, jakiś mistyczny, tajemniczy wymiar, który zaczął mnie fascynować.

Możecie się śmiać, ale zaczęłam widzieć pewne wzorce, jakieś nieoczekiwane zbiegi okoliczności, które trudno mi było zignorować. I choć wewnętrzna sceptyczka co chwilę szepcze mi do ucha: „Daj spokój, przecież wiesz, że to nie ma sensu", to druga „ja", ta bardziej ciekawska, odpowiada: „A co, jeśli jednak ma?".

W świecie naukowym numerologia często jest postrzegana jak ktoś, kogo wszyscy znają, ale nikt tak naprawdę nie traktuje go poważnie. Jest jednak coś hipnotyzującego w tajemniczych cyfrach, próbujących opowiedzieć historię naszego życia w sposób, który tradycyjna nauka wydaje się ignorować. Na początku myślałam o numerologii jak o ciekawostce na leniwe popołudnie, ale szybko zaczęłam dostrzegać w niej coś więcej – most między racjonalnym myśleniem a intuicyjnym odczuwaniem świata.

Jako osoba, która parę lat spędziła z nosem w podręcznikach fizyki, dobrze wiem, że największe odkrycia zaczynają się od prostego: „A co, jeśli?". Co, jeśli liczby mają do powiedzenia więcej niż tylko to, co widzimy na pierwszy rzut oka? Co, jeśli te z pozoru proste ciągi cyfr kryją coś więcej niż tylko wartość matematyczną?

Kiedy zaczęłam zagłębiać się w świat numerologii, zdałam sobie sprawę, że nie chodzi o przypisywanie losowych znaczeń liczbom, ale bardziej o zrozumienie, jak te liczby rezonują z naszym życiem, jak wpisują się w nasze kulturowe i osobiste historie. Każda liczba niesie ze sobą własną opowieść, znaczenie, które może być interpretowane na wiele różnych sposobów.

W tym wszystkim sceptycyzm okazuje się nieocenionym narzędziem. Pozwala mi podchodzić do numerologii z pewnym dystansem, z ciekawością naukowca, który chce zrozumieć, a nie tylko zaakceptować bez zastanowienia. Zamiast wyrzucić numerologię do kosza z etykietką „nie-naukowa", zaczęłam badać, jak wpływa ona na ludzi – na ich decyzje, przekonania, a nawet na to, jak postrzegają siebie i świat.

Weźmy na początek coś tak codziennego, jak nasza data urodzenia. Moją pierwszą reakcją jako fizyka był sceptycyzm w czystej postaci: jakim cudem zwykła kombinacja dnia, miesiąca i roku może mieć głębszy wpływ na moje życie? Ale jestem też psychologiem, więc rozumiem, że ludzie mają nieodparty pociąg do szukania wzorców. Chcemy nadać sens chaotycznemu światu. I tu na scenę wkraczają liczby, grając rolę narzędzia porządkującego chaos.

Przypomina mi się pewna historia: ja i moja koleżanka Agnieszka, z którą wspólnie zmagałyśmy się z fizyką na studiach, wpadłyśmy na siebie po latach na Facebooku. Agnieszka kiedyś miała głowę pełną teorii kwantowych, a teraz została artystką. Rzuciła wszystko, wyjechała w Bieszczady i tam maluje. A ja chciałam się dowiedzieć, czy numerologia da mi odpowiedź, dlaczego tak się stało, że jedna z lepiej zapowiadających się fizyczek nagle porzuciła karierę naukowca i pojechała w nieznane.

I co się okazuje? Agnieszka to typowa trójka z dnia urodzenia – pełna kreatywności, ekspresji, ma dar do wyrażania siebie. Kiedy zobaczyłam jej obrazy, od razu mi się światło zapaliło: no jasne, trójka!

Ale to jej liczba życia – dziewiątka – dopiero mnie zaskoczyła. To liczba, która zmierza w kierunku empatii, duchowości. I wszystko się zaczęło układać. Agnieszka maluje tak, jakby próbowała uchwycić całą duszę gór i wsadzić ją w ramy.

Pomyślałam sobie wtedy, że te liczby jednak coś w sobie mają. Kiedyś myślałyśmy, że fizyka to klucz do wszystkiego, a teraz obie znalazłyśmy inne dziedziny – ona sztukę, ja liczby. Życie potrafi zaskoczyć, prawda? I takie to właśnie numery z numerologią – nigdy nie wiesz, gdzie cię zaprowadzą.

Sceptycyzm w świecie numerologii nie oznacza zamykania się na nowe idee, ale bardziej ostrożne i świadome ich eksplorowanie. To zadawanie pytań „dlaczego?" i „jak?", zamiast beztroskiego „co, jeśli?". To umiejętność dostrzeżenia w liczbach czegoś więcej niż tylko cyferek – odbicia naszej ludzkiej natury.

Nie zamierzam was przekonywać, że numerologia to absolutne źródło prawdy. Zamiast tego zapraszam na eksplorację, w której sceptycyzm służy za narzędzie, a nie przeszkodę. Narzędzie, które pozwala zagłębić się w tajemnice liczb z nowej perspektywy, z ciekawością, która przecież jest podwaliną wszelkiej nauki.

Liczby są z nami od początku do końca. Od chwili narodzin, kiedy waga urodzeniowa i skala Apgar stają się pierwszymi numerami w naszym życiu, aż po ostatni oddech. Obecne są w datach, adresach, numerach telefonów.

A czy pamiętacie ten pechowy bilet lotniczy z piątką w numerze, przez który spóźniliście się na ważne spotkanie? Zbieg okoliczności? Numerologia podpowiada, że nie do końca.

Zacznijmy jednak od początku. Liczby, jak mówi stara numerologiczna mądrość, są językiem wszechświata. Pitagoras, ojciec numerologii, wierzył, że każda liczba ma specyficzne wibrację i charakter. I chociaż moje naukowe „ja" podchodzi do tego z dozą sceptycyzmu, to psychologiczne „ja" nie może oprzeć się fascynacji tym, jak głęboko liczby są zakorzenione w naszej świadomości.

Przyjrzyjmy się na przykład liczbie trzy. Trójka przewija się przez wiele kultur i religii – Trójca Święta, trzy Ery, trzy Norny. W bajkach zawsze są trzy życzenia, a złote jaja zawsze są w trzech koszykach. Czy to przypadek? Cóż, jako fizyk mogę powiedzieć, że prawdopodobieństwo takiego zbiegu okoliczności jest małe.

A co z naszymi osobistymi liczbami? Data urodzenia i imię redukują się do liczb, które według numerologów mogą wiele powiedzieć o naszym charakterze, predyspozycjach, a nawet przyszłości. Znowu moje naukowe „ja" podnosi brew w niedowierzaniu, ale czy to nie jest fascynujące, że tyle osób na świecie wierzy w tę moc? Może jednak jest w tym ziarno prawdy?

Nie zapominajmy też o humorze, który towarzyszy numerologii. Jak mówi porzekadło numerologiczne: „Jeśli nie możesz ich przekonać, zamęcz ich liczbami". A kiedy ktoś pyta mnie, czy numerologia to nauka, odpowiadam z uśmiechem: „Oczywiście, to nauka o tym, jak nie brać wszystkiego na poważnie".

Przypomina mi się inne powiedzenie: „Wszystko jest liczbą", które równie dobrze mogłoby być mottem na rodowym herbie Pitagorasa. Nawiązując do tego starożytnego filozofa, przeniesiemy się więc w czasie, by odkryć, jak numerologia przeplatała się z ludzką historią, przyjmując różnorodne formy i znaczenia.

W starożytnym Egipcie liczby były niczym mityczne bohaterki, pełne tajemnic. Egipcjanie wierzyli, że liczby mają magiczną moc. Siódemka była uważana za symbol doskonałości i skuteczności. Wyobraźcie sobie, jak musiało być, kiedy faraon pytał: „Ile mam zbudować piramid?", a kapłani odpowiadali: „Siedem, Wasza Wysokość, tylko siedem". To trochę jakby dziś ktoś powiedział, że idealna liczba filiżanek kawy dziennie to trzy – ani mniej, ani więcej.

Pitagoras, matematyczny szaman, jako pierwszy nadał liczbom głębsze znaczenie. Nie wystarczało mu, że były narzędziem do liczenia owiec lub monet. Nie, w swojej nieskończonej mądrości (i być może lekkiej ekstrawagancji), postanowił, że liczby to klucz do wszechświata. Dla niego każda z nich miała swoją osobowość, duszę. Dwójka była kobietą, trójka mężczyzną, a dziesiątka – symbolem doskonałości. Brzmi trochę jak scenariusz do starożytnej greckiej opery mydlanej.

Porzućmy na chwilę wybrzeża Grecji i przenieśmy się do czasów średniowiecza, w których numerologia zaczyna przybierać postać mistycznego narzędzia. W tamtych ciemnych czasach, gdy każdy cień na ścianie mógł być uznany za znak od Boga (lub Szatana), liczby były jak latarnia morska w mroku niewiedzy. Numerologia była używana do przewidywania przyszłości, zrozumienia wszechświata, a nawet do wyjaśnienia natury Boga. W tym okresie liczby zaczęły nabierać duchowego znaczenia. W chrześcijaństwie liczby, na przykład trzy (Trójca Święta) czy siedem (siedem grzechów głównych), odgrywały kluczową rolę. Można by rzec, że średniowieczni ludzie byli pierwszymi numerologicznymi influencerami, tylko zamiast Instagrama mieli katedry i manuskrypty. Trzeba przyznać, że naszym średniowiecznym przodkom nie brakowało wyobraźni.

W Chinach numerologia miała własny wyjątkowy smak. Na przykład liczba osiem uważana była za szczęśliwą, a cztery – za pechową. Dlatego nie dziwcie się, gdy w chińskim wieżowcu nie znajdziecie czwartego piętra. To trochę jak unikanie trzynastki w zachodnich kulturach, tylko więcej tam smażonego ryżu, a mniej czarnych kotów.

Przeskoczmy teraz do renesansu, okresu, w którym numerologia zaczęła być trochę jak niezdecydowany nastolatek. Z jednej strony fascynacja tajemnicą i mistycyzmem, z drugiej – rosnąca wiara w racjonalność i naukę.

Ludzie tacy jak Leonardo da Vinci z taką samą pasją zajmowali się zarówno matematyką, jak i tajemniczym znaczeniem liczb. Był to czas, gdy nauka i magia jeszcze nie rozeszły się, chodziły raczej pod rękę niczym zakochana para.

W oświeceniu numerologia zaczęła być traktowana trochę jak stara ciotka, której opowieści z młodości wszyscy słuchają, ale nikt nie bierze ich na poważnie. Nauka zaczęła stawiać na pierwszym miejscu dowody i eksperymenty, a liczby wróciły do bardziej tradycyjnej roli. Ale numerologia nigdy całkiem nie zniknęła.

Współcześni teoretycy numerologii to już zupełnie inna bajka. W erze wszechobecnej informacji, globalizacji i internetowych memów numerologia przekształciła się – jest teraz częścią popkultury dostępną dla każdego, kto ma dostęp do internetu i wolny czas. Oczywiście naukowcy patrzą na to z przymrużeniem oka, ale czy to znaczy, że numerologia straciła swoją wartość? Może po prostu przystosowała się do nowych czasów.

Wpływ numerologii na różne kultury i epoki jest niczym wielowarstwowy tort historii. Każda epoka dodała coś od siebie, tworząc bogaty i złożony obraz tego, jak ludzkość postrzega liczby. Czy to wszystko tylko zabobon? Może i tak, ale pamiętajcie, że nawet najbardziej racjonalny umysł nie może zaprzeczyć, że liczby mają niezaprzeczalną moc – czy to w matematyce, muzyce, czy nawet w tajemniczym świecie numerologii.

To cichociemne agentki, które są wszędzie wokół nas, choć często pozostają niezauważone. Przyjrzymy się zatem, jak liczby zakradają się do naszego codziennego życia. Może po przeczytaniu tego rozdziału nigdy więcej nie spojrzycie na zegarek czy kalendarz tak samo.

Zacznijmy od poranka. Budzik dzwoni. Jest 7.00. Czy zastanawialiście się kiedyś, dlaczego dzień ma akurat 24 godziny, a nie 25 czy 23? Czy wiecie, że numer 7 to ulubiona liczba wielu ludzi? Może dlatego, że jest tak bardzo obecna w kulturze i religii – 7 cudów świata, 7 dni tygodnia. Następnie udajemy się do kuchni. Gotujemy wodę na kawę – oto praktyczne zastosowanie punktu wrzenia, który także można wyrazić liczbą.

Podczas śniadania przeglądamy gazetę czy smartfon. Liczby są wszędzie: daty, statystyki, wyniki sportowe, kursy walut. Wszystko to tylko potwierdza, że żyjemy w świecie rządzonym przez cyfry. Nawet horoskop, choć nie wszyscy w niego wierzą, często opiera się na liczbach – daty urodzenia decydują o naszym znaku zodiaku.

Wychodząc z domu, zauważamy numer naszego mieszkania czy domu. Czy kiedykolwiek zastanawialiście się, dlaczego akurat ta liczba? Może to przypadek, a może ukryte znaczenie? Wsiadając do samochodu czy autobusu, spotykamy kolejne liczby – numery rejestracyjne, numery linii autobusowych czy tramwajowych. Wszystko to układa się w niekończący się ciąg cyfr, który towarzyszy nam przez cały dzień.

W pracy czy szkole nie jest inaczej. Spotkania o konkretnej godzinie, terminy, budżety, oceny – liczby, liczby i jeszcze raz liczby. Nawet nasze interakcje społeczne, takie jak liczba znajomych na portalach społecznościowych, lajki czy followersi, są wyrażane w liczbowym kodzie.

A co z naszym zdrowiem? Tutaj również liczby odgrywają kluczową rolę. Ciśnienie krwi, poziom cholesterolu, liczba kroków na liczniku aktywności – wszystko to ma nam pomóc w utrzymaniu zdrowia. Nawet nasze emocje czasem próbujemy zmierzyć w skali od 1 do 10.

Na koniec dnia wracamy do domu, zamykamy drzwi na noc. Czas na odpoczynek przed kolejnym dniem pełnym liczb. I choć może się wydawać, że w naszym codziennym życiu panuje chaos, liczby przynoszą w nim porządek, rytm, przewidywalność.

Niektórzy mogą pomyśleć, że taka wszechobecność liczb to tylko ciekawostka, inne osoby widzą w tym głębsze znaczenie. Może każda liczba, która pojawia się w naszym życiu, ma nam coś do powiedzenia? Może są jak tajemnicze znaki na ścieżce naszego życia, które tylko czekają, by je odczytać? To już zostawiam waszej interpretacji. Ale jedno jest pewne – w świecie liczb nigdy nie jesteśmy sami.

Najwyższy czas na małą przygodę. Wyobraźcie sobie, że liczby to nie tylko te nudne cyferki, które widzicie na rachunkach za prąd, ale tajemnicze symbole, które mają coś do powiedzenia o waszym życiu. Brzmi intrygująco? To zaczynamy!

Zasada pierwsza: wszystko jest liczbą. Tak, dosłownie wszystko. Wasze imię, data urodzenia, numer buta, a nawet seria ulubionego blendera – wszystko to można zamienić na liczby. Numerolodzy wierzą, że nie są one przypadkowe, mają wpływ na nasze życie, osobowość i przyszłość. Brzmi trochę jak planowanie życia według określonego menu.

Zasada druga: redukcja do liczby głównej. Tutaj numerologia staje się zabawą w matematyczne upraszczanie. Chodzi o to, by dodawać do siebie liczby dotąd, aż zostanie nam jedna – od 1 do 9. Jeśli na przykład urodziiliście się 15 maja 1990 roku, dodajecie do siebie: 1+5+5+1+9+9+0, co daje 30, redukujecie: 3+0, co w efekcie daje 3. To wasza liczba życia. Proste, prawda? A przynajmniej prostsze niż składanie regału z IKEA.

Zasada trzecia: każda liczba ma swoje znaczenie. W numerologii liczby od 1 do 9 mają własną osobowość, moc i wpływ. Jedynka to lider, dwójka to dyplomata, trójka dusza towarzystwa, a dziewiątka – stary mędrzec. To trochę jak przypisywanie charakterów zwierzętom w bajkach dla dzieci, tylko zamiast zwierząt są liczby.

Zasada czwarta: mistrzowskie liczby. W numerologii są też tak zwane mistrzowskie liczby – 11, 22, 33 i 44. Są jak VIP-y numerologicznego świata. Mają specjalne znaczenie i uważa się, że dają dostęp do wyższego poziomu

duchowego rozwoju. Trochę jak karta lojalnościowa w eks-
kluzywnym klubie.

Zasada piąta: numerologia nie jest matematyką. Chociaż
posługuje się liczbami, bardziej przypomina to czytanie
z kryształowej kuli niż rozwiązywanie równań kwadra-
towych. Jest interpretacją, intuicją, a nie nauką ścisłą.
Jeśli więc coś się nie zgadza, pamiętajcie, że w numerologii, podobnie jak w sztuce, wszystko jest kwestią interpretacji.

Zasada szósta: otwartość na możliwości. Numerologia
wymaga otwartości umysłu. Jeśli podejdziesz do niej ze
sceptycyzmem, możesz przegapić ciekawe perspektywy. To
trochę jak próbowanie nowego egzotycznego dania – nie
wiesz, czy je lubisz, dopóki nie spróbujesz.

Numerologia to fascynująca mieszanka liczb, symboli i tajemnic. Czy jest w tym coś więcej niż tylko cyfrowe przesądy? To zależy od waszej interpretacji i tego, co chcecie
z tego wyciągnąć. Ale jedno jest pewne – w świecie numerologii nie ma miejsca na nudę.

Zapraszam na krótki przewodnik po świecie numerologii, gdzie cyfry są czymś więcej niż znakami na papierze. To prawdziwe bohaterki naszego życia, które – jak
detektywi w starych kryminałach – próbują rozwikłać
tajemnice naszej osobowości i przyszłości. Zabrzmi to
może jak scenariusz do filmu *science fiction*, ale dajmy
liczbom szansę.

Liczba życia (droga życia)

Liczba życia, znana również jako droga życia, w świecie numerologii pełni rolę osobistego GPS-a, który nie tylko prowadzi nas przez zawiłości codzienności, lecz także podpowiada, jakie ścieżki mogą być dla nas najbardziej owocne. Jak to obliczyć? Proces przypomina rozwiązywanie zagadki matematycznej na lekcji, ale bez stresu i często z lepszym wynikiem.

Zacznijmy od kolejnego przykładu: jeśli ktoś urodził się 12 marca 1990 roku, obliczenie wygląda następująco: 1+2+0+3+1+9+9+0, co daje 25. Następnie upraszczamy: 2+5 = 7. *Voilà!* Liczba życia to 7.

Ale co właściwie oznacza ta tajemnicza siódemka? W numerologicznym uniwersum osoby z liczbą życia 7 często jawią się jako analityczni myśliciele, roztrząsający życiowe zagadki niczym Sherlock Holmes. Osoby te mają skłonność do głębokiej introspekcji, bywają zafascynowane duchowością lub nauką. Wyobraźcie sobie filozofa, który przy filiżance herbaty kontempluje sens życia i wszechświata. Osoby o liczbie życia 7 mogą mieć naturalną skłonność do zanurzania się w oceanie myśli i poszukiwań duchowych, czasem zatracając się.

Ludzie z taką liczbą życia mogą być także świetnymi badaczami i nauczycielami, gdyż ich umysł ciągle stawia pytania i szuka odpowiedzi – zawsze w pogoni za kolejną wskazówką lub teorią. Może to być jednak miecz obosieczny, ponieważ taka głęboka analiza i skupienie na szczegółach mogą prowadzić do przeoczenia szerszej perspektywy, czyli do sytuacji, w której nie widzi się lasu, tylko pojedyncze drzewa.

Liczba duszy (liczba serca)

Liczba duszy, zwana również liczbą serca, to w numerologii nic innego jak poufny szept naszego wewnętrznego „ja". Wyobraźmy sobie, że każda samogłoska w naszym imieniu i nazwisku to nie tylko literka, ale sekretny kod, który – gdy zostanie odpowiednio rozszyfrowany – odsłania nasze najskrytsze pragnienia, marzenia i to, co naprawdę nas napędza. To trochę jak odkrywanie tajemniczego składnika w rodzinnej recepturze na ciasto, który sprawia, że smakuje ono jak żadne inne.

Zacznijmy od podstaw. Aby obliczyć liczbę duszy, bierzemy pod uwagę samogłoski w naszym pełnym imieniu i nazwisku. Każdej z nich przypisujemy liczbę według określonego klucza: A = 1, E = 5, I = 9, O = 6, U = 3 (przy czym Y może być traktowane jako samogłoska w niektórych przypadkach). Następnie sumujemy te liczby. To trochę jak przygotowanie eliksiru, tylko zamiast magicznych składników używamy liter.

Zaczynajmy zabawę w odkrywanie tajemnic duszy, czy jak to mówią w numerologii: potrzeby serca. Brzmi trochę jak tytuł piosenki z lat 80. XX wieku, ale dajmy temu szansę. Weźmy na warsztat Jolantę Kowalską. Zwyczajne imię i nazwisko, ale czy w numerologii nie chodzi o to, by odkrywać niezwyczajne znaczenia ukryte w zwyczajności?

Zaczynamy od wydobycia samogłosek. Jolanta Kowalska. Mamy więc: O, A, A, O, A, A. Wygląda to jak fragment tekstu piosenki, ale to tylko magiczne literki.

Teraz przypisujemy im liczby. A to 1, E to 5, I to 9, O to 6, U to 3, Y to 7. Czyli samogłoski zamieniają się w 6, 1, 1, 6, 1, 1. Teraz, jak u alchemika, mieszamy wszystko razem, czyli sumujemy: $6 + 1 + 1 + 6 + 1 + 1 = 16$. Ale to jeszcze nie koniec. Chodzi przecież o to, by otrzymać jedną cyfrę. Więc redukujemy 16: $1 + 6 = 7$. Liczba duszy Jolanty Kowalskiej to 7.

No dobrze, ale co to właściwie znaczy? Według numerologii 7 to liczba tajemnic, wewnętrznego życia, analizy. Może to oznaczać, że rzeczona Jolanta ma głęboką potrzebę zrozumienia świata wokół, poszukiwania prawdy, może nawet duchowego rozwoju.

Warto pamiętać, że liczba duszy to nie tylko drogowskaz dla naszych głębokich pragnień i motywacji, lecz także narzędzie do samopoznania. Odkrywanie tej liczby to jak spojrzenie w lustro i zobaczenie czegoś więcej niż tylko odbicia – swojej esencji.

A	E	I	O	U	Y
1	5	9	6	3	7

Liczba osobowości

Liczba osobowości w numerologii to nasz osobisty cyfrowy identyfikator. Obliczamy ją przez dodanie wszystkich liter zawartych w naszym imieniu i nazwisku. Wyobraźmy sobie, że to trochę jak tworzenie własnego literowego portretu, tylko zamiast pędzla i farb używamy liczb.

Jak to działa? Proces jest dość prosty, choć przypomina bardziej rozwiązanie krzyżówki niż tradycyjne obliczenia matematyczne. Każdej literze imienia i nazwiska przypisujemy wartość liczbową według określonego klucza (A = 1, B = 2, C = 3 itd. do I = 9, a potem znowu od 1 do 9: J = 1, K = 2, L = 3 itd.; Ą, Ć, Ę, Ł, Ń, Ó, Ś, Ź, Ż zapisujemy jako A, C, E, L, N, U, S, Z, Z; uwzględniamy Q i V). Następnie sumujemy te liczby. To jak dekodowanie sekretnej wiadomości ukrytej w naszym imieniu i nazwisku.

Weźmy za przykład Alicję Nowak. A = 1, L = 3, I = 9, C = 3, J = 1, A = 1, N = 5, O = 6, W = 5, A = 1, K = 2. Sumujemy: 1+3+9+3+1+1+5+6+5+1+2 = 37, upraszczamy: 3+7, co daje 10, i ponownie 1+0, co daje 1. Liczba osobowości Alicji to 1, co sugeruje osobę niezależną, kreatywną i być

1	2	3	4	5	6	7	8	9
A, Ą	B	C, Ć	D	E, Ę	F	G	H	I
J	K	L, Ł	M	N, Ń	O	P	Q	R
S, Ś	T	U, Ó	V	W	X	Y	Z, Ź, Ż	

może trochę pionierską w podejściu do życia. To jakby mieć w sobie odkrywcę zawsze gotowego na nowe wyzwania.

Ale co naprawdę mówi liczba osobowości? To jest nasz numerologiczny kod dostępu do zrozumienia, jak jesteśmy postrzegani przez innych. Liczba osobowości może zdradzać, jak inni odbierają naszą komunikację, styl bycia, prezencję. To jakby nosić etykietę, która mówi światu, kim jesteśmy na pierwszy rzut oka.

Warto pamiętać, że ta liczba to niepełny obraz naszej tożsamości. To raczej wizerunek publiczny, społeczna maska. Ktoś o liczbie osobowości 3 może być postrzegany jako osoba ekspresyjna, towarzyska, ale wewnątrz czuć się zupełnie inaczej. To trochę jak kostium superbohatera, który pokazuje na zewnątrz naszą siłę, choć czasem czujemy się zupełnie zwyczajnie.

Liczba przeznaczenia (liczba ekspresji)

Liczba przeznaczenia, czasem nazywana liczbą ekspresji, to w numerologii osobisty kod DNA, tyle że zamiast genów i chromosomów mamy spółgłoski. To właśnie ukryte w naszym imieniu i nazwisku spółgłoski tworzą tę tajemniczą formułę, która ponoć odsłania nasze naturalne talenty, aspiracje i potencjalne ścieżki kariery. Wyobraźmy sobie, że każda spółgłoska w naszym imieniu to kawałek układanki, który razem składa się na obraz naszych życiowych możliwości.

Jak to działa? To proste, choć brzmi trochę jak przepis na skomplikowaną potrawę. Każdej spółgłosce naszego imienia i nazwiska przypisujemy odpowiednią wartość liczbową (jak poprzednio B = 2, C = 3, D = 4 itd.), a następnie je sumujemy.

Na przykład Monika Kowalska. Spółgłoski to M, N, K, K, W, L, S, K. Według numerologicznego klucza M = 4, N = 5, K = 2, K = 2, W = 5, L = 3, S = 1, K = 2. Sumujemy: 4+5+2+2+5+3+1+2 = 24, a potem 2+4, co daje 6. Liczba przeznaczenia Moniki to 6, co może sugerować osobę odpowiedzialną, opiekuńczą, być może z inklinacją do pomagania innym. To jak wewnętrzny Anioł Stróż, który prowadzi nas przez życie.

Ale liczba przeznaczenia to nie tylko nasze mocne strony. Pokazuje ona również, w jakich obszarach możemy napotkać wyzwania. Ktoś o liczbie przeznaczenia 8 może być naturalnym liderem i osiągać sukcesy w świecie biznesu, ale może też być zmuszony do zmierzenia się z wyzwaniami związanymi z władzą i kontrolą. To trochę jak balansowanie na linie nad przepaścią sukcesu i ambicji.

Pamiętajmy, że liczba przeznaczenia to nie nieuchronny los, ale raczej wskazówka, jaki potencjał w nas drzemie. To niezapisana w kamieniu przepowiednia, raczej cyfrowa mapa, która może nas prowadzić, ale nie określa naszego przeznaczenia. To życiowy GPS, który podpowiada kierunek, ale ostateczny cel podróży zależy od nas.

Liczby wyzwań i lekcji życiowych

Te liczby są jak scenariusz osobistego filmu życiowego, w którym każda scena jest zapisana cyframi, a każda z nich kryje możliwe zawirowania i zwroty akcji. To trochę jak przeglądanie zapowiedzi filmowych i próba odgadnięcia, co przyniesie następny rozdział.

Zacznijmy od pierwszego wyzwania. To proste odejmowanie: dzień urodzenia minus miesiąc urodzenia. Wyobraźmy sobie, że urodziliśmy się 23 kwietnia (23–4), wynik to 19. Redukujemy to do jednej cyfry: $1+9 = 10$, a potem $1+0 = 1$. Pierwsze wyzwanie mówi nam o dzieciństwie i młodości. Liczba 1 może wskazywać na wyzwania związane z samodzielnością i asertywnością – jak próby jazdy na rowerze bez bocznych kółek.

Następnie mamy drugie wyzwanie, które jest trochę jak próba zrozumienia instrukcji obsługi nowego smartfona. Od roku urodzenia odejmujemy dzień urodzenia. Jeśli urodziliśmy się w 1990 roku, to dodajemy $1+9+9+0 = 19$, a potem odejmujemy dzień urodzenia, czyli na przykład 23, co daje nam –4. W numerologii traktujemy to jako 4. Drugie wyzwanie dotyczy średnich lat życia i sugeruje wyzwania związane z budowaniem stabilności.

Trzecie wyzwanie to matematyczna akrobatyka. Odejmujemy drugie wyzwanie od pierwszego: 4 (drugie) minus 1 (pierwsze) = 3. To wyzwanie wskazuje na to, czego uczymy się w dorosłym życiu. Liczba 3 może sugerować potrzebę ekspresji, kreatywności – jak próba namalowania obrazu życia, gdy jeszcze nie do końca wiemy, jakie kolory wybrać.

Czwarte wyzwanie to już finałowa rozgrywka. Od roku urodzenia odejmujemy miesiąc urodzenia. Używając wcześniejszego przykładu: 1990 (1+9+9+0 = 19, 1+9 = 10, redukujemy do 1) minus 4 (kwiecień) = –3, co traktujemy jako 3. To wyzwanie dotyczy naszego całego życia, długoterminowych celów i aspiracji. Trójka może wskazywać na konieczność ciągłego poszukiwania nowych sposobów na wyrażenie siebie.

Liczby wyzwań w numerologii to jak odkrywanie osobistych tajemnic życiowych. Nie są to przepowiednie, które bezapelacyjnie określają naszą przyszłość, ale raczej wskazówki, które pomagają nam zrozumieć, jakie wyzwania możemy napotkać na drodze. To trochę jak własna gra wideo, gdzie każdy poziom to nowe wyzwanie i nowa lekcja. A najlepsze w tym wszystkim jest to, że w tej grze życia to my piszemy scenariusz i decydujemy, jakie ruchy wykonać.

Liczba dojrzałości

To nic innego jak osobisty przewodnik po dojrzałym życiu, sugestia dotycząca tego, co możemy osiągnąć, gdy w pełni rozwiną się nasze talenty i możliwości. Trochę jak rzut oka w magiczną kulę, z tą różnicą, że zamiast dymu i tajemniczych symboli mamy do czynienia z czystą matematyką.

Jak ją obliczamy? Prosty rachunek: sumujemy liczbę życia (tę, która wskazuje główny nurt naszych życiowych doświadczeń) z liczbą przeznaczenia (czyli tą, która mówi o naszych naturalnych talentach i aspiracjach). Wynik tego dodawania to właśnie nasza liczba dojrzałości, która jest jak numerologiczny kompas wskazujący, dokąd zmierzamy w życiu, gdy nasze doświadczenia i umiejętności osiągną szczyt możliwości.

Wyobraźmy sobie, że nasza liczba życia to 6 (symbolizująca odpowiedzialność i dbałość o innych), a liczba przeznaczenia to 9 (mądrość, empatia). Suma tych liczb, czyli nasza liczba dojrzałości, wynosi 15, a po redukcji 1+5 daje nam 6. To sugeruje, że w dojrzałych latach życia osiągniemy pełnię naszej zdolności do troski i empatii, być może angażując się w działalność społeczną czy opiekę nad innymi.

Liczba dojrzałości to jak numerologiczny horoskop na drugą połowę życia. Zamiast mówić nam, co się wydarzy, daje wskazówki, jak najlepiej wykorzystać nasze doświadczenie i talenty. To trochę jak planowanie podróży życia z bagażem doświadczeń, ale ciągle możemy decydować, dokąd chcemy się udać.

Pamiętajmy jednak, że liczba dojrzałości to tylko drogowskaz, jak wewnętrzny mentor, który szepce: „Oto, kim możesz się stać", ale decyzja, jaką ścieżkę wybrać, zawsze należy do nas.

Liczby szczytowe (*pinnacle*) i cykle okresowe (*period cycles*)

Te liczby są jak scenariusz życiowej opowieści zapisany nie w słowach, a w cyfrach. Są rodzajem kalendarza, który podpowiada, co się wydarzy na kolejnych przystankach życiowych. Trochę jak osobisty przewodnik, który zdradza, co nas czeka za rogiem – momenty triumfu czy spokojny okres refleksji.

Zacznijmy od liczb szczytowych. Każdy z nas przechodzi przez cztery takie etapy w życiu i każdy z nich ma specyficzną tematykę. Są obliczane na podstawie daty urodzenia i pokazują, gdzie możemy spodziewać się największych osiągnięć, wyzwań czy zmian. To jak liczbowe przewidywanie pogody.

Pierwszy *pinnacle* może trwać od naszych narodzin do około trzydziestego roku życia. To czas eksploracji, uczenia się, prób i błędów – jakby tutorial w grze o naszym życiu. Kolejne mogą wskazywać na okres stabilizacji, rozwój kariery, a nawet duchowe przebudzenie. To jak przechodzenie przez różne rozdziały książki, każdy niesie inną historię i naukę.

A co z cyklami okresowymi? To długoterminowe trendy, które wpływają na różne etapy naszego życia. Każdy z nas przechodzi przez trzy takie cykle, które trwają około 30 lat. Pierwszy cykl to czas młodości i odkrywania, drugi – dojrzewania i budowania fundamentów życia, a trzeci – mądrości i refleksji.

Liczba osobistego roku

Warto pamiętać, że nowy rok astrologiczny zaczyna się zawsze od pierwszego nowiu we wrześniu, a nie w grudniu. Natomiast rok osobisty trwa od jednych urodzin do kolejnych.

Liczba osobistego roku w numerologii to nasz własny liczbowy przewodnik po nadchodzącym roku. Trochę jak roczny horoskop, ale zamiast gwiazd i planet mamy do czynienia z czystą matematyką. Nasza osobista prognoza na nadchodzące 365 dni, zapisana w języku liczb.

Jak ją obliczyć? To proste, ale nie tak, jak wybranie ulubionego koloru lakieru do paznokci. Bierzemy dzień i miesiąc naszych urodzin oraz bieżący rok i dodajemy je do siebie. Na przykład jeśli Franek urodził się 15 kwietnia i jest rok 2023, to obliczamy to tak: 1+5 (dzień) + 4 (miesiąc, bo kwiecień to czwarty miesiąc roku) + 2+0+2+3 (rok). Czyli mamy 1+5+4+2+0+2+3 = 17, a potem 1+7, co daje 8. Franek od 15 kwietnia 2023 roku do 15 kwietnia 2024 roku będzie w 8. roku osobistym.

Ale co ta liczba właściwie mówi? Jeśli liczba naszego osobistego roku to 8, możemy spodziewać się roku skoncentrowanego na osiągnięciach, być może na sukcesach zawodowych czy finansowych. To jak wewnętrzny trener, który motywuje nas do zawodowego zdobycia Mount Everestu.

Różne liczby przynoszą różne energie i możliwości. Jedynka może oznaczać rok nowych początków, zmian, czas na śmiałe kroki i inicjatywy. Dwójka może sugerować rok partnerstwa, współpracy, a może nawet miłości. A dziewiątka? To może być rok zakończeń, podsumowań, zamykania pewnych rozdziałów życia. Każda liczba ma swoje unikatowe przesłanie i potencjał.

Pamiętajmy jednak, że liczba osobistego roku to nie magiczna kula przepowiadająca przyszłość. To raczej wskazówka, co może być w centrum naszej uwagi w danym roku. Czy każda prognoza się sprawdzi? Oczywiście, że nie. Życie bywa bardziej skomplikowane niż liczbowy kod. Ale jest to ciekawy sposób, by spojrzeć na kolejny rok i zastanowić się, co możemy zrobić, by jak najlepiej wykorzystać nadchodzące miesiące.

Czy liczby naprawdę definiują nas i nasze życie? To zależy od naszego podejścia. Można traktować je jako narzędzie do samoanalizy, ciekawostkę albo rozrywkę. Pamiętajmy, że numerologia to artystyczna interpretacja, nie nauka. To jak czytanie między wierszami życiowej opowieści, gdzie każdy rozdział zaczyna się od innej liczby.

W świecie numerologii każda liczba ma własną wyjątkową wibrację, która ponoć mówi nam coś o nas samych, naszym życiu, relacjach. Trochę tak, jakby każda cyfra miała osobisty profil na portalu społecznościowym, z pełnym opisem charakteru i zainteresowań.

Przypomina mi się Elżbieta, która była przekonana, że jej data urodzenia jest jak przekleństwo. Mówiła: „Wszystkie te jedynki i ósemki, to musi oznaczać nieszczęście!". Cóż, miała trochę racji – ósemki rzeczywiście mogą przynosić wyzwania, ale też ogromną siłę i możliwość transformacji. Po kilku sesjach Elżbieta zaczęła dostrzegać, że jej „przeklęta" data urodzenia dawała jej również niezwykłą odporność i zdolność do pokonywania przeciwności. „Może nie jestem przeklęta tylko wyjątkowa?" – zapytała pewnego dnia. Kto by pomyślał!

Dla równowagi opowiem o Krzysztofie, sceptyku do szpiku kości. „Numerologia to bzdura, nonsens" – oświadczył, siadając wygodnie na mojej kanapie. Jego liczby życiowe to mieszanka piątek i trójek – znak przygody i kreatywności. Kiedy zasugerowałam, że jego niechęć do numerologii może wynikać z niechęci do ograniczeń i konwencji, spojrzał na mnie, jakbym wyciągnęła asa z rękawa. „Cóż, może i jest coś w tej numerologii, może nie jest aż tak przereklamowana" – przyznał po długiej rozmowie. Mały krok dla numerologii, wielki dla Krzysztofa!

Może was zaciekawi historia młodej Sandry, wciąż szukającej swojej drogi życiowej. „Czuję się zagubiona"

– zwierzyła się. Miała w swoim numerologicznym profilu pełno dwójek, co często wiąże się z potrzebą harmonii i współpracy. Problem polega na tym, że dziewczyna ciągle stawiała innych na pierwszym miejscu, zapominając o sobie. „Może czas, abyś zaczęła słuchać własnych potrzeb, a nie tylko innych?" – zaproponowałam. Sandra zaczęła pracować nad asertywnością i uważnością. Ostatnio usłyszałam, że zaczęła nawet kurs jogi – kto wie, może dwójki przemówiły?

Kolejna opowieść to historia pary: Magdy i Tomasza. Przyszli do mnie, bo coś nie grało w ich związku. Po analizie ich dat urodzenia – ona z dominującymi czwórkami, on z siódemkami – wszystko stało się jasne. Magda, praktyczna i zorganizowana, a Tomasz, marzyciel i filozof. „To jak ogień i woda" – stwierdziła Magda. Ale wiecie co? Gdy zaczęli brać pod uwagę liczby, zaczęli też lepiej rozumieć siebie nawzajem. Teraz, zamiast walczyć o dominację, uczą się, jak różnice mogą ich wzajemnie wzbogacać.

Takie historie to codzienność w świecie numerologii. Czy to magia? Czy po prostu kolejny sposób na zrozumienie siebie i świata? Niech każdy sceptyk odpowie sobie sam. Ja po prostu cieszę się z każdej cyfry i każdego numeru, który pozwala spojrzeć na życie z innej perspektywy.

Teraz trochę podstaw. Zacznijmy od **jedynki**. To solista w orkiestrze numerologicznej. Lider, pionier, osoba, która nie boi się iść własną drogą. Jeden to liczba niezależności, ambicji i odwagi. Trochę jak ta znajoma, która zawsze organizuje wyjazdy i wyznacza trendy.

Dwójka z kolei to numerologiczny dyplomata. Ceni relacje, harmonię, współpracę. To liczba partnerstwa, dyplomacji i równowagi. Jak ten przyjaciel, który zawsze znajdzie sposób, by pogodzić skłócone strony.

Życie **trójki** jest jak impreza. To osoba komunikatywna, kreatywna, pełna optymizmu. Trójka to ekspresja, entuzjazm, twórczość. Zawsze ma nowe pomysły i nie boi się ich wyrażać.

Czwórka to fundament numerologicznej budowli. Jest pracowita, solidna, rzetelna. To liczba porządku, stabilności, wytrwałości. To ta osoba, która zawsze ma plan i nie zmienia go. Czwórka to ten znajomy, który zawsze przychodzi punktualnie.

Piątka uosabia ducha przygody. To zmiana, wolność, elastyczność, liczba podróży, nowości, nieprzewidywalności. To osoba, która lubi ryzyko i spontaniczność.

Szóstka jest sercem numerologicznej rodziny. To troska, odpowiedzialność, ciepło. Liczba domu, rodziny, opiekuńczości. To ta osoba, która zawsze pomoże i zatroszczy się o innych. Jest jak ten członek rodziny, który zawsze pamięta o urodzinach wszystkich.

Siódemka to numerologiczny filozof – introspekcja, duchowość, analiza. Liczba wiedzy, refleksji, duchowego poszukiwania. To osoba, która szuka głębszego znaczenia w życiu, zawsze zadaje głębokie pytania o sens istnienia.

Ósemka oznacza moc finansową. To ambicja, sukces, efektywność, liczba osiągnięć, władzy, materialnego sukcesu. Ósemka to osoba, która zawsze dąży do celu i zwycięża, zawsze wie, jak pomnożyć pieniądze.

Dziewiątka jest numerologicznym altruistą. To empatia, humanitaryzm, pomoc, liczba zakończeń, uniwersalnej miłości, służby innym. To ta osoba, która chce robić coś dla świata, zawsze zaangażowana w wolontariat.

Każda liczba w numerologii ma swoją unikatową wibrację i charakter. To jak różne postacie w książce – każda ma swoją rolę do odegrania w naszej historii. Czy te liczby naprawdę mają wpływ na nasze życie? To kwestia wiary. Ale bez wątpienia jest to fascynujący sposób na spojrzenie na świat i może służyć jako narzędzie do samoeksploracji i refleksji. W końcu numerologia to nie tylko cyfry i obliczenia, to także sposób na zrozumienie głębszych aspektów naszego życia – czy w to wierzymy, czy traktujemy jako interesującą metaforę.

W numerologicznym świecie liczby mistrzowskie są jak ekskluzywne kluby, do których nie każdy ma dostęp. To 11, 22, 33, a także tajemnicza 44. Każda z nich ma niepowtarzalną energię, jakby były gwiazdami na numerologicznym niebie.

Zacznijmy od **jedenastki**. To jak numerologiczny filozof – zawsze w poszukiwaniu głębszego sensu i połączenia z wyższą świadomością. Symbolizuje intuicję, duchową wnikliwość i wrażliwość. To jakby mieć dostęp do tajnej wiedzy wszechświata, czasami jednak ta wiedza może przytłoczyć, jakby przeczytało się zbyt wiele książek naraz.

Dwadzieścia dwa to numerologiczny architekt. Łączy marzenia i wizje jedenastki z praktycznością czwórki, tworząc solidne fundamenty dla wielkich projektów. To jakby być mistrzem w budowaniu mostów – zarówno rzeczywistych, jak i metaforycznych. Jednak ta moc może prowadzić do nadmiernego perfekcjonizmu, jakby próbować zbudować wieżę Eiffla z klocków LEGO.

Trzydzieści trzy, nazywana też nauczycielem mistrzów, to liczba, która emanuje współczuciem, uzdrowieniem i altruizmem. To jakby mieć niezwykłą empatię i zrozumienie ludzkich serc. Jednak taka moc może być obciążająca, to jak noszenie na plecach emocji całego świata.

I w końcu **czterdzieści cztery**, rzadziej omawiana, ale równie potężna. Ta liczba to symbol solidności, wytrwałości i budowania trwałych struktur – zarówno w sensie fizycznym, jak i metaforycznym. To numerologiczny inżynier, który potrafi stworzyć niezawodne systemy i rozwiązania. Ale uwaga, ta moc praktyczności może prowadzić do materializmu i zaniedbania sfery duchowej.

Liczby mistrzowskie w numerologii są jak specjalne przyprawy, które dodają życiu smaku. Są symbolem potencjałów i wyzwań, jakie niosą. To nie tylko cyfrowe etykiety, ale też przypomnienie, że każdy z nas ma w sobie coś wyjątkowego, coś, co wykracza poza zwykłe cyfry i obliczenia. Czy jesteśmy zwolennikami numerologii, czy traktujemy ją jako ciekawostkę, z pewnością warto zastanowić się nad tym, co liczby mogą mówić o naszych życiowych podróżach. Może nie będziemy w stanie odczytać z nich przyszłości, ale możemy nauczyć się lepiej rozumieć siebie i świat.

Diagram diamentu numerologicznego

Wyobraźcie sobie diament. Nie ten na pierścionku zaręczynowym, ale kształt geometryczny. W numerologii diament jest jak mapa skarbów, tylko zamiast iksa oznaczającego miejsce mamy cyfry. Każda pozycja na diagramie reprezentuje różne etapy życia, wyzwania, możliwości i lekcje, które nas kształtują.

Jak to działa? Każda cyfra w dacie urodzenia jest analizowana i przekształcana, tworząc szereg liczb, które następnie są rozmieszczane na diagramie. Proces ten przypomina trochę gotowanie według skomplikowanego przepisu – trzeba dokładnie odmierzyć i wymieszać.

Kluczowe elementy diagramu:

Ścieżka **życia**, wasza numerologiczna autostrada – główna linia, która pokazuje ogólny kierunek życia.

Wyzwania – numeryczne zakręty i wzniesienia, które musicie pokonać.

Szczytowe momenty – przystanki przy drodze, gdzie możecie podziwiać widoki i zbierać doświadczenia.

Lekcje życiowe – numerologiczne zadania domowe, które pomagają się wam rozwijać.

Interpretacja diagramu: każda pozycja ma swoją interpretację. Na przykład liczby na górnych pozycjach mogą wskazywać na wasze aspiracje i cele, podczas gdy te na dolnych – na fundamenty, na których budujecie życie. Boczne liczby mogą reprezentować aktualne wyzwania lub przeszkody.

Praktyczne zastosowanie: diagram diamentu numerologicznego to nie tylko narzędzie do przemyśleń filozoficznych. Może być pomocny w planowaniu kariery, relacji, a nawet w radzeniu sobie ze stresującymi sytuacjami.

Na co uważać? Pamiętajcie, że diagram diamentu to narzędzie, które wymaga interpretacji. To nie jest wyrocznia, która przepowie każdy szczegół życia. Traktujcie go jak mapę, która pokazuje możliwe ścieżki, ale to wy decydujecie, którędy pójść.

Diagram diamentu numerologicznego to niezwykła mieszanka matematyki, psychologii i metafizyki. To sposób na zrozumienie głębszych wzorców w życiu i na lepsze przygotowanie się na to, co przyniesie przyszłość.

Czy to absolutna prawda? Może nie, ale z pewnością jest to interesująca możliwość spojrzenia na życie przez pryzmat liczb.

Numerologia porównawcza

Wyobraźmy sobie, że każda osoba ma własną unikatową kombinację liczb, podobnie jak odciski palców. Numerologia porównawcza to jak łączenie kropek między konstelacjami, aby zobaczyć, gdzie tworzą harmonijny obraz, a gdzie wprowadzają trochę chaosu.

Na początek każda osoba jest analizowana osobno. Bierzemy pod uwagę takie elementy, jak liczba życia, duszy, osobowości – wszystko to, co można wydobyć z daty urodzenia oraz pełnego imienia i nazwiska.

Gdy mamy już te portrety, porównujemy je. Sprawdzamy, gdzie liczby się zgadzają, a gdzie różnią. To jak analizowanie relacji między dwiema gwiazdami w konstelacji – czy tworzą harmonijną parę, czy raczej są jak dwie gwiazdy, które przeleciały zbyt blisko siebie i teraz mają problem z utrzymaniem stabilnej orbity.

Numerologia porównawcza może ujawnić wiele interesujących aspektów relacji:

Kompatybilność. Czy dwie osoby mają podobne liczby, co może sugerować naturalną zgodność?

Wyzwania. Liczby, które mogą wskazywać na potencjalne obszary konfliktów lub nieporozumień.

Wzajemne wsparcie. Czy są liczby, które wskazują, że jedna osoba może być wsparciem w określonych obszarach życia dla drugiej?

Pozwólcie, że opowiem wam historię Alicji i Marka, pary, która przyszła do mnie, szukając porady. Ich problemem był związek podobny do jazdy na rollercoasterze. „Tylko bez tych przyjemnych momentów na górze" – żartowała Alicja.

Alicja urodziła się 12 maja 1985 roku, co daje jej drogę życia równą 4 (1+2+0+5+1+9+8+5 = 31, 3+1 = 4). Marek urodził się 22 lutego 1982 roku, co daje mu drogę życia równą 6 (2+0+0+2+1+9+8+2 = 24, a potem 2+4 = 6). Dla niektórych to po prostu zestawienie liczb, ale dla numerologa to odkodowywanie tajnej wiadomości.

Droga życia 4 wskazuje na osobę praktyczną, stabilną i lubiącą porządek. Marek z jego 6 jest naturalnym opiekunem, poświęcającym się dla innych, ale czasami skłonnym do nadmiernego przejmowania się.

„Och, to dlatego Marek zawsze chce naprawiać wszystko, nawet moje problemy, które nie potrzebują naprawy! – zaśmiała się Alicja. – A ja po prostu chcę, żeby wszystko było uporządkowane".

W numerologii porównawczej zderzenie czwórki i szóstki może być fascynujące. Czwórka dąży do stabilności i uporządkowania, podczas gdy szóstka pragnie bezpieczeństwa emocjonalnego i pielęgnacji relacji. W teorii brzmi to jak idealne uzupełnianie się. W praktyce jednak, jak zauważyła Alicja, może to prowadzić do pewnych nieporozumień.

„Kiedy Alicja planuje każdą minutę naszego weekendu, czuję się jak w pułapce" –wyznał Marek. „A kiedy Marek chce ze mną rozmawiać o każdym moim problemie, czuję się jak na terapii" – dodała Alicja.

Praca z nimi polegała na zrozumieniu, jak ich ścieżki życia wpływają na ich potrzeby i oczekiwania. Uczyli się, jak komunikować swoje potrzeby i szanować potrzeby drugiej osoby.

„Co ty na to, Marek, jeśli zorganizuję nam weekend, ale zostawię trochę wolnego czasu dla twoich spontanicznych pomysłów?" – zaproponowała Alicja. Marek z uśmiechem zgodził się na ten kompromis.

Ta historia pokazuje, że numerologia porównawcza może być jak mapa w relacjach. Nie gwarantuje, że droga będzie gładka, ale może wskazać na potencjalne wyboje i pomóc znaleźć wspólną ścieżkę.

To jak tajemnicza sztuka przewidywania pogody w świecie relacji – czasem słonecznie, czasem burzowo, a czasem... no cóż, kompletnie nieprzewidywalnie. Przyjrzyjmy się przykładowi pary, gdzie ona jest piątką, a on siódemką.

Poznajcie Zosię i Adama.

Zosia, urodzona 15 lutego 1977 roku ($1+5+0+2+1+9+7+7 = 32 = 3+2 = 5$), to typowa piątka: energiczna, żądna przygód, nieustannie poszukująca nowych doświadczeń. Adam, urodzony 9 listopada 1976 roku ($9+1+1+1+9+7+6=34$, potem $3+4 = 7$), to siódemka – introspektywny, analityczny, z głową często pochyloną nad książkami i zanurzony we własnych myślach.

Ich związek był jak połączenie wody z ogniem. Zosia ciągle ciągnęła Adama do nowych doświadczeń, skoków na *bungee*, spontanicznych wypadów weekendowych. Adam preferował spokojne wieczory, podczas których analizował filozoficzne koncepcje i zgłębiał tajniki wszechświata.

„Nie rozumiem, dlaczego on nie chce więcej przeżywać ze mną" – mówiła Zosia. „A ja nie rozumiem, dlaczego ona nie potrafi usiedzieć w miejscu" – odpowiadał Adam.

Praca z nimi polegała na zrozumieniu, jak ich numeryczne ścieżki wpływają na potrzeby i oczekiwania. Piątka ceni sobie wolność, zmianę i różnorodność. Siódemka szuka głębszego znaczenia i wewnętrznego spokoju.

Zaproponowałam, aby spróbowali znaleźć wspólny język przez aktywności, które mogą zadowolić obie strony. Na przykład podróż do egzotycznego miejsca, gdzie Zosia mogłaby eksplorować, a Adam miałby czas na refleksję i kontemplację.

„Co powiesz na tydzień w Indiach? Ty możesz chodzić na jogę i medytować, a ja będę zwiedzać i próbować lokalnej kuchni" – zaproponowała Zosia. „To brzmi jak kompromis" –zaśmiał się Adam.

W ten sposób zaczęli tworzyć przestrzeń dla różnych potrzeb, jednocześnie budując mosty zrozumienia i wspólnych doświadczeń. Zosia zaczęła doceniać spokojne wieczory z Adamem, a Adam zyskał większą otwartość na nowe doświadczenia.

Ta historia pokazuje, że numerologia porównawcza może pomóc w zrozumieniu, jak różne energetyczne wibracje wpływają na dynamikę związku. To nie jest rozwiązanie wszystkich problemów, ale może być drogowskazem w labiryncie złożonych relacji międzyludzkich.

Pamiętajcie, że numerologia to nie tylko cyfry i kalkulacje. To narzędzie, które może pomóc zrozumieć siebie i innych, a czasem nawet uratować związek od monotonii lub od... skoku na *bungee*!

Może nie jestem w stanie obliczyć formuły na idealny związek (kto by dał radę?), mam jednak nadzieję, że pokazałam przynajmniej, że numerologia może być użyteczna w rozumieniu i nawigowaniu przez skomplikowany świat relacji międzyludzkich. Kto wie, być może nawet najbardziej sceptyczni wśród was zaczną patrzeć na liczby z trochę większym zainteresowaniem. Nawet dla ortodoksyjnych racjonalistów numerologia porównawcza może być fascynującym narzędziem do introspekcji i zrozumienia dynamiki relacji. Nie chodzi o to, aby traktować liczby jako niezawodne wyrocznie, ale raczej jak kolejne narzędzie do badania ludzkiej natury. To trochę jak czytanie horoskopu – nawet jeśli nie wierzycie w gwiazdy, czasami zastanawiające jest, jak bardzo ogólne opisy mogą pasować do waszego życia.

Numerologia porównawcza to nie tylko technika, lecz także sposób na rozpoczęcie dialogu o relacjach. To zaproszenie do zabawy liczbami, do eksperymentowania i zobaczenia, co mogą nam powiedzieć o nas samych i o osobach w naszym życiu. Czy to nauka w ścisłym tego słowa znaczeniu? Może nie, ale za to jaka interesująca!

Czym są tranzyty w numerologii?

Tranzyty w numerologii to jak próba przewidzenia, co przyniesie przyszłość, na podstawie zmieniających się liczb.

Zacznijmy od wyjaśnienia, czym właściwie są te tajemnicze tranzyty. To okresy, podczas których określona liczba ma szczególny wpływ na nasze życie. Każdy rok, miesiąc, a nawet dzień ma własną liczbę, która wpływa na nas na różne sposoby.

Wyobraźmy sobie, że nasze życie to szereg sezonów telewizyjnego serialu. Każdy sezon (rok) ma główny motyw, reprezentowany przez konkretną liczbę. Na przykład rok o liczbie 5 może być sezonem pełnym zmian i nieoczekiwanych zwrotów akcji. W numerologii tranzyty oblicza się, sumując cyfry aktualnego roku z naszą liczbą drogi życia.

Przewidywanie przyszłości? Zanim ktoś zacznie szukać w numerologii prognoz lotto, warto zaznaczyć, że tranzyty w numerologii nie są magicznym narzędziem. To raczej środek do zrozumienia obecnych tendencji i możliwości. To jak meteorolog, który przewiduje pogodę – nie zawsze jest w stu procentach dokładny, ale zazwyczaj daje dobry obraz tego, czego można się spodziewać.

Poznajcie Karolinę, przedsiębiorczą kobietą w średnim wieku, która prowadzi własną firmę konsultingową. Karolina przyszła do mnie w momencie, gdy jej życie zawodowe zaczęło przypominać serial pełen dramatów i niespodziewanych zwrotów akcji. „Czy moje liczby mogą mi powiedzieć, dlaczego wszystko idzie nie tak?" – zapytała, przewracając oczami.

Do analizy jej sytuacji użyłam numerologicznych tranzytów, które polegają na obserwacji cyklicznych zmian w liczbowym wpływie na nasze życie. Karolina urodziła się 15 maja 1982 roku, co czyni ją trójką (1+5+5+1+9+8+2 = 31, 3+1 = 4). Tranzyt, którym była zainteresowana, to obecny rok 2024.

Numerologiczny rok osobisty: obliczamy go, dodając dzień i miesiąc urodzenia do obecnego roku: 1+5+5+2+0+2+3 = 18, a następnie redukujemy do pojedynczej cyfry: 1+8 = 9.

Interpretacja: rok 9 jest okresem zakończeń, podsumowań i refleksji. To czas, kiedy stara energia ustępuje miejsca nowej, co może być zarówno emocjonujące, jak i nieco przerażające.

Kiedy przedstawiłam Karolinie jej rok osobisty, zaczęła rozumieć, dlaczego wiele spraw wydawało się dobiegać końca, a nowe możliwości i wyzwania pojawiły się na horyzoncie. „Czyli to nie pech, tylko po prostu czas na zmiany?" – zapytała z lekkim uśmiechem.

Zaproponowałam jej, aby skupiła się na zakończeniu starych projektów i przygotowała się na nowe, które nadchodzą. „Pomyśl o tym jak o wielkim sprzątaniu wiosennym w twojej firmie" – dodałam.

W ciągu kilku następnych miesięcy Karolina zaczęła wprowadzać zmiany w firmie. Zakończyła kilka mniej rentownych projektów, co dało jej więcej czasu i zasobów na nowe, bardziej obiecujące przedsięwzięcia. „To trochę jak odświeżanie garderoby – pozbywam się starych, niewygodnych ubrań, aby zrobić miejsce na nowe" – żartowała podczas jednej z kolejnych sesji.

Ta historia pokazuje, jak tranzyty w numerologii mogą służyć jako narzędzie do zrozumienia obecnych wydarzeń w naszym życiu i pomóc w nawigacji przez nie. Oczywiście sceptyk może nadal twierdzić, że to wszystko zbieg okoliczności. Ale czyż nie jest interesujące, że czasem liczby mogą mieć więcej do powiedzenia na temat naszego życia niż długie godziny spędzone na analizie przyczyn i skutków?

W przypadku Karoliny zastosowanie tranzytów pozwoliło jej spojrzeć na swoją sytuację z innej perspektywy i podjąć świadome decyzje dotyczące przyszłości firmy. Czy to magia, czy nauka? Niech każdy odpowie sobie na to pytanie sam. Ale jedno jest pewne – czasem liczby mogą być przewodnikami przez zawiłości naszego codziennego życia.

Poznajcie Magdę, graficzkę, lat 32, która przyszła do mnie z poczuciem, że gdzieś zabłądziła na życiowej ścieżce. „Czuję, jakby moje życie utknęło w miejscu" – wyznała, siadając na kanapie w moim biurze, które – nawiasem mówiąc – jest tak pełne numerologicznych diagramów, że mogłoby służyć jako klasa dla osób poszukujących głębszego sensu życia.

Zastosowałam analizę jej tranzytów, aby pomóc jej zrozumieć, w jakim numerologicznym cyklu obecnie się znajduje. Tranzyty są trochę jak prognoza pogody pokazująca, jakie wibracje wpływają na nas w danym czasie.

Jej data urodzenia, 15 czerwca 1988 roku, dała nam kilka kluczowych liczb do pracy. Przede wszystkim jej droga życia, która wynosi 11 (1+5+6+1+9+8+8 = 38, 3+8 = 11). Mistrzowska liczba 11 wymaga znalezienia równowagi między aspiracjami duchowymi a światem materialnym. Jednak Magda czuła, że jej życie jest dalekie od harmonii.

Patrząc na bieżący rok, 2021, obliczyłam jej osobisty rok, który jest kluczowym elementem tranzytów. Robimy to, dodając liczby dnia i miesiąca urodzenia do bieżącego roku: 1+5+6+2+0+2+1 = 17, 1+7 = 8. To oznacza, że Magda jest w osobistym roku 8, roku mocy i osiągnięć.

„W roku 8 możesz oczekiwać, że twoje działania przyniosą konkretne rezultaty – powiedziałam. – To czas, aby przejąć kontrolę nad swoim życiem i kierunkiem, w jakim zmierzasz".

Magda zaczęła patrzeć na swoje życie z nowej perspektywy. Zdała sobie sprawę, że uczucie stagnacji wynikało z braku działania i determinacji, które są kluczowe w roku 8. Zaczęła podejmować śmiałe decyzje, zarówno w życiu zawodowym, jak i osobistym. Postanowiła rozpocząć działalność jako freelancerka i odważyła się zainwestować w swoje pasje.

„Nie sądziłam, że liczby mogą mieć takie znaczenie" – przyznała kilka miesięcy później, gdy odwiedziła mnie ponownie, tym razem z uśmiechem satysfakcji.

Przez następne miesiące jej życie nabrało tempa. Nie wszystkie decyzje były łatwe, ale zrozumiała, że w roku 8 nie chodzi tylko o osiągnięcia, ale także o naukę zarządzania wyzwaniami.

Ta historia pokazuje, jak tranzyty w numerologii mogą być praktycznym narzędziem do zrozumienia obecnego okresu w życiu i wykorzystania jego potencjału. Nie jest to magiczna różdżka, która rozwiąże wszystkie problemy, ale raczej kompas, który wskazuje kierunek, w którym możemy podążać.

Jak wie każdy sceptyk, przyszłość jest z natury nieprzewidywalna. Numerologia nie daje gwarancji, ale może oferować interesujące perspektywy. To trochę jak patrzenie na mapę przed długą podróżą: nie mówi dokładnie, co się wydarzy, ale pokazuje możliwe drogi i skrzyżowania.

Tranzyty w numerologii to ciekawy sposób na zbadanie wpływu liczb na nasze życie. Niezależnie od tego, czy wierzysz w ich moc, czy postrzegasz to jako ciekawostkę, eksplorowanie tranzytów numerologicznych może być interesującą podróżą do świata cyfr i ich potencjalnego znaczenia w naszym życiu. To trochę jak gra w zgadywanie przyszłości, gdzie liczby stanowią wskazówki, a życie to zagadka, którą próbujemy rozwiązać.

Chociaż może nie jestem was w stanie przekonać, drodzy sceptycy, do numerologii jako dyscypliny naukowej, mam nadzieję, że przynajmniej zaciekawiłam was tym, jakim jest użytecznym narzędziem do nawigacji po wzburzonych wodach życia. Kto wie, być może nawet najwięksi sceptycy mogą od czasu do czasu zajrzeć w gwiazdy czy – w tym przypadku – w liczby.

Nie możemy pominąć fascynującego zagadnienia różnych szkół numerologicznych. Tak, tak, w numerologii, podobnie jak w modzie, występują różne style, a każdy z nich ma unikatowe podejście do cyfr i ich znaczenia. Zapnijcie pasy (lub raczej odpalcie kalkulatory), bo wyruszamy w podróż po różnych stylach numerologicznych.

Klasyczna numerologia zachodnia (szkoła pitagorejska). Tak, ten sam Pitagoras, który wymęczył nas na lekcjach matematyki, miał także swoje pięć minut w numerologii. W tej szkole liczy się przede wszystkim data urodzenia oraz pełne imię i nazwisko, z których każdej literze przypisuje się liczbę od 1 do 9. To trochę jak przypisywanie każdemu człowiekowi osobistego kodu kreskowego.

Numerologia chaldejska. Tu mamy do czynienia z nieco starszym systemem, który skupia się bardziej na wibracjach dźwięków w imionach niż na samych literach. Tu każda litera odpowiada określonej liczbie, ale – uwaga! – system ten nie uwzględnia liczby 9, chyba że jest liczbą drogi życia. To jak ekskluzywny klub, gdzie nie każda liczba dostaje zaproszenie.

Numerologia kabalistyczna. Ta szkoła łączy litery hebrajskiego alfabetu z liczbami i interpretuje je poprzez pryzmat kabalistycznej symboliki i mistycyzmu. To jak próba rozszyfrowania starożytnego kodu, gdzie każda litera i liczba ma głębokie duchowe znaczenie.

Numerologia chińska. W chińskiej numerologii spotykamy się z fascynującym systemem, który opiera się na wierzeniach dotyczących szczęścia i pecha przypisywanego poszczególnym liczbom. Na przykład liczba 8 jest uważana za bardzo szczęśliwą, podczas gdy 4 za pechową.

Numerologia nowoczesna. Współcześnie mamy do czynienia z połączeniem tradycyjnych systemów z nowymi teoriami i praktykami. To trochę jak numerologiczne *fusion* – bierzemy trochę z jednej szkoły, trochę z drugiej i tworzymy coś nowego.

W świecie numerologii mamy do czynienia z bogactwem różnorodnych szkół i podejść. Każda oferuje inne spojrzenie na znaczenie liczb w naszym życiu. Czy któraś jest najlepsza? To jak z wyborem ulubionego stylu w modzie – wszystko zależy od osobistych preferencji.

I choć numerologia może nie dostarczać twardych naukowych dowodów, to z pewnością dostarcza niekończących się tematów do fascynujących dyskusji i osobistych badań.

W podróży przez krainę cyfr i ich tajemniczych znaczeń wielu z was może się zastanawiać, jakie pytania zadać numerologowi, aby uzyskać jak najwięcej informacji z tej fascynującej, choć nieco zagadkowej dziedziny. Numerologia może być jak GPS w świecie osobowości i przeznaczenia, choć czasami może nas prowadzić przez drogi, których nawet Google Maps nie zna.

Jakie pytania zadać? Oto kilka pomysłów:

Jaką mam liczbę życia i co ona oznacza? To podstawowe pytanie. Liczba życia, wyliczana z daty urodzenia, jest jak numerologiczny identyfikator, który podobno zawiera klucz do charakteru, talentów i potencjalnych wyzwań.

Jakie są moje mocne i słabe strony? Numerologia może być używana do analizy cech osobowości, pomaga zidentyfikować, co cię napędza, a co może być twoją piętą achillesową. To jak osobisty trener, ale zamiast w formowaniu mięśni pomaga w zrozumieniu siebie.

Jakie są moje relacje z innymi? Numerologia porównawcza pozwala na analizę zgodności z innymi osobami – czy to w miłości, przyjaźni, czy też w pracy. To jak numerologiczne dopasowanie na Tinderze.

Jaki jest najlepszy czas na rozpoczęcie nowego przedsięwzięcia? Znając twoje liczby, numerolog może doradzić, kiedy najlepiej podejmować ważne decyzje lub zaczynać nowe projekty.

Jakie wyzwania mogą mnie spotkać? Numerologia potrafi wskazać potencjalne przeszkody lub trudne okresy, próbując przygotować was na życiowe burze.

Czy moje imię ma jakieś specjalne znaczenie? Analiza numerologiczna imienia może ujawnić dodatkowe informacje o twojej osobowości i przeznaczeniu. To taka numerologiczna etymologia.

Jak mogę osiągnąć równowagę w życiu? Numerolog może doradzić, jak wykorzystać liczby, aby znaleźć harmonię i równowagę. To jak numerologiczna joga dla duszy.

Numerologia to nie nauka w ścisłym tego słowa znaczeniu – to raczej sposób na refleksję i osobistą introspekcję. Zatem, choć odpowiedzi numerologa mogą prowadzić do ciekawych wniosków, warto podchodzić do nich z otwartym umysłem i szczyptą zdrowego rozsądku. W końcu niezależnie od tego, co mówią liczby, to my jesteśmy reżyserami swojego życia.

Numerologia jest otwarta dla każdego, kto szuka głębszego zrozumienia siebie, swoich relacji czy nawet potencjalnej przyszłości – choć oczywiście z umiarkowanym entuzjazmem.

Poszukiwacze samopoznania. Jeśli kiedykolwiek zastanawialiście się, co naprawdę tkwi w głębi waszej osobowości, numerologia może być jak lustro odbijające najgłębsze „ja".

Analiza numerologiczna pomoże zrozumieć mocne strony, słabości i ukryte talenty. To trochę jak terapia liczbami.

Zmęczeni rutyną pracownicy. Dla tych, którzy stoją na życiowym rozdrożu zawodowym, numerologia może być jak kompas wskazujący nowe kierunki. Czy macie talent do kierowania? Czy powinniście rozważyć karierę artystyczną? Numerolog może pomóc wam zrozumieć, które ścieżki mogą być najbardziej satysfakcjonujące.

Romantyczni poszukiwacze miłości. Tym, którzy zastanawiają się, czy ich aktualny lub przyszły partner jest tym jedynym, numerologia porównawcza może rzucić światło na zgodność i potencjalne wyzwania w relacji.

Entuzjaści rozwoju osobistego. Jeśli lubicie duchowy rozwój i pracę nad sobą, numerologia może być ciekawym narzędziem do samorozwoju. Może pomóc zrozumieć, jakie lekcje życiowe macie do odrobienia i jakie wyzwania mogą stać na waszej drodze.

Sceptycy i naukowcy. Tak, nawet oni! Numerologia może być fascynującą podróżą, nawet jeśli podchodzicie do niej z dystansem. Traktujcie to jako eksperyment myślowy, wykorzystując możliwości i interpretacje, które numerologia oferuje.

Pragmatycy w kryzysie. Czasami, gdy życie rzuca nam kłody pod nogi, szukamy odpowiedzi w najmniej oczekiwanych miejscach. Numerologia może zaoferować inny punkt widzenia, nową interpretację trudnych sytuacji i – być może – drogę do ich rozwiązania.

Osoby ciekawe przyszłości. Chociaż numerologia nie jest narzędziem do przewidywania przyszłości w dosłownym sensie, może pomóc w zrozumieniu trendów i możliwości, które mogą się pojawić.

Jest ona otwarta dla każdego, kto szuka głębszego zrozumienia siebie i świata. Niezależnie od tego, czy szukacie praktycznych porad, duchowego rozwoju, czy po prostu ciekawej rozrywki, numerologia ma coś do zaoferowania. A jeśli podchodzicie do niej z odpowiednią dawką rozsądku i otwartością umysłu, może okazać się ciekawą podróżą przez krainę cyfr i ich tajemniczych znaczeń.

Cyfry pełnią rolę osobistych doradców w codziennym życiu. Jak to mówią, diabeł tkwi w szczegółach, a w tym przypadku w liczbach. Oto kilka przykładów, jak numerologia może przeniknąć do naszych codziennych decyzji:

Wybór daty ważnych wydarzeń. Planujesz ślub, ważne spotkanie biznesowe czy może otwarcie własnej działalności? Numerologia może pomóc wybrać szczęśliwą datę. To trochę jak wybór idealnej sukienki na wielką okazję – powinna pasować do wydarzenia.

Analiza zgodności z partnerem. Numerologia pozwala sprawdzić, jak liczby wpływają na relacje. Analizując liczby drogi życia, można zyskać wgląd w potencjalną harmonię lub wyzwania w związku.

Podjęcie decyzji o zmianie kierunku kariery. Nie wiecie, jaka ścieżka zawodowa jest dla was najlepsza? Numerologia może dać wskazówki, jakie zawody mogą pasować do waszych naturalnych predyspozycji. To jak kierunkowskaz, tylko że zamiast mówić wprost, czasami używa zagadek.

Wybór imienia dla nowo narodzonego dziecka. Decyzja o nadaniu imienia nowo narodzonemu dziecku to istotny moment. Za pomocą numerologii można wyselekcjonować imię, które idealnie współgra z numerologiczną ścieżką życiową malucha. To trochę jak kreowanie osobistej marki, które zaczyna się już od chwili urodzenia.

Planowanie finansowe. Chociaż numerologia nie zastąpi profesjonalnego doradcy finansowego, może pomóc zrozumieć wasze numerologiczne skłonności do zarządzania pieniędzmi. Czy liczby wskazują na ostrożność, czy skłonność do ryzyka?

Rozwój osobisty. Numerologia może pomóc zidentyfikować osobiste wyzwania i mocne strony, co jest przydatne w pracy nad sobą. To może zadziałać jak terapia.

Wybór numeru domu czy mieszkania. Czy wierzycie, że numer mieszkania może wpływać na wasze życie? Niektórzy numerolodzy twierdzą, że tak. Wybór mieszkania z „dobrym" numerem może być jak bonus do lokalizacji i ceny.

W codziennych decyzjach numerologia może być używana na różne sposoby, od praktycznych po duchowe. Pamiętaj jednak, że to narzędzie, które ma wspierać, a nie zastępować zdrowy rozsądek i osobistą intuicję. Traktuj ją jak przyprawę – może dodać smaku, ale nie jest głównym składnikiem.

Czy numerologia może stanąć na równi z nauką?

To trochę jak porównywanie jazdy na rowerze z lataniem samolotem – obie metody pozwalają przemieścić się z punktu A do punktu B, ale sposób, w jaki to robią, i widoki, które oferują, są zupełnie inne.

Numerologia: jazda na rowerze po ludzkiej psychice. Wyobraźmy sobie numerologię jako jazdę na rowerze po malowniczym krajobrazie ludzkiej psychiki. Nie ma tu szybkich autostrad ani precyzyjnych GPS-ów. To raczej powolna podróż, podczas której można podziwiać widoki, zatrzymywać się, by podumać nad symbolem ukrytym w numerach domów czy zapamiętać ulubione liczby mijanych przechodniów. Numerologia pozwala odkrywać znaczenia i wzorce, które nie zawsze są oczywiste, ale oferują głębszy, choć subiektywny wgląd w nasze życie.

Nauka: lot samolotem nad światem faktów. Nauka przypomina lot samolotem. Jest szybka, efektywna i opiera się na precyzyjnych danych i obliczeniach. Z wysokości naukowego lotu można dostrzec ogromne obszary wiedzy, zobaczyć wzorce i struktury, których nie widać z Ziemi. Nauka dostarcza nam map, grafik i statystyk, które opisują świat w jasny, mierzalny sposób.

Czy rowerzysta i pilot samolotu mogą się kiedyś spotkać? Można by pomyśleć, że żyją w zupełnie różnych światach. Jednak obaj podróżują, choć innymi ścieżkami. Numerolog, jak rowerzysta, podąża wolniej, zwracając uwagę na detale, symbole, na to, co ukryte. Naukowiec, jak pilot, dąży do odkrywania prawd uniwersalnych, które są stałe i powtarzalne.

Analogia: mapy i kompleksowość. Numerologia i nauka mogą być też porównane do różnych rodzajów map. Numerologiczna mapa życia jest bardziej jak artystyczna interpretacja, pełna metafor i symboli. Naukowa mapa to szczegółowy schemat, z precyzyjnymi współrzędnymi i skalą. Obie są przydatne, ale w różnych kontekstach.

Uzupełnianie się metod. Ciekawe jest też, że czasem te dwa światy mogą się uzupełniać. Nauka może na przykład wykorzystać numerologię jako narzędzie do zrozumienia, w jaki sposób ludzie nadają znaczenie liczbom i jak to wpływa na ich decyzje. Numerologia może zainspirować naukowców do zastanowienia się nad tym, jak ludzka psychika interpretuje liczby i wzorce.

Rower i samolot: różne perspektywy. Podobnie jak rower i samolot oferują różne doświadczenia podróży, tak numerologia i nauka oferują różne spojrzenia na świat. Jeden jest bliższy ziemi, bardziej intuicyjny i osobisty, a drugi – wyższy, ogólniejszy i bardziej obiektywny. Obydwie perspektywy mają swoją wartość i miejsce w naszym zrozumieniu świata i siebie.

Spróbujmy połączyć numerologię z nauką. Brzmi jak próba zespolenia jogi ze sprintem – to formy ćwiczeń, ale z zupełnie innych światów. Przyjrzyjmy się zatem argumentom za i przeciw.

Argumenty za łączeniem numerologii z nauką:

1. Poszerzenie perspektyw. Łączenie numerologii z nauką może otworzyć nowe drzwi do zrozumienia ludzkiego doświadczenia. To jak dodanie przypraw do naukowego gulaszu – może niekonwencjonalne, ale potencjalnie odkrywcze.

2. Zrozumienie wpływu liczb. Badanie, jak ludzie reagują na liczby i jak nadają im znaczenie, może być cenne dla psychologii i socjologii. To jak naukowe badanie, dlaczego ludzie mają ulubione liczby, a nie tylko kolory.

3. Symbolika i metafory. Numerologia, jak literatura, oferuje bogactwo symboliki i metafor. Naukowe zrozumienie tych aspektów może pomóc w analizie kulturowej i antropologicznej.

Argumenty przeciw łączeniu numerologii z nauką:

1. Brak empirycznych dowodów. Głównym problemem jest brak solidnych, naukowych dowodów na skuteczność numerologii. To jak twierdzenie, że jednorożce istnieją, bo ktoś tak napisał w starej księdze.

2. Subiektywność interpretacji. W numerologii dużą rolę odgrywa subiektywna interpretacja, która stoi w sprzeczności z naukowym dążeniem do obiektywności. To jak próba zważenia marzeń na wadze kuchennej.

3. Ryzyko naukowego uwiarygodnienia. Łączenie numerologii z nauką może prowadzić do nadania jej nienależnego naukowego uwiarygodnienia. To jak stawianie znaku równości między astrologią a astronomią.

Czy numerologia i nauka mogą kiedyś dojść do porozumienia? Może tak, a może nie. W świecie nauki poszukuje się dowodów, powtarzalności, testowalności. Numerologia oferuje osobiste refleksje i introspekcję. To jak próba pogodzenia romantycznego wiersza z raportem z laboratorium.

Jednak niezależnie od tego, czy jesteście zwolennikami naukowego podejścia, czy otwarci na tajemnice numerów, ważne jest, by pamiętać o zdrowym rozsądku i krytycznym myśleniu. Czy nauka i numerologia kiedyś się połączą? Może nie w tradycyjnym sensie, ale z pewnością mogą nauczyć się od siebie nawzajem, oferując różne perspektywy spojrzenia na złożony i barwny świat, w którym żyjemy.

Sceptycyzm w nauce i numerologii

Jako osoba wywodząca się ze świata nauki, a zarazem fascynatka numerologii, zastanawiam się nad miejscem sceptycyzmu w tej dziedzinie. Z jednej strony mój naukowy umysł domaga się dowodów, logicznej spójności i powtarzalności eksperymentów. Z drugiej – moje zainteresowanie psychologią prowadzi mnie do docenienia wartości introspekcji i symbolicznego znaczenia, które ludzie przypisują liczbom. To trochę jak próba równoczesnego słuchania Mozarta i Metalliki – obie melodie są piękne, ale w zupełnie różnych stylach.

W świecie nauki sceptycyzm jest jak dobry system odpornościowy – chroni przed pochopnymi wnioskami i pseudonauką. Przez lata nauczyłam się cenić tę sceptyczną postawę, która jest fundamentem naukowego podejścia do badania świata. Jednak jako psycholog zdaję sobie sprawę z tego, że ludzkie doświadczenia często wykraczają poza to, co można zmierzyć i zważyć w laboratorium. Ludzka psychika kryje w sobie bogactwo symboli i metafor, które są równie ważne dla naszego rozwoju i zrozumienia siebie.

Numerologia: między wiarą a nauką. Numerologia, będąca na granicy nauki i metafizyki, jest jak most między tymi dwoma światami. Z jednej strony oferuje system, w którym każda liczba ma swoje znaczenie, co przypomina naukowe klasyfikacje. Z drugiej – brak solidnych dowodów naukowych potwierdzających jej założenia, co prowadzi do wielu pytań i wątpliwości.

Rola sceptycyzmu. Sceptycyzm w numerologii nie powinien być postrzegany jako zniechęcenie, ale jako zachęta do głębszego zrozumienia i krytycznego myślenia. To pytanie, dlaczego i jak coś może działać, zamiast ślepego akceptowania każdego stwierdzenia. To zdrowy rozsądek pozwala mi rozważać numerologię z ciekawością, ale bez utraty naukowego fundamentu.

Osobiste doświadczenie i intuicja. Jako ktoś, kto badał zarówno fizykę, jak i psychologię, wiem, że nie wszystko da się wyjaśnić za pomocą równań i eksperymentów. Czasami nasze osobiste doświadczenia, intuicja i to, co czujemy, mają taką samą wartość. Numerologia daje mi narzędzie do osobistej refleksji, pomaga szukać wzorców i znaczeń w moim życiu, nawet jeśli nie mogę ich udowodnić w tradycyjnym sensie.

Zachęcam zatem do zachowania otwartego umysłu, ale także do krytycznego myślenia. Numerologia może oferować ciekawe perspektywy, ale nie zastąpi naukowego podejścia do życia. Sceptycyzm nie jest wrogiem numerologii, ale jej partnerem w dialogu między wiarą a wiedzą, między tym, co czujemy, a tym, co możemy udowodnić. W końcu świat jest o wiele bardziej fascynujący, kiedy pozwalamy sobie na eksplorację wszystkich jego aspektów – zarówno tych mierzalnych, jak i tych nieuchwytnych.

W naszej ekscytującej podróży przez numerologię zastanówmy się nad przyszłością tej tajemniczej i często niedocenianej dziedziny. Przewidywanie przyszłości numerologii to trochę jak próba przewidzenia, co będzie modne w przyszłym sezonie – to tylko spekulacje, ale zawsze fascynujące.

Integracja z nowoczesnymi technologiami. W dobie *big data* i sztucznej inteligencji numerologia może znaleźć nowe zastosowania. Wyobraźmy sobie algorytmy, które analizują daty i liczby związane z naszym życiem, aby oferować spersonalizowane porady czy prognozy. To trochę jak osobisty asystent numerologiczny w smartfonie, który podpowiada, kiedy najlepiej zrobić zakupy lub umówić się na randkę.

Wzrost popularności w kulturze masowej. Numerologia, już będąca popularna w niektórych kręgach, może stać się jeszcze bardziej mainstreamowa. Możemy spodziewać się więcej programów telewizyjnych, aplikacji mobilnych i gier wideo, w których numerologia odgrywa kluczową rolę. To jak Netflix dla numerologów – seriale i filmy, gdzie liczby są głównymi bohaterami.

Zastosowania w psychologii i samorozwoju. Będąc mostem między nauką a duchowością, numerologia może zyskać uznanie jako narzędzie do samopoznania i rozwoju osobistego. Psycholodzy mogą zacząć łączyć numerologiczne techniki z terapią, aby pomóc klientom lepiej zrozumieć siebie i swoje życiowe ścieżki.

Naukowe badania nad numerologią. Choć może to brzmieć nierealnie, przyszłość może przynieść więcej naukowych badań nad numerologią. Z bardziej otwartym podejściem do nietypowych tematów badawczych naukowcy mogą zacząć eksplorować, czy i jak numerologia wpływa na decyzje i zachowania ludzi.

Większe zrozumienie kulturowe. W miarę jak świat staje się coraz bardziej połączony, możemy oczekiwać, że różne systemy numerologiczne z całego świata staną się lepiej znane i zrozumiałe. To może doprowadzić do fascynującej wymiany idei i praktyk między różnymi kulturami.

Rozwój naukowych teorii numerologicznych. Może nadejść czas, kiedy teorie numerologiczne zaczną być opracowywane z większym uwzględnieniem naukowych metod. Taka teoria wszystkiego dla numerologii – próba połączenia mistycyzmu i logiki w spójną całość.

Personalizacja i indywidualizacja. W przyszłości numerologia może stać się jeszcze bardziej spersonalizowana. Dzięki dostępowi do ogromnych ilości danych osobistych numerologiczne prognozy mogą stać się bardziej szczegółowe i dostosowane do indywidualnych potrzeb.

Przyszłość numerologii wydaje się równie tajemnicza i pełna niespodzianek jak sama numerologia. Czy stanie się bardziej naukowa, czy pozostanie w sferze duchowej i intuicyjnej, czy też może znajdzie swoje miejsce gdzieś pomiędzy? Jako osoba, którą fascynuje numerologia, jestem pełna nadziei, że przyszłość przyniesie głębsze zrozumienie i większą akceptację tej starożytnej, ale wciąż aktualnej dziedziny wiedzy.

Numerologia w sporcie

To temat, który dla niektórych brzmi jak przesąd, a dla innych jak tajna broń. W świecie sportu, gdzie milisekundy i milimetry często decydują o zwycięstwie, niektórzy sportowcy szukają każdej możliwej przewagi – nawet w liczbach.

Przyjrzyjmy się historii piłkarza, którego nazwiemy... no, powiedzmy Marcin. Był typowym napastnikiem: szybki, zwinny i z zaskakującą zdolnością do znajdowania się w odpowiednim miejscu w odpowiednim czasie. Ale Marcin miał też inną, mniej znaną cechę – był zagorzałym entuzjastą numerologii.

Jego numer koszulki, dziewiątka, nie był wybrany przypadkowo. W numerologii dziewiątka symbolizuje zakończenie cyklu, osiągnięcia i wielkie ambicje. „To mój numer szczęścia – mówił Marcin. – Wierzę, że daje mi siłę i przynosi powodzenie na boisku".

I rzeczywiście, czy to przypadek, czy nie, ale Marcin strzelał więcej bramek, gdy nosił koszulkę z numerem 9. Czy to był efekt sugestii? Czy może magiczna moc numeru 9? Kto wie. Ale dla Marcina ten numer miał specjalne znaczenie.

Ale to nie koniec opowieści. Marcin planował ważne dla kariery decyzje z uwzględnieniem numerologii. Kiedy miał podpisać nowy kontrakt, upewniał się, że data zawiera liczby, które według jego wierzeń przyniosą mu szczęście. „Podpiszę w dniu, który w sumie daje trójkę – stwierdził. W numerologii trójka symbolizuje kreatywność, komunikację i ekspresję – wszystko, co Marcin cenił w swojej grze.

Czy był jedynym sportowcem, który wierzył w moc numerów? Oczywiście, nie. Wiele znanych postaci ze świata sportu wybierało numery na koszulkach, które miały dla nich osobiste znaczenie, czy to dzień urodzenia, szczęśliwy numer czy kombinacja liczb, które miały przynieść powodzenie.

Na przykład pewien znany koszykarz zawsze grał z numerem 23. Czy był to hołd dla innego legendarnego gracza,

czy też wierzenie, że suma cyfr (2+3 = 5) przynosi szczęście? Może trochę jednego i drugiego.

Czy numerologia w sporcie to tylko przesąd, czy może
jednak coś więcej? Czy to siła przekonań, czy może magia
liczb? Jedno jest pewne – w sporcie, gdzie każdy detal może
mieć znaczenie, numer na koszulce może być czymś więcej
– talizmanem, który daje przewagę psychiczną, nawet jeśli ta
przewaga istnieje tylko w umyśle sportowca. W końcu, jak
mówią, sport to w dużej mierze gra umysłowa. Więc jeśli numer na koszulce pomaga utrzymać się w grze, dlaczego nie?

Numerologia a zdrowie

W świecie, gdzie *wellness* i zdrowie stają się coraz bardziej
spersonalizowane, nie brakuje ciekawych metod i technik.
Jedną z nich jest właśnie numerologia, której zastosowanie
wykracza poza proste cyfry i wpisuje się w codzienne życie
ludzi. Pozwólcie, że przedstawię wam historię Ewy, która włą-
czyła numerologię do swojego planu zdrowotnego i *wellness*.

Ewa, która urodziła się 29 października 1981 roku
(2+9+1+1+9+8+1 = 31, 3+1 = 4), zawsze była racjonalist-
ką, ale po serii stresujących wydarzeń w pracy i w życiu
osobistym postanowiła poszukać alternatywnych metod
poprawy samopoczucia. „Chcę czegoś więcej niż kolejne
diety czy ćwiczenia. Chcę czegoś, co przemówi do mnie na
głębszym poziomie" – mówiła.

Ewa zdecydowała się na numerologię, ponieważ poczuła, że jej liczba życiowa 4 może dać wskazówki, jak odzyskać równowagę. Czwórka, symbol stabilności, porządku i systematyczności, wydawała się idealną przeciwwagą do chaosu, który odczuwała.

Zaczęła od wprowadzenia rutyny i struktury w swoje życie. Ustaliła harmonogram posiłków, czas na ćwiczenia i medytację, a nawet godziny pracy, aby lepiej zarządzać stresem. „To niesamowite, jak ta prosta zmiana daje mi poczucie kontroli" – zauważyła.

Poszła jeszcze dalej. Zainteresowała się także numerologią dnia. Na przykład dni, których suma daty redukowała się do jej liczby życiowej 4, były dla niej dniami mocy. Skupiała się wtedy na ważnych zadaniach, podejmowaniu decyzji czy planowaniu przyszłości.

„Te dni są jak mój osobisty Nowy Rok. Czuję się wtedy szczególnie skoncentrowana i zmotywowana" – tłumaczyła.

Dodatkowo Ewa zaczęła eksperymentować z numerologią w żywieniu. Wybierała produkty, których liczby (na przykład liczba liter w nazwie produktu) były zgodne z jej liczbą życiową. Choć brzmi to jak dietetyczny zabobon, Ewa twierdziła, że pomogło jej to w dokonywaniu zdrowszych wyborów żywieniowych.

„Nie jestem pewna, czy to magia numerów, czy po prostu lepsza organizacja, ale czuję się zdrowsza i spokojniejsza" – śmiała się.

Oczywiście, Ewa była świadoma, że jej metoda może wydawać się nieco ekscentryczna. „Przyjaciółki myślą, że zwariowałam, ale jeśli to działa, to dlaczego nie?" – komentowała z humorem.

Historia Ewy pokazuje, jak numerologia może być kreatywnie wykorzystywana w planach zdrowotnych i *wellness*. Choć naukowe dowody na skuteczność takiego podejścia są ograniczone, Ewie i wielu innym ludziom poszukującym spersonalizowanych rozwiązań numerologia oferuje unikatowe połączenie struktury, rutyny i osobistego znaczenia.

Czy numerologia to klucz do zdrowia i dobrostanu? Może nie dla wszystkich, ale w świecie, gdzie liczy się indywidualne podejście, nawet cyfry mogą mieć swoje pięć minut (lub w tym przypadku cztery). A przecież w zdrowym ciele zdrowy duch, czy jak to tam szło.

W świetle reflektorów

W świecie gwiazd i celebrytów, gdzie każda decyzja może znaleźć się na pierwszych stronach gazet, niektórzy szukają wskazówek w gwiazdach, a inni w numerach. Numerologia wśród celebrytów to temat tak barwny jak ich życie – pełen tajemniczych liczb i równie tajemniczych decyzji.

Weźmy na przykład pewną sławną piosenkarkę, którą nazwiemy Julia. Była znana nie tylko ze swojego głosu, ale i z zamiłowania do mistycyzmu, w tym numerologii.

Jej ulubiona liczba 7 przewijała się przez całą jej karierę. Wszystko, od daty wydania albumów po liczbę utworów musiało się sumować do siódemki. „To moja magiczna liczba, przynosi mi szczęście" – mówiła w wywiadach.

Julia nawet raz przełożyła ważny koncert, ponieważ data nie była numerologicznie korzystna. Fani byli zdezorientowani, ale dla Julii było to jasne jak słońce.

Kolejny przykład to aktor, którego nazwiemy Tomasz. Był znany z tego, że wybierał role filmowe, bazując na numerologii. Raz odrzucił rolę, ponieważ tytuł filmu miał dla niego „złą" numerologiczną wibrację. „To nie tylko praca, to energia, którą wprowadzam w świat" – tłumaczył. Niektórzy krytycy twierdzili, że to przesąd, ale dla Tomasza to była przemyślana osobista decyzja.

Czy można zapomnieć o słynnej modelce, nazwijmy ją Jagoda, która planowała sesje zdjęciowe i wydarzenia zgodnie z numerologią? Jej ulubione dni na sesje to te, które sumowały się do jej liczby życiowej. „To sprawia, że czuję się bardziej połączona z moją pracą" – mówiła.

Te historie pokazują, jak nawet w świetle reflektorów i na oczach całego świata ludzie szukają osobistego przewodnika w numerologii. Czy to przesąd, czy głęboka wiara w moc liczb? Dla nich to część ich świata – tajemniczego, pełnego symboli i znaczeń, które my, zwykli śmiertelnicy, możemy tylko próbować zrozumieć.

Czyżby numerologia była kluczem do sukcesu w Hollywood lub na listach przebojów? Może nie zawsze, ale w świecie, gdzie każdy szuka swojej drogi, liczy się każdy drogowskaz –nawet jeśli jest to zwykła liczba. Kto wie, być może wasza szczęśliwa liczba czeka na odkrycie, by poprowadzić was przez labirynt życia. Przynajmniej możecie być pewni, że nie będziecie w tym sami – gwiazdy też szukają swoich numerów.

I pamiętajcie, nawet jeśli nie wierzycie w numerologię, liczby zawsze będą wierzyć w was!

REIKI – PODNOSI POZIOM SIŁ WITALNYCH

DLA TYCH, KTÓRZY POTRZEBUJĄ ENERGETYCZNEGO KOPA

Przez uzdrawianie siebie, uzdrawiasz świat wokół siebie.

MIKAO USUI, twórca reiki

Gdybym miała określić swoje życie jednym słowem, wybrałabym „kontrast".

Przez lata moja rzeczywistość była spleciona z empirycznymi dowodami i skomplikowanymi teoriami naukowymi. Żyłam w świecie, gdzie równania i eksperymenty stanowiły codzienność, a zrozumienie ludzkiego umysłu było moim celem. Ale, o zgrozo w tym racjonalnym labiryncie nauk ścisłych, natknęłam się na coś tak egzotycznego jak reiki.

To spotkanie można by porównać do niespodziewanego zderzenia dwóch galaktyk – nauki i duchowości. Jakże ironiczne! Mnie, osobę, która zawsze podchodziła do świata racjonalnie, nagle zaintrygowała starożytna sztuka uzdrawiania. To było jak otwarcie drzwi do innego wymiaru, gdzie nie rządziły prawa fizyki, a subtelna energia życiowa.

Pamiętam swoje pierwsze spotkanie z reiki. Stałam, nieco zagubiona, z mieszanką ciekawości i niedowierzania. Moja naukowa strona krzyczała: „To niemożliwe! Gdzie są dowody?". Ale wewnętrzny głos, który zawsze podążał za tajemnicą ludzkiego umysłu i ducha, szeptał: „A co, jeśli?". To był początek mojej podróży przez świat, który do tej pory był mi obcy.

Zabawnie było obserwować, jak moje przekonania naukowe zderzały się z praktykami reiki. Z jednej strony stały równania Schrödingera i teorie Freuda, z drugiej – koncepcje energii i uzdrawiania dłonią. Byłam jak bohaterka filmu science fiction, próbująca połączyć dwa odmienne wszechświaty w jedną spójną całość.

Stopniowo moje sceptyczne podejście zaczęło ewoluować. Odkryłam, że reiki nie tylko oferuje spokój i relaks, ale także otwiera nowe perspektywy na zrozumienie siebie. Czyżby moja naukowa strona zaczęła dostrzegać coś więcej niż tylko chłodne fakty i dane?

Zaczęłam dostrzegać wartość w holistycznym podejściu do zdrowia – połączeniu ciała, umysłu i ducha. Czyżby nauka i duchowość mogły się wzajemnie uzupełniać, zamiast stać w opozycji? Reiki stało się dla mnie nie tylko formą uzdrawiania, ale także narzędziem do głębszego zrozumienia ludzkiej natury.

Nie twierdzę, że reiki ma odpowiedzi na wszystkie pytania nauki ani że nauka może wyjaśnić wszystkie aspekty reiki. Jednak ta podróż nauczyła mnie, że czasami warto spojrzeć poza granice własnych przekonań i doświadczyć czegoś nowego.

Postaram się zbudować most między światem nauki a duchowości. Opowiem o tym, jak znalazłam wartość w czymś, co na pierwszy rzut oka wydawało się kompletnym przeciwieństwem moich przekonań. Jestem tu, by podzielić się z wami moją drogą – od początkowego sceptycyzmu, przez zaintrygowanie, aż po pełne przekonanie.

To opowieść dla tych, którzy, podobnie jak ja kiedyś, z uśmiechem na twarzy i lekką drwiną w głosie, pytają: „Czy to naprawdę działa?". Zapraszam was do niezwykłej podróży, pełnej naukowej ciekawości, osobistych przemyśleń i, mam nadzieję, odrobiny humoru. Bo przecież, jak mawiał Einstein: „Najpiękniejsze, czego możemy doświadczyć, to tajemnica". A reiki, moi drodzy, to niewątpliwie jedna z tych piękniejszych tajemnic.

Gdyby reiki było człowiekiem, byłoby z pewnością światowym podróżnikiem z paszportem pełnym egzotycznych pieczątek. Jego historia rozpoczyna się jednak w Japonii, w kraju, gdzie tradycja współgra z nowoczesnością tak harmonijnie, jak w symfonii Beethovena.

Nasza historia zaczyna się na początku XX wieku, a kluczową postacią jest Mikao Usui, którego możemy uznać za ojca chrzestnego reiki. Miał on, jak głosi legenda, doświadczenie duchowe, które doprowadziło do odkrycia metod reiki. Można by powiedzieć, że jego oświecenie było jak zderzenie kwantowe – nieoczekiwane i zmieniające wszystko.

Usui zapoczątkował praktykę, która miała za zadanie leczenie nie tylko ciała, ale i ducha, bazując na idei, że energia życiowa może być kierowana i przekazywana poprzez dłonie. W tym momencie każdy naukowiec podniesie brwi z niedowierzania, ale przypomnijmy sobie, że niektóre z największych odkryć zaczynały się od pomysłów, które pierwotnie wydawały się absurdalne.

Z Japonii reiki powoli, ale pewnie rozprzestrzeniało się na resztę świata. Na początku XX wieku Hawayo Takata, uczennica jednego z uczniów Usui, wprowadziła reiki na Hawaje, a stamtąd już prosta droga do serc i umysłów Amerykanów. Można by pomyśleć, że dla kultury tak zakorzenionej w pragmatyzmie i empirycznych dowodach reiki byłoby zbyt egzotyczną pigułką do połknięcia. Ale, jak się okazuje, zachodni świat był gotów na odrobinę wschodniej mądrości.

W Stanach Zjednoczonych reiki stało się czymś na kształt duchowego trendu. Z jednej strony można by to porównać do fascynacji kulturą zen i sushi – kolejny import z Dalekiego Wschodu, który Zachód wchłonął z apetytem. Z drugiej, reiki zaoferowało coś więcej niż modny trend – stało się bramą do głębszego zrozumienia siebie i swojego miejsca w świecie.

W miarę jak reiki rozprzestrzeniało się po świecie, ewoluowało, dostosowując się do różnych kultur i potrzeb. Jest to fascynujące, jak praktyka, która zaczynała od pojedynczego człowieka w Japonii, stała się międzynarodowym fenomenem, przyjmując różne formy i interpretacje. To trochę jak z fizyką – im głębiej zagłębiamy się w jej tajemnice, tym bardziej zaskakujące stają się jej manifestacje.

Dziś reiki jest obecne niemal wszędzie, od luksusowych spa po szpitale. Można by rzec, że przebyło długą drogę od skromnych początków na górze Kurama w Japonii do gabinetów terapeutycznych na całym świecie. I choć dla niektórych nadal pozostaje tajemnicą, dla innych stało się ważnym elementem drogi do zdrowia i harmonii.

Dzięki reiki nauczyłam się, że czasami warto spojrzeć poza granice naszego zrozumienia i pozwolić sobie na odrobinę tajemnicy. W końcu, jak mówi stare japońskie przysłowie: „W każdej rzeczy jest trochę magii, wystarczy tylko umieć ją dostrzec".

Zanurzmy się teraz w wodach, w których fizyka kwantowa spotyka się z energią życiową – brzmi jak początek złego żartu naukowego, prawda? Ale zanim zaczniemy, pozwólcie, że zaznaczę, iż mam głęboki szacunek do zimnych, nieubłaganych faktów naukowych. Jednak nie mogę i nie potrafię zignorować ciepła i głębi duchowych praktyk.

Rozpocznijmy od fizyki kwantowej. Ta dziedzina nauki zajmuje się badaniem materii i energii na najbardziej podstawowym poziomie. Mówi nam, że świat nie jest tak przewidywalny, jak mogłoby się wydawać, a rzeczywistość ma swoje dziwaczne, często nieintuicyjne właściwości. Czyż nie brzmi to trochę jak magia?

Z drugiej strony mamy reiki, które opiera się na idei, że istnieje uniwersalna energia życiowa, którą można kierować w celu uzdrawiania. Dla wielu to koncepcja trudna do pojęcia, bo jak można mierzyć czy obserwować coś tak subtelnego?

Tutaj dochodzimy do interesującego kontrastu. Fizyka kwantowa, mimo swojej abstrakcyjności, jest oparta na rygorystycznych eksperymentach i matematycznych modelach. Reiki z kolei bazuje na osobistych doświadczeniach i duchowej praktyce. Czy te dwa światy mogą się jakoś spotkać?

Niektórzy naukowcy spekulują, że fizyka kwantowa może rzucić światło na fenomeny takie jak reiki. Mówią, na przykład, o splątaniu kwantowym – zjawisku, w którym dwie cząstki pozostają w takim połączeniu, że stan jednej natychmiast wpływa na stan drugiej, niezależnie od odległości. Czyżby to mogło być naukowe wyjaśnienie dla zdolności reiki do przekazywania energii na odległość?

Inna teoria mówi o polarach energetycznych, które mogą być analogiczne do pola magnetycznego wokół magnesu. Czy ludzkie ciało może generować podobne pole, które można wykorzystać w procesie uzdrawiania?

Oczywiście, to tylko teorie. Nauka nie dostarczyła jeszcze konkretnych dowodów na to, że reiki działa w sposób, który można by wyjaśnić za pomocą fizyki kwantowej.

Ale jak mówi słynne powiedzenie – nieobecność dowodu nie jest dowodem nieobecności.

Jako pierwsza przyznam, że fizyka kwantowa ma jeszcze wiele tajemnic do odkrycia. I cieszę się z możliwości badania tych tajemnic z innej perspektywy. Może pewnego dnia odkryjemy, że te dwa światy – zimne fakty naukowe i ciepło duchowych praktyk – nie są tak odległe, jak nam się wydaje.

Zanurkujmy dla odmiany w fascynujący świat psychologicznych aspektów reiki. Czy to tylko sugestia? Czy jest coś więcej w tej praktyce, co wpływa na nasz umysł? Zastanówmy się, jak reiki wpasowuje się w teorię samopoczucia, badając efekt oczekiwań i wpływ sugestii.

Zacznijmy od efektu placebo. To koncepcja znana każdemu psychologowi, a nawet laikowi. Mówi ona, że oczekiwanie pozytywnego rezultatu może czasem przynieść korzyści, nawet jeśli sam „lek" nie ma żadnych udowodnionych właściwości terapeutycznych. Niektórzy sceptycy twierdzą, że reiki działa wyłącznie na zasadzie placebo. Ale czy to rzeczywiście takie proste?

W psychologii istnieje coś, co nazywamy efektem oczekiwań. Nasze przekonania i oczekiwania mogą wpływać na nasze doświadczenie rzeczywistości. Kiedy ktoś wierzy, że reiki przyniesie ulgę lub uzdrowienie, jego umysł może rzeczywiście wytworzyć uczucie poprawy samopoczucia. Czy to jednak oznacza, że reiki to nic więcej niż skuteczny trik umysłowy?

Spójrzmy na to z innej strony. Psychologia zajmuje się nie tylko tym, co dzieje się w naszym umyśle, ale także jak nasze doświadczenia wpływają na nasze samopoczucie. Reiki w sensie praktycznym wymaga pewnego stopnia zaangażowania i otwartości. Dla wielu osób sam akt udziału w sesji reiki jest formą zaangażowania we własny proces leczenia i dbania o siebie.

Teoria samopoczucia w psychologii mówi nam, że uczucie szczęścia i zadowolenia z życia jest bezpośrednio związane z naszym zaangażowaniem w działania, które uważamy za wartościowe i satysfakcjonujące. Reiki może wpasowywać się w tę teorię, oferując ludziom przestrzeń do skupienia się na wewnętrznym doświadczeniu, relaksacji i poczuciu spokoju.

Z perspektywy psychologicznej reiki może być postrzegane jako narzędzie do poprawy samopoczucia, nie tylko przez ewentualny wpływ energetyczny, ale również przez tworzenie przestrzeni, w której ludzie mogą poświęcić czas na samorefleksję i relaks. Jest to szczególnie ważne w naszym zabieganym świecie, gdzie rzadko zatrzymujemy się, aby naprawdę wsłuchać się w siebie.

Choć nauka może mieć wątpliwości co do fizycznych aspektów reiki, z perspektywy psychologicznej nie można zaprzeczyć, że ma ono potencjał do wpływania na samopoczucie i zdrowie psychiczne. Być może kluczem do zrozumienia jest połączenie naukowego sceptycyzmu z otwartością na doświadczenia, które przekraczają granice tradycyjnej medycyny. Jak w wielu aspektach życia, odpowiedź może leżeć gdzieś pośrodku.

Zapewne zastanawiacie się, jak wygląda sesja reiki. Z perspektywy klienta klasyczna sesja reiki może wydawać się wejściem do innego świata – spokoju, ciszy i... no cóż, dość dziwnych rytuałów. Z drugiej strony, dla osoby stosującej reiki to nic innego jak rutynowa praktyka, pełna skupienia i poświęcenia. Pozwólcie, że opowiem wam, jak to wygląda.

Zacznijmy od klienta. Przybywacie na sesję, być może trochę sceptycznie nastawieni, zastanawiając się, czy to wszystko nie jest przypadkiem najnowszą modą wellness. Przestrzeń, w której odbywa się sesja, zazwyczaj jest cicha, spokojna, często wypełniona łagodną muzyką i delikatnym zapachem olejków eterycznych. To trochę jak wejście do spa, tylko bez masażu... Przynajmniej w tradycyjnym rozumieniu tego słowa.

Kładziecie się na łóżku do masażu, zazwyczaj ubrani w wygodne ciuchy. Terapeuta reiki może zacząć od kilku chwil ciszy, być może medytacji, aby wyciszyć zarówno siebie, jak i was. Jako osoby sceptycznie nastawione do energetycznych aspektów życia możecie w tym momencie zacząć zastanawiać się, czy na pewno dobrze wydaliście swoje pieniądze.

Następnie zaczyna się właściwa część sesji. Terapeuta kładzie dłonie na lub nad różnymi częściami waszego ciała – zazwyczaj zaczynając od głowy, a kończąc na stopach. Co ciekawe, w reiki nie ma bezpośredniego kontaktu skóra do skóry, dłonie są umieszczane zazwyczaj tuż nad ciałem, a pacjent jest ubrany. Z punktu widzenia naukowca może to wydawać się dziwaczne – jak można przenosić energię, nie dotykając drugiej osoby?

Z perspektywy osoby stosującej reiki każdy ruch i każde umiejscowienie dłoni ma swoje znaczenie. Celem jest przekazanie energii życiowej, co ma prowadzić do harmonii i równowagi w ciele klienta. Osoba ta skupia się na odczuciu energii i czytaniu ciała klienta, co dla niewtajemniczonych może wyglądać jak subtelna forma tanecznych ruchów dłoni nad jego ciałem.

W trakcie sesji klient może doświadczyć różnych uczuć – od głębokiego relaksu, przez ciepło płynące z dłoni terapeuty, aż po dziwne, trudne do opisania odczucia wewnętrzne. Niektórzy mówią o przeżyciach emocjonalnych, inni o poczuciu głębokiego spokoju. Naukowiec w was może próbować to wszystko zanalizować, ale część emocjonalna może być zaskoczona tym, co przeżywa.

Sesja zwykle kończy się powoli, terapeuta stopniowo zamyka sesję, dając klientowi czas na powrót do rzeczywistości. Może on czuć się zrelaksowany, odprężony, a nawet trochę oszołomiony. Niektórzy opisują to jako stan głębokiej równowagi i spokoju.

Kiedy pierwszy raz zdecydowałam się na sesję reiki, moje wewnętrzne „ja" – naukowiec i sceptyk – przygotowywało się na starcie z moją duchową stroną, która z ciekawością oczekiwała na nowe doświadczenie. Było to niczym wewnętrzna dyskusja między Scully a Mulderem z *Z Archiwum X* – jedna strona domagała się dowodów, druga była gotowa na spotkanie z nieznanym.

Wchodząc do studia reiki, poczułam się, jakbym wkroczyła do alternatywnego wymiaru. Przestrzeń była spokojna, z delikatnym światłem i relaksującą muzyką w tle. Terapeuta reiki z uśmiechem godnym jogina przywitał mnie ciepło, dając mi poczucie, że wchodzę w bezpieczną przestrzeń.

Podczas sesji położyłam się na leżance, starając się zrelaksować, co dla osoby z umysłem naukowca jest mniej więcej tak łatwe, jak zignorowanie błędów w filmie o podróżach w czasie. Terapeuta rozpoczął od delikatnego kładzenia dłoni nad różnymi częściami mojego ciała. Wewnętrzny sceptyk zastanawiał się, czy to nie jest czasem najdroższa drzemka, na jaką kiedykolwiek poszłam.

Ale w miarę upływu czasu zaczęłam doświadczać pewnych wrażeń. Ciepło płynące z dłoni terapeuty sprawiało, że moje początkowe napięcie stopniowo ustępowało miejsca czemuś, co mogłabym opisać jako mieszankę spokoju i lekkości. Moje naukowe „ja" próbowało znaleźć logiczne wytłumaczenie, ale inna cześć mnie zaczęła się zastanawiać, czy jest coś więcej w tej całej energii życiowej.

Zakończenie sesji było jak powolne budzenie się z najbardziej relaksującego snu. Byłam odprężona, spokojna, a nawet trochę zaskoczona tym, jak dobrze się czułam. Sceptyczna część mnie nadal miała wiele pytań, ale nie mogłam zaprzeczyć, że coś się zmieniło. Może to był efekt placebo, może magia relaksującej muzyki, a może po prostu dałam mojemu zapracowanemu umysłowi chwilę na oddech.

Pierwsze doświadczenie z reiki było jak otwarcie drzwi do pokoju, o którego istnieniu nie miałam pojęcia. To była podróż, która zmusiła mnie do przyznania, że czasami największe odkrycia dokonują się wewnątrz nas. I powiem wam, że reiki stało się częścią mojej duchowej przygody, dodając kolejny rozdział do mojej książki życia.

Sesja reiki online to koncepcja, która wzbudza różne opinie, zwłaszcza w kontekście tradycyjnego podejścia do tematu, które zakłada bezpośredni kontakt pomiędzy praktykującym a odbiorcą. Reiki, będące formą energetycznej terapii, tradycyjnie opiera się na przekazie energii przez nałożenie rąk. Jednakże zwolennicy reiki w wersji online argumentują, że energia może być przesyłana na odległość, niezależnie od fizycznej obecności osoby praktykującej.

Oto kilka aspektów, które warto wziąć pod uwagę:

Koncepcja energetyczna: w reiki istnieje przekonanie, że energia może być kierowana intencją i nie jest ograniczona przez przestrzeń fizyczną. Dlatego sesje online mogą być postrzegane jako skuteczne przez osoby wierzące w możliwość przekazywania i odbierania energii na odległość.

Wygoda i dostępność: sesje online oferują wygodę i dostępność dla osób, które nie mogą uczestniczyć w sesjach osobistych z różnych powodów, takich jak ograniczenia zdrowotne, geograficzne czy czasowe.

Subiektywne doświadczenia: wiele osób zgłasza pozytywne doświadczenia z sesjami reiki przeprowadzanymi online, wskazując na poprawę samopoczucia czy redukcję stresu. Warto jednak pamiętać, że doświadczenia te są bardzo subiektywne i mogą różnić się w zależności od indywidualnych oczekiwań i przekonań.

Brak naukowych dowodów: warto mieć na uwadze, że dotychczasowe badania naukowe nie dostarczają jednoznacznych dowodów na skuteczność reiki (zarówno w formie bezpośredniej, jak i online) jako metody leczenia. Wiele osób traktuje reiki jako uzupełnienie tradycyjnych metod leczenia, a nie jako ich substytut.

Osobiste przekonania: decyzja o uczestnictwie w sesji reiki online powinna zależeć od osobistych przekonań i komfortu. Jeśli ktoś wierzy w skuteczność takiej formy terapii i czuje się z nią komfortowo, może to być dla niego wartościowe doświadczenie.

Sens sesji reiki online zależy w dużej mierze od indywidualnych przekonań i doświadczeń osoby zainteresowanej. Jak w każdej alternatywnej metodzie terapeutycznej, ważne jest podejście z otwartym umysłem, ale również z zachowaniem krytycyzmu i świadomości ograniczeń takiej praktyki.

Zrozumienie, co dokładnie dzieje się podczas sesji reiki, może być trudniejsze niż złożenie szafki bez instrukcji. Postaram się rozwikłać tę zagadkę.

Na początek weźmy pod lupę pozycje rąk. Podczas sesji terapeuta kładzie dłonie na lub nad ciałem klienta w określonych miejscach. Te pozycje nie są przypadkowe – są jak drogowskazy na mapie energetycznej ciała. Terapeuta może zacząć od głowy, stopniowo przesuwając ręce w dół ciała, w miejsca takie jak szyja, klatka piersiowa, brzuch, aż do stóp. Czasami dłonie zatrzymują się na dłużej w miejscach, które wymagają więcej uwagi, jakby były magnesami przyciąganymi do energetycznych zatorów.

Co do samej energii, jest ona sercem całej praktyki reiki. Nazywana inaczej uniwersalną energią życiową, ma płynąć przez dłonie terapeuty do ciała klienta. Jeśli jesteś naukowcem, prawdopodobnie teraz zaczynasz się zastanawiać, gdzie można kupić detektor tej energii. Chociaż nie ma takiego urządzenia (jeszcze!), wielu ludzi twierdzi, że można odczuwać przepływ energii jako ciepło, mrowienie, a nawet jako falę emocji.

Doznania podczas sesji reiki mogą być różne. Niektórzy opisują je jako głęboki stan relaksu, inne osoby mówią o przeżywaniu uwalnianych emocji. Są też tacy, którzy po prostu zasypiają, co, jak można przypuszczać, jest również pewnego rodzaju doznaniem.

Jednak trzeba pamiętać, że każdy doświadcza czegoś innego: dla jednych może być to głębokie duchowe przeżycie, dla innych zwykła drzemka. Niezależnie od doświadczenia, większość zgadza się co do jednego – sesja reiki jest jak reset dla umysłu i ciała.

Reiki to fascynująca mieszanka starych praktyk duchowych i nowoczesnego poszukiwania spokoju i harmonii. Jak w każdym niesprawdzonym naukowo zabiegu ważne jest, aby podchodzić do niego z otwartym umysłem, ale też z lekkim dystansem. I pamiętajcie, choć nauka może nie być w stanie wyjaśnić wszystkiego, co dzieje się podczas sesji, czasami warto dać szansę czemuś, co wydaje się wykraczać poza granice naszego zrozumienia.

Symbole w reiki odgrywają istotną rolę w praktyce tej formy leczenia. Są uważane za narzędzia mające na celu zwiększenie połączenia z uniwersalną energią życia. Oto kilka z najbardziej znanych symboli:

Cho Ku Rei (**symbol mocy**): jest używany do zwiększania mocy reiki, skupiania energii i ochrony. Wygląda jak spirala z krzyżem po jednej stronie. Często używa się go na początku sesji, aby wzmocnić przepływ energii oraz w celu oczyszczania przestrzeni lub przedmiotów.

Sei He Ki (**symbol emocjonalnej równowagi**): jest używany do przynoszenia emocjonalnej harmonii i równowagi. Wygląda jak fala przecinająca linię. Jest używany do uzdrawiania emocjonalnego, łagodzenia stresu i niepokoju, a także do leczenia uzależnień i złych nawyków.

Hon Sha Ze Sho Nen (**symbol zdalnego uzdrowienia**): jest stosowany do leczenia na odległość, co pozwala na przekazywanie energii reiki bez konieczności fizycznej obecności osoby ją odbierającej. Wygląda jak seria linii i krzywych tworzących specyficzny wzór. Umożliwia uzdrawianie z przeszłości, teraźniejszości i przyszłości.

Dai Ko Myo (**symbol mistrza**): najpotężniejszy symbol używany przez nauczycieli reiki. Oznacza głębokie uzdrowienie i oświecenie, pomaga w duchowym rozwoju i przynosi głęboką transformację. Ma skomplikowany wzór i jest używany tylko przez zaawansowanych praktykujących.

Symbole te są uważane za święte w praktyce reiki i traktowane z dużym szacunkiem. Tradycyjnie były przekazywane ustnie od mistrza do ucznia i nie były publikowane, chociaż w dzisiejszych czasach są bardziej dostępne. Ważne jest, aby pamiętać, że symbole same w sobie nie mają mocy – to intencja i połączenie z uniwersalną energią życia nadaje im znaczenie.

Podzielę się z wami historiami moich klientów, którzy korzystali z reiki. Te opowieści, choć mogą brzmieć jak scenariusz do filmu o cudownych uzdrowieniach, są oparte na relacjach osób, które doświadczyły pozytywnych zmian dzięki reiki.

Na przykład pamiętam pewną panią, nazwijmy ją Anna. Przyszła do mnie z takim ciężarem na sercu, że aż trudno było to znieść. Mówiła, że czuje, jakby nosiła kamień zamiast serca. No i zaczęłyśmy sesje. Po kilku tygodniach Anna wróciła i opowiadała, że jakby się odrodziła. Mówi, że teraz czuje się lżejsza, jakby ten kamień w końcu spadł. Mówiła, że w jej życiu zaczęło się coś zmieniać, otworzyły się nowe drzwi, nowe możliwości.

Albo był taki pan, nazwijmy go Tomasz. Przyszedł do mnie z problemami ze snem, wieczne niepokoje, stresy, taka typowa współczesna dolegliwość. No i co? Po kilku sesjach mówił, że zaczął spać jak niemowlę. Powiedział mi, że od lat nie czuł się tak wypoczęty. Ja mu na to: „Tomaszu, może to magia, a może po prostu odpocząłeś. Kto wie?".

Ewa miała problemy z lękiem i stresem. Gdy przyszła do mnie, była jak ściśnięta sprężyna. Po kilku sesjach reiki zaczęła mi opowiadać, że odzyskuje spokój ducha. Mówiła, że teraz, gdy czuje nadchodzący stres, potrafi go łagodzić, jakby nauczyła się jakiejś nowej, wewnętrznej techniki relaksacji.

Kolejna opowieść dotyczy Agaty, menedżerki projektów, która – zmagając się ze stresem i przewlekłym zmęczeniem – postanowiła spróbować reiki jako ostatniej deski ratunku. „Pomyślałam, że najwyżej stracę godzinę życia i kilka złotych" – mówiła z uśmiechem. Jednak już po kilku sesjach zauważyła znaczną poprawę w jakości snu i ogólnym poziomie energii. „To było jak magia, ale bez białego królika i cylindra" – żartowała.

Kolejny przypadek to historia Marka, informatyka, który zaczął praktykować reiki, by poradzić sobie z przewlekłym bólem pleców. Po kilku miesiącach regularnych sesji stwierdził, że ból zniknął, a on zyskał nową perspektywę na zdrowie i dobre samopoczucie. „Nie wiem, czy to było reiki, czy po prostu placebo, ale w każdym razie coś zadziałało. A jeśli to placebo, to biorę więcej!" – śmiał się Marek.

Opowiem wam jeszcze o Julii, która praktykuje reiki, aby pomóc sobie radzić z lękiem i depresją. Julia opisuje swoje doświadczenie jako „podróż do wnętrza siebie, która dała mi narzędzia do radzenia sobie z moimi demonami". Dodaje z przekąsem: „I to wszystko bez konieczności opłacania drogich rachunków za terapię".

Ostatnia jest historia Kamila, kierowcy ciężarówki, który początkowo traktował reiki z dużym dystansem. „Myślałem, że to jakieś ezoteryczne bzdury" – mówił. Jednak po serii sesji przyznał, że poczuł znaczną ulgę w przewlekłym bólu kolan i poprawę koncentracji. „Czy to czary? Nie wiem, ale jeśli tak, to jestem ich fanem" – śmieje się.

Te historie pokazują, że czasami warto dać szansę czemuś, co wykracza poza nasze dotychczasowe przekonania. Choć naukowy umysł może szukać dowodów i logicznych wyjaśnień, czasami doświadczenia ludzi mówią same za siebie. A przecież, jak mawiał Albert Einstein, „Tylko ci, którzy ryzykują, idąc za daleko, mogą dowiedzieć się, jak daleko można zajść". Więc czy to magia, placebo, czy coś jeszcze innego – reiki z pewnością ma swoje miejsce w świecie ludzkich doświadczeń i poszukiwaniu lepszego samopoczucia.

Reiki zwiększa swój zasięg

Reiki zyskuje coraz więcej uznania w miejscach, gdzie najmniej byśmy się go spodziewali – w szpitalach, ośrodkach zdrowia psychicznego, a nawet luksusowych spa. Zdziwieni? Szczerze powiedziawszy, obserwuję ten trend z mieszaniną zdumienia i cichego uznania.

Początkowo wydaje się to trochę jak dodanie do klasycznej medycyny szczypty tajemniczości rodem z ezoterycznego butiku. Jednak nie dajmy się zwieść pozorom – w tych miejscach reiki nie jest tylko modnym dodatkiem, ale często staje się ważną częścią procesu leczenia i rehabilitacji.

W szpitalach reiki bywa wykorzystywane jako uzupełnienie tradycyjnych metod leczenia. Pacjenci, często zmagający się z bólem i stresem związanym z chorobą, znajdują w reiki źródło ulgi i relaksu. To trochę jakby dać umysłowi i ciału chwilę oddechu od surowej rzeczywistości szpitalnych sal i leków. Choć brakuje bezpośrednich naukowych dowodów na skuteczność reiki w leczeniu fizycznych dolegliwości, wielu pacjentów zgłasza poprawę samopoczucia po sesjach.

W ośrodkach zdrowia psychicznego reiki jest jak balsam na zszargane nerwy. Pacjenci zmagający się z lękiem, depresją czy innymi zaburzeniami znajdują w tej praktyce chwilę spokoju i odprężenia. To nie jest oczywiście lekarstwo na wszystkie problemy psychiczne, ale może być cennym dodatkiem do terapii, zwłaszcza w świecie, gdzie równowaga między umysłem a ciałem jest tak ważna.

A co z luksusowymi spa? Tutaj reiki wchodzi w grę jako ekstrawagancja dla ciała i ducha. W tych świątyniach relaksu, gdzie każdy zabieg jest jak rytuał, reiki jest niczym wisienka na torcie. Klienci, otuleni w bawełniane szaty i owiani zapachem olejków eterycznych, doświadczają sesji reiki jako formy głębokiej relaksacji i odnowy energetycznej. Czy nie brzmi to jak idealny sposób na odpoczynek od codziennego zgiełku?

A teraz pomyślcie o innych, mniej oczywistych miejscach, gdzie reiki mogłoby znaleźć swoje zastosowanie. Może w biurach – jako sposób na radzenie sobie ze stresem w pracy? Albo w szkołach – jako narzędzie wspierające koncentrację i spokój umysłu wśród uczniów? Możliwości wydają się nieograniczone.

Mimo ezoterycznego rodowodu reiki znajduje swoje miejsce nawet w najbardziej tradycyjnych instytucjach zdrowotnych. Ja widzę w tym piękny przykład tego, jak różne podejścia do zdrowia i dobrostanu mogą się wzajemnie uzupełniać. Niezależnie od tego, czy wierzymy w nie, czy nie, nie można zaprzeczyć, że dla wielu osób jest to źródło realnej ulgi i spokoju.

W świecie nauki reiki przez długi czas było traktowane jak UFO – wielu słyszało o tym, ale niewielu wierzyło w jego istnienie. Jednak w ostatnich latach nauka zaczęła badać reiki z większym zainteresowaniem, próbując dogonić duchowość w jej biegu przez pola ludzkiego doświadczenia.

Zacznijmy od tych badań, które rzucają na reiki pozytywne światło. Niektóre z nich sugerują, że reiki może pomóc w zmniejszeniu stresu i lęku, a nawet poprawić jakość życia osób z przewlekłymi chorobami. Na przykład pewne badanie pokazało, że pacjenci hospitalizowani, którzy uczestniczyli w sesjach reiki, zgłaszali mniejszy poziom bólu i niepokoju. Cóż, wydaje się, że nie tylko leki przeciwbólowe mają na to monopol.

Jednak z drugiej strony jest sporo badań, które podchodzą do reiki z dużym sceptycyzmem. Krytycy wskazują na brak konkretnych dowodów naukowych potwierdzających, że reiki jest czymś więcej niż efektem placebo. Argumentują, że każde pozytywne efekty są wynikiem dobrze znanej siły sugestii. Być może, ale czy placebo nie jest też fascynującym zjawiskiem? Jeśli myślenie może sprawić, że czujemy się lepiej, to czy nie jest to już samo w sobie magiczne?

Wszystko to prowadzi nas do interesującego punktu, gdzie nauka próbuje dogonić duchowość. Z jednej strony mamy empiryczne metody badawcze, wymagające dowodów i powtarzalności. Z drugiej – reiki, praktykę, która opiera się na niematerialnej energii i indywidualnym doświadczeniu. To trochę jak próba zmierzenia miłości za pomocą linijki.

Naukowe badania nad reiki są jak rozwiązywanie wielkiej zagadki. Mamy coraz więcej badań sugerujących, że reiki może mieć pozytywny wpływ na samopoczucie. Nie możemy jednak zapominać o potrzebie solidnych dowodów naukowych. Może nie jesteśmy jeszcze w stanie w pełni zrozumieć, jak działa reiki, ale jedno jest pewne – nauka nie przestaje nas zaskakiwać w swoich poszukiwaniach odpowiedzi na najbardziej złożone pytania. W końcu, jak mówi się w świecie nauki: „Nie ma nic bardziej ekscytującego niż eksperyment, którego wynik jest całkowicie nieprzewidywalny".

Jako astrolog, który flirtuje z reiki, moja codzienna rutyna może wydawać się równie zaskakująca jak horoskop mówiący, że wszyscy będziemy mieli dobry dzień. Podzielę się z wami tym, jak wplatam reiki w codzienne czynności. Co z całego serca wam polecam, nawet jeśli nie jesteście zwolennikami tej metody.

Rano, kiedy większość z nas walczy z pokusą drzemki, ja zaczynam dzień od krótkiej sesji reiki. To jak rozbudzenie wewnętrznej energii – zamiast sięgać po kawę, kieruję uwagę w stronę ciała i umysłu. Stojąc przed lustrem, delikatnie kładę dłonie na twarzy, wyobrażając sobie, jak energia przepływa przez moje dłonie, łagodząc zmęczenie. Może to nie jest tak spektakularne jak przemiana wody w wino, ale efekt odświeżenia jest całkiem realny.

Podczas porannej kawy, zamiast przeglądać wiadomości na tablecie, skupiam się na filiżance, wyobrażając sobie, jak moja energia wchodzi w nią, zwiększając jej walory smakowe. Czy to działa? Nie jestem pewna, ale przynajmniej kawa smakuje lepiej.

Kiedy odwożę córkę do szkoły, zamiast pozwalać, by ruch uliczny wprowadził mnie w stan frustracji, stosuję techniki reiki, by zachować spokój. Praktykuję głębokie oddychanie, wyobrażając sobie, jak energia przepływa przez moje ciało, łagodząc napięcie. To trochę jak próba przekształcenia ruchu ulicznego w medytację.

W pracy, gdy spotykam się z trudnymi klientami czy napiętymi sytuacjami, staram się używać reiki jako narzędzia do utrzymania równowagi emocjonalnej. Krótka chwila skupienia na oddechu i przepływie energii pomaga mi zachować spokój i obiektywizm – nawet kiedy wszystko idzie nie tak, jak powinno.

Po całym dniu pracy reiki staje się moim sposobem na relaks. Zamiast telewizji czy przeglądania Internetu, poświęcam czas na sesję, która pomaga mi odzyskać spokój i harmonię. To jak codzienne oczyszczanie umysłu i ciała z negatywnych wpływów dnia.

Włączanie reiki do codziennej rutyny nie musi być trudne ani czasochłonne. Można to robić w momentach, które w sumie tworzą większą całość. Dla niedowiarków może to wydawać się jak wiara w astrologię, ale pamiętajcie – czasami to, co niewidoczne, ma największą moc. W końcu, jak mawiają: „Wszystko jest energią, a my jesteśmy niczym innym, jak tylko jej przepływem".

W obecnych czasach, gdy stres i choroby cywilizacyjne zdają się naszymi stałymi towarzyszami, reiki może wydawać się duchowym antidotum. Chciałabym wam pokazać, jak ta praktyka może sprostać współczesnym wyzwaniom zdrowotnym.

Zacznijmy od stresu. W naszym zabieganym świecie stres jest jak wierny cień – zawsze gdzieś tam obok, gotowy, by się pojawić. Reiki, z jego głębokim relaksującym działaniem, może być jak swego rodzaju duchowa zasłona chroniąca nas przed stresem. Sesje reiki mogą pomóc w osiągnięciu stanu głębokiego relaksu, co w konsekwencji może przynieść ulgę w napięciu i stresie.

Choroby cywilizacyjne, takie jak wysokie ciśnienie krwi czy miażdżyca, często są wynikiem naszego stylu życia. Chociaż reiki nie jest magiczną pigułką leczącą wszystkie dolegliwości, to jednak może być cennym elementem w holistycznym podejściu do zdrowia. Poprzez promowanie relaksu i redukcję stresu może pozytywnie wpłynąć na ogólne samopoczucie, będąc jednym z elementów zdrowszego stylu życia.

W kontekście duchowego uzdrowienia reiki może być jak latarnia morska w ciemnościach. W czasach, gdy wielu z nas poszukuje głębszego sensu i duchowej równowagi, reiki oferuje przestrzeń do introspekcji i duchowego wzrostu. Nie jest to może droga dla każdego – jak mówią, każdy ma własną ścieżkę – ale dla tych, którzy jej szukają, może być cennym narzędziem w dążeniu do wewnętrznej harmonii.

Reiki w kontekście współczesnych wyzwań zdrowotnych może być jak duchowy kompas na morzu codzienności. Choć nie jest to rozwiązanie wszystkich problemów, może być jednak cennym elementem w dążeniu do lepszego zdrowia i samopoczucia. A dla sceptyków – pamiętajcie, nawet najbardziej sceptyczny naukowiec czasem musi przyznać, że nie wszystko da się zmierzyć i wyjaśnić w tradycyjny sposób. Czasem trzeba po prostu dać szansę czemuś nowemu i zobaczyć, co się stanie.

W tej wyprawie po świecie reiki nie mogę oprzeć się wrażeniu, że znalazłam się na moście między nauką a duchowością. To jak próba balansowania na linie – z jednej strony mamy solidny grunt naukowych dowodów, z drugiej otchłań niewyjaśnionych zjawisk duchowych.

Reiki w moich oczach jest niczym mikroskop skierowany na duszę. Nauka daje nam narzędzia do zrozumienia świata materialnego, podczas gdy reiki otwiera drzwi do wewnętrznego świata energii i emocji. Czy te dwa światy mogą kiedyś dojść do większej harmonii? Może to nie jest tak odległe, jak mogłoby się wydawać.

Wyobrażam sobie przyszłość, w której nauka i duchowość nie są już oddzielonymi wyspami, ale tworzą archipelag współpracy i wzajemnego zrozumienia. Reiki może w tej przyszłości pełnić rolę miejsca, gdzie naukowcy i duchowi praktycy mogą się spotkać i wymieniać doświadczeniami.

Oczywiście droga do takiej integracji może być wyboista. Nauka wymaga dowodów, powtarzalności i logicznych wyjaśnień. Duchowość często bazuje na osobistych doświadczeniach, które trudno zmierzyć lub zdefiniować w tradycyjny sposób. Ale czy nie jest to właśnie piękne wyzwanie? Znalezienie języka, który pozwoli na dialog między tymi dwoma światami, może być jednym z najbardziej ekscytujących przedsięwzięć naszych czasów.

Moja podróż z reiki nauczyła mnie, że czasami musimy spojrzeć poza granice naszej naukowej wiedzy, aby odkryć nowe perspektywy. Choć reiki może wydawać się zagadką dla naukowego umysłu, oferuje cenną możliwość doświadczenia czegoś, co wykracza poza materialny świat. I choć jako badacz wciąż mam wiele pytań, jako człowiek odkryłam nowe obszary do osobistego wzrostu. Pamiętajcie: „Mosty łączą brzegi, które nigdy by się nie spotkały".

Wyjaśnienia terminów związanych z reiki

Reiki: gdyby Einstein i Budda poszli na randkę, reiki mogłoby być ich dzieckiem. Słowo to łączy w sobie ducha (rei) i energię życiową (ki). To jakby kwantowa teoria pola spotkała się z zen w japońskiej herbaciarni.

Ki: w naukach wschodnich to energia życiowa, która przepływa przez wszystko. My, fizycy, nazywamy to polem kwantowym, ale ki brzmi znacznie bardziej tajemniczo i mniej skomplikowanie.

Czakry: są jak przystanki linii metra energii w naszym ciele. Każda czakra odpowiada za inny obszar naszego życia, od korzenia po koronę. To jakby kierować ruchem emocjonalnym przez siedem różnych poziomów świadomości.

Usui reiki: nazwane na cześć swojego twórcy Mikao Usui. To klasyczne reiki, które wykorzystuje symbole i dłonie do przesyłania energii. Nieco jak klasyczna fizyka w połączeniu z medytacją.

Symbole reiki: magiczne znaki używane w reiki. Każdy ma swoją specjalną moc, trochę jak zaklęcia w Hogwarcie. Używa się ich do zwiększenia mocy seansu.

Inicjacja reiki: tu zaczyna się prawdziwa magia. Mistrz reiki otwiera wasze kanały energetyczne, co pozwala wam na dostęp do ki. Trochę jak uzyskiwanie dostępu do tajnego klubu.

Mistrz reiki: najwyższy poziom wtajemniczenia. Tacy ludzie są jak profesorowie w uniwersytetach duchowości. Mogą nauczać i inicjować, i zwykle mają niezłą kolekcję egzotycznych kamieni.

Seans reiki: kiedy praktykujący kładzie dłonie na lub nad ciałem odbiorcy. To trochę jak delikatne ładowanie baterii, ale zamiast prądu używa się ki.

Byosen scanning: technika wyczuwania blokad energetycznych. To jakby bycie detektywem w świecie energii szukającym wskazówek w aurze.

Reiki na odległość: wysyłanie energii ki przez przestrzeń i czas. Brzmi jak science fiction, ale w świecie reiki to codzienność.

Pięć zasad reiki: etyczny kodeks przypominający, aby być miłym, wdzięcznym i pracować nad sobą. Trochę jak dziesięć przykazań, ale mniej surowe i bardziej zen.

Aura: energetyczne pole wokół ciała. W reiki uważa się, że można je czyścić i uzdrawiać. To jakby robić porządki w osobistej przestrzeni energetycznej.

To tylko niektóre z terminów, które otwierają drzwi do fascynującego świata reiki. Kiedy zaczynasz zagłębiać się w te pojęcia, zdajesz sobie sprawę, że nawet będąc poszukiwaczem, możesz znaleźć miejsce, którego nauka jeszcze nie zgłębiła.

Przewodnik po technikach reiki

Jest niczym instrukcja obsługi dla tych, którzy chcą dodać trochę duchowej energii do swojego życia. Pamiętajcie, twardo stąpam po ziemi, więc moje podejście może być bardziej analityczne niż zwykle spotykane w świecie reiki.

Samoleczenie reiki – to jak naukowiec bawiący się w alchemika. Usiądźcie lub połóżcie się w wygodnej pozycji, weźcie kilka głębokich oddechów i pozwólcie sobie na chwilę relaksu. Rozpocznijcie od położenia dłoni na głowie, a następnie stopniowo przesuwajcie je w dół ciała, skupiając się na każdej części. Wyobraźcie sobie, jak energia przepływa przez wasze dłonie. Nie martwcie się, nie potrzebujecie licencji na prowadzenie tego eksperymentu.

Czyszczenie aury – technika ta polega na delikatnym machaniu dłońmi wokół ciała, jakbyście wykonywali zaklęcia (ale bez różdżki). Wyobrażajcie sobie przy tym, jak oczyszczacie aurę z negatywnych energii.

Leczenie na odległość – brzmi trochę jak telepatia. W tej technice skupiacie się na osobie, którą chcecie „leczyć", wyobrażając sobie, że jest przed wami. Następnie kierujecie swoje intencje i energię w jej stronę. Trochę jak wysyłanie energetycznego e-maila.

Równoważenie czakr – wyobraźcie sobie, że jesteście duchowymi DJ-ami miksującymi energię w waszych czakrach. Kładziecie dłonie nad każdą czakrą, zaczynając od podstawy kręgosłupa aż do czubka głowy, i skupiacie się na przepływie i równoważeniu energii.

Medytacja reiki – tradycyjna medytacja, ale z dodatkiem energii reiki. Usiądźcie w spokojnym miejscu, weźcie kilka głębokich oddechów i pozwólcie sobie na chwilę wyciszenia. Skupcie się na przepływie energii przez ciało, wyobrażając sobie, jak każdy oddech wypełnia was spokojem i energią.

Reiki to nie tylko techniki, ale również sposób na życie. Czy te techniki działają? Jak w każdym eksperymencie, wyniki mogą się różnić. Najważniejsze jest jednak, aby podejść do tego z otwartym sercem i umysłem. Bo przecież, jak mawiają, w nauce i duchowości najważniejsze jest ciągłe odkrywanie.

KAMIENIE – ZAPEWNIAJĄ OCHRONĘ I WSPARCIE

DLA OSÓB MAJĄCYCH W SWOIM OTOCZENIU FAŁSZYWYCH
PRZYJACIÓŁ LUB JAK KTO WOLI UKRYTYCH WROGÓW

Kamienie mają moc, którą możemy zrozumieć tylko wtedy,
gdy nauczymy się słuchać ich milczenia.

RACHEL CARSON, amerykańska biolożka morska i pisarka,
pionierka ruchu ekologicznego

Czy zastanawialiście się kiedyś, dlaczego kamienie fascynują nas od zarania dziejów? Jest coś urzekającego w tych twardych, często milczących świadkach historii Ziemi, które –jakby na przekór swojej naturze – zdają się szeptać tajemnice do ucha wrażliwego słuchacza. Jeśli myślicie, że to niedorzeczne i wznosicie brew w nieufności, może znajdziecie w tych opowieściach coś dla siebie.

Zacznijmy od tego, że ludzkość od zawsze otaczała się kamieniami. Czy to w formie ozdobnych przedmiotów, amuletów czy nawet budulca – kamienie były i są obecne w każdej kulturze, w każdym zakątku świata. Ale dlaczego? Czy tylko ze względu na ich trwałość, piękno, czy może jest w tym coś więcej? A jeśli kamienie chcą nam coś przekazać, jeśli mówią, nawet jeśli będzie to tylko echo naszych myśli i przekonań?

Zapraszam was do świata, gdzie kamienie nie są tylko bezdusznymi przedmiotami, ale mogą być narzędziami osobistego rozwoju, samopoznania, a nawet – dla tych najbardziej otwartych – źródłem niewidzialnej siły. Zabiorę was na wyprawę pełną ciekawych historii, osobistych doświadczeń i naukowych eksploracji, podczas której razem spróbujemy odpowiedzieć na pytanie: co tak naprawdę szepczą kamienie.

Będzie to podróż nie zawsze logiczna, ale z pewnością pełna zaskakujących odkryć i nieoczekiwanych zwrotów akcji. Może właśnie w tym tkwi prawdziwa magia kamieni – nie w ich tajemniczych mocach, ale w zdolności do otwierania naszych umysłów na nowe, niespodziewane perspektywy.

Historie wyryte w skale – kamienne legendy świata

Przejdźmy przez korytarz czasu i odkryjmy, jak różne kultury wykorzystywały kamienie nie tylko jako narzędzia czy ozdoby, ale także jako nośniki opowieści i legend.

Ametyst – upojenie bez alkoholu? Zacznijmy od starożytnej Grecji, wyobraźcie sobie, że ametyst był tam traktowany jak cudowny lek na kaca. Serio, starożytni Grecy byli przekonani, że ten fioletowy kamyk to magiczne antidotum na zbyt mocne imprezowanie. Ale czy naprawdę mieli tajemne informacje o cudownych mocach ametystu, czy to po prostu jakaś bajka? Wyobraźcie sobie taką grecką biesiadę – wszyscy elegancko ubrani, a na szyjach mają naszyjniki z ametystów, żeby móc sobie hulać do białego rana bez obawy, że za bardzo popłyną. Współczesna nauka ma na ten temat zupełnie inne zdanie. Niemniej jednak nie ma co umniejszać siły starej dobrej opowieści.

Obsydian – ostrzejszy niż plotki. Czarny jak najgłębsza noc obsydian nie dość, że służył jako broń czy narzędzie, to jeszcze ludzie w starożytności traktowali go jak amulet. Wyobrażacie to sobie? Naprawdę wierzyli, że ten ciemny kamień odstrasza złe duchy, a może nawet i fałszywych kumpli, co tylko udają przyjaciół. A co na to nauka? Potwierdza, że obsydian jest megaostry, ale czy na pewno potrafi przebić kłamstwo i fałsz? To już zostawiam waszej ocenie.

Turmalin – elektryzujące opowieści. Wiecie, co jest niesamowite w turmalinie? Ten kamień potrafi przyciągać takie rzeczy, jak popiół czy papier, kiedy się go podgrzeje. To dlatego, że ma właściwości piezoelektryczne. Dla starożytnych był to kamień przyciągający popiół i wykorzystywali go w swoich rytuałach. Teraz, z perspektywy nauki, rozumiemy, jak to wszystko działa. Ale powiedzcie sami, czy to nie brzmi jak scenariusz prosto z filmu fantasy? Kamień z magiczną mocą – kto by pomyślał!

Różowy kwarc – miłość ukryta w kamieniu. Prawdziwy symbol miłości i harmonii. Wierzcie lub nie, ale w starych legendach mówiono, że to prezent od bogów, amulet na szczęście w miłości. Nawet jeśli nie wierzycie w takie rzeczy, to przyznajcie, że łatwo dać się mu się oczarować. Czy myślicie, że jak będziecie nosić różowy kwarc przy sobie, to miłość sama was znajdzie? Nauka mówi, że raczej nie, ale czy naukowcy naprawdę ogarniają wszystko, co jest związane z miłością?

Jaspis – kamień wojowników. Ten kamień w ziemistych barwach był bardzo ważny dla starożytnych wojowników. Był amuletem dającym odwagę i siłę. Wyobraźcie sobie tych starych bohaterów, jak idą na bitwę z jaspisem na szyi albo w kieszeni, wierzących, że ten kamień pomoże im wygrać. Ale czy naprawdę jaspis może dodać komuś siły? Może nie dosłownie, w sensie fizycznym, ale wiecie, jak działa umysł, gdy w coś mocno wierzymy. Może to właśnie ta wiara w moc jaspisu dodawała im siły.

Malachit – symbol zdrowia i odrodzenia. W starożytnym Egipcie wierzono w jego moce, zwłaszcza w leczeniu dolegliwości oczu. Ten intensywnie zielony kamień pełnił rolę talizmanu życia i płodności, był też amuletem ochronnym.

Kamienie niosą bogatą historię, która wplata się w naszą kulturę i wierzenia. Nie musicie wierzyć w magiczne moce, aby docenić ich miejsce w historii ludzkości. Czy jesteście gotowi na więcej tajemniczych historii? Przygotujcie się, bo nasza kamienista podróż właśnie się rozpoczyna.

Kamienie w rytuałach i obrzędach

Kamienie są nie tylko ozdobą na wystawie jubilera, ale grają główne role w ceremoniach i obrzędach. Nawet w naszym racjonalnym świecie nadal mają coś do powiedzenia. Oto kilka fascynujących przykładów, jak kamienie wplatają się w kulturowe i religijne praktyki na całym świecie.

Diamenty na indyjskich ślubach – symbol trwałości czy rozrzutności? W Indiach diamenty są nieodzownym elementem ceremonii ślubnych, symbolizują trwałość i siłę związku. Ale zważywszy na ich cenę, można by przypuszczać, że reprezentują również tendencję do zaciągania kredytów. Tak czy inaczej mają w indyjskiej kulturze ślubnej symboliczną wartość, o której pamiętają nawet najbardziej zapracowani bankierzy.

Turkus i rytuały amerykańskich rdzennych mieszkańców. W kulturze Indian turkus był często wykorzystywany w ceremoniach religijnych jako symbol nieba i wody. Rdzenni mieszkańcy wierzyli, że kamień ten może zapewnić deszcz i dobre plony. Dziś nauka wyjaśnia, że deszcz nie spada z nieba z powodu turkusu, ale może rdzenni Amerykanie mieli jakiś sekret, o którym nie wiemy?

Jadeit i chińskie ceremonie pogrzebowe. W Chinach jadeit był i jest nadal wykorzystywany w ceremoniach pogrzebowych. Starożytni Chińczycy wierzyli, że ten kamień ma moc ochrony duszy zmarłego w zaświatach. Czy jadeit

faktycznie może chronić duszę, czy to tylko piękna tradycja? Na to pytanie każdy musi odpowiedzieć sobie sam,
choć naukowcy prawdopodobnie machnęliby ręką ze znie-
cierpliwieniem.

Czarny obsydian w meksykańskich rytuałach. W Meksy-
ku kamień ten był używany w rytuałach azteckich. Miał
pomagać w komunikacji ze światem duchów. Czyżby obsydian był starożytnym odpowiednikiem WhatsAppa dla
kontaktu z zaświatami? Prawdopodobnie nie, ale z pewnością dodawał mistycznego klimatu ceremoniom.

**Krystaliczne uzdrawianie – nowoczesne praktyki
z odrobiną starożytności.** Współczesne praktyki uzdrawiania kryształami, choć często poddawane krytyce przez
sceptyków, mają korzenie w starożytnych wierzeniach.
Kryształy używane do medytacji czy w terapii są dla wielu
ludzi symbolem duchowego uzdrowienia. Nauka jest jednak sceptyczna. Wskazuje na efekt placebo. Możliwe, że
tak właśnie jest, ale jeśli ten kamień dodaje wam pewności
siebie przed ważnym spotkaniem, to czemu nie?

**Turmaliny w chińskich rytuałach – kamień równowagi
i ochrony.** Turmalin jest często wykorzystywany w rytuałach mających na celu ochronę i przywrócenie harmonii.
Jego barwne odmiany symbolizują różne aspekty życia
– od miłości po bogactwo. Czy turmalin faktycznie ma
moc harmonizowania energii? Naukowcy mogą się uśmie-
chać pod nosem, ale w chińskiej tradycji turmalin nadal
cieszy się uznaniem.

Ametyst w chrześcijaństwie – symbol skromności i duchowej mocy. Znany z pięknego fioletowego koloru ametyst ma długą historię związaną z chrześcijaństwem. Uważany za symbol skromności i wstrzemięźliwości, jest często noszony przez biskupów. Czy noszenie go czyni nas bardziej duchowymi? Sceptycy mogą na to odpowiedzieć uśmiechem, ale w historii chrześcijaństwa ametyst nadal zajmuje ważne miejsce.

Kamienie przeciwko fałszywym przyjaciołom

Czy istnieje coś bardziej frustrującego w dzisiejszych czasach niż fałszywi przyjaciele? W tej epoce social mediów i sztucznych uśmiechów trudno czasem odróżnić, kto jest szczery, a kto nie. Ale nie martwcie się, tu z pomocą przychodzą prawdziwi twardziele – kamienie. Przyjrzymy się kilku, które według legend mogą pomóc w ochronie przed fałszywymi towarzyszami życia.

Ametyst – detektor kłamstw. Ulubieniec wśród miłośników kamieni. Według legend ametyst to kamień, który pomaga dostrzec prawdę w oczach kłamcy. Wyobraźcie sobie scenę: jesteście na spotkaniu z przyjacielem, który zawsze wzbudzał wasz niepokój. Nosicie na szyi ametyst, a on nagle robi się ciepły, prawie gorący, gdy „przyjaciel" zaczyna opowiadać kolejną niewiarygodną historię. Czyżby ametyst działał jak detektor kłamstw? Nauka na to nie wskazuje, ale kto wie, może w ametystach jest coś więcej niż tylko piękny kolor?

Turkus – mruczący ostrzegacz. Mówi się, że to kamień, który „mruczy" ostrzegawczo, gdy fałszywy przyjaciel znajdzie się zbyt blisko. Wyobraźcie sobie sytuację: siedzicie spokojnie, a turkusowy naszyjnik zaczyna nagle „mruczeć", gdy zbliża się „ta" osoba. Czy turkus faktycznie działa jak osobisty system alarmowy? To raczej kwestia interpretacji, ale nie zaprzeczamy, że to ciekawa koncepcja.

Czarny obsydian – odstrasza złą energię. Ulubieniec miłośników mrocznej estetyki jest uważany za kamień ochronny, który odstrasza negatywną energię. Kiedy fałszywy przyjaciel, który tworzy złą atmosferę, zbliża się, obsydian rzekomo pochłania te negatywne emocje. Być może nie jest to naukowo udowodnione, ale któż z nas nie chciałby mieć kamienia, który wchłania złą energię jak gąbka.

Różowy kwarc – promotor prawdziwej miłości i przyjaźni. Mówi się, że różowy kwarc pomaga przyciągnąć prawdziwych przyjaciół i odsunąć fałszywych. Czy noszenie naszyjnika z różowego kwarcu sprawi, że nagle otoczą nas same lojalne osoby? Nauka jest sceptyczna, ale może warto spróbować dla samego piękna kamienia?

Kryształ górski – wzmacniacz intuicji. Gdy macie wątpliwości co do czyichś intencji, po prostu trzymajcie kryształ w dłoni i słuchajcie wewnętrznego głosu. Może to tylko efekt psychologiczny, ale czasem intuicja potrafi być najlepszym doradcą.

Pamiętajcie, że choć nie udowodniono, że kamienie mają magiczne moce, to ich obecność i piękno mogą przynieść chwilę refleksji i spokoju w naszym często pełnym chaosu życiu. A kto wie, może właśnie dzięki temu dostrzeżemy prawdziwych przyjaciół, którzy są obok nas. Czy to nie jest swego rodzaju magia?

Kamienne radary

Zastanawialiście się kiedyś, czy kamienie mogą służyć jako radar do wykrywania ukrytych wrogów? Zanim zaczniecie się śmiać, pozwólcie, że przedstawię kilka, które podobno mają takie zdolności.

Hematyt – czujnik złych intencji. Hematyt, znany z metalicznego połysku, według niektórych działa jak czujnik złych intencji. Wyobraźcie sobie, że ktoś wchodzi do waszego pokoju, a hematyt na komodzie zaczyna intensywniej błyszczeć. Czy to znak, że ta osoba jest nam nieprzychylna? Nauka mówi, że to mało prawdopodobne, ale kto nie chciałby mieć własnego detektora kłamstw?

Onyks – ostrzegawcze mrugnięcie. Rzekomo kamień ten ma ostrzegać przed fałszywymi ludźmi przez delikatne mrugnięcie. Może to tylko odbicie światła, ale według legend, jeśli onyks mrugnie, kiedy ktoś mówi, to warto dwa razy przemyśleć, czy ta osoba jest godna zaufania.

Nawet jeśli to tylko zabobon, zawsze warto być ostrożnym, prawda?

Szafir – błękitny alarm. Głęboko błękitny szafir jest uważany za kamień mądrości. Niektórzy twierdzą, iż potrafi zmieniać odcień na bardziej intensywny, gdy w pobliżu jest osoba dwulicowa. To jakby mieć własnego kamiennego bodyguarda. Choć prawdopodobnie zmiana koloru to po prostu gra światła. Ale kto wie, może faktycznie szafir ma jakieś tajemne moce.

Kryształ górski – lustrzane odbicie. Ponoć działa jak lustro odbijające prawdziwe intencje ludzi. Jeśli staje się mętny, gdy ktoś jest w pobliżu, to może być oznaką, że nie wszystko z tą osobą jest w porządku. Oczywiście zmiana koloru kryształu może być spowodowana wieloma czynnikami, ale pomyślcie, jak fajnie byłoby mieć kamień, który ostrzega przed nieuczciwymi ludźmi.

Czy zaczynacie wierzyć w magiczne właściwości kamieni? Prawdopodobnie nie, ale mam nadzieję, że chociaż uśmiech pojawił się na waszych twarzach.

Kamienne eksperymenty – praktyczne zastosowania

Kamienie to coś więcej niż ozdobne przedmioty. Poniżej przedstawiam kilka praktycznych sposobów wykorzystania kamieni w codziennym życiu, opartych na historiach osób, które twierdzą, że kamienie pomogły im w realnych sytuacjach.

Agat – kamień dla mówców. Rzekomo pomaga w komunikacji i wyrażaniu myśli. Spotkałam kiedyś mężczyznę, który zawsze miał przy sobie agat podczas ważnych prezentacji. Twierdził, że uspokaja jego nerwy i pozwala mu mówić płynnie. Może to tylko efekt placebo, ale skoro pomaga mu zachować spokój podczas publicznych wystąpień, dlaczego nie?

Chryzokola – uspokajacz nerwów. Znana z właściwości uspokajających chryzokola była ulubionym kamieniem pewnej pani, która używała jej do radzenia sobie ze stresem. Trzymała kamień w kieszeni i ściskała go w trudnych momentach. Czy faktycznie pomagał, czy to tylko siła sugestii? Ona przysięgała, że dzięki niemu czuła się zrelaksowana.

Pietersyt – kamień motywacji. Kolejny interesujący kamień, który podobno pomaga w koncentracji i motywacji. Poznałam kiedyś studentkę, która nosiła go podczas sesji egzaminacyjnej. Twierdziła, że kamień pomógł jej zachować skupienie i zdać egzaminy. Czy to magia, czy po prostu dobra przygotowanie? Nie wiem, ale jeśli czujecie, że brakuje wam motywacji, może warto spróbować?

Rodonit – łagodzenie konfliktów. Znam osobę, która umieściła rodonit w biurze i twierdziła, że od tego czasu atmosfera w pracy stała się bardziej harmonijna. Czy kamień naprawdę miał na to wpływ, czy to tylko przypadek? Trudno powiedzieć, ale jeśli szukacie sposobu na poprawę atmosfery w pracy, może warto spróbować?

Czy te kamienne opowieści przekonały was do ich magicznych właściwości? Prawdopodobnie nie, ale pamiętajcie, eksperymentowanie to także dobra zabawa. Kto wie, może odkryjecie w kamieniach coś więcej niż tylko twardą powierzchnię.

Talizmany na szczęście

Skupmy się na kamieniach, które od dawna cieszą się opinią przynoszących szczęście. Przyjrzyjmy się kilku wybranym, które są znane z pozytywnych właściwości, choć sceptycy kiwają głowami z niedowierzaniem.

Malachit – magia zielonego serca. Znany jest z wyjątkowego zielonego koloru. Mówi się, że malachit sprzyja miłości i wzajemnemu zrozumieniu. Możecie go nosić jako naszyjnik lub bransoletkę, by przyciągnąć do swojego życia miłość i harmonię. Czy działa? Może to tylko piękna baśń, ale jeśli ktoś z was znajdzie dzięki niemu miłość, to dajcie znać!

Awenturyn – rozpraszacz chmur. Iskrzy się zielonym blaskiem i uważany jest za kamień, który rozprasza nieporozumienia. Wyobraźcie sobie, że nosicie go w kieszeni podczas trudnych rozmów i nagle, jak dzięki dotykowi czarodziejskiej różdżki, wszelkie nieporozumienia znikają jak czarne chmury na niebie. Brzmi niewiarygodnie? Pamiętajcie, że uśmiech i pozytywne nastawienie też mogą zdziałać cuda.

Tygrysie oko – odpędzanie pecha. Ten kamień ze złoto-
-brązowymi pasmami to kolejny amulet, który ma przynosić szczęście. Podobno noszenie go odpędza pecha. Czy to
znaczy, że jeśli potkniecie się na chodniku, to dlatego, że
zapomnieliście tygrysiego oka z domu? Nie do końca, ale
pomyślcie, jak fajnie będzie mieć coś, co przypomni wam
o potrzebie bycia ostrożnym.

Cytryn – booster pozytywnej energii. Ten jasnożółty kamień jest symbolem szczęścia i pozytywnej energii. Jeśli
trzymacie cytryn w dłoni w chwili smutku, ponoć zaczyna
rozświetlać wasze myśli. To prawdopodobnie tylko efekt
psychologiczny, ale jeśli coś może poprawić nastrój, dlaczego nie skorzystać?

Czy kamienne talizmany faktycznie przynoszą szczęście, czy to tylko piękne historie? Niezależnie od tego, jak
podchodzicie do tej kwestii, pamiętajcie, że czasem samo
posiadanie czegoś, co symbolizuje szczęście i pozytywne
myślenie, może mieć wielką moc. Dlaczego więc nie dać
szansy tym kolorowym amuletom? Może właśnie dzięki
nim znajdziecie więcej radości w codziennym życiu.

Kamienne talizmany – tworzenie osobistej ochrony

Każdy kamień może stać się waszym osobistym strażnikiem. Oto kilka prostych kroków, które pomogą wam wybrać, oczyścić i zadedykować kamień dla osobistej ochrony.

Wybór kamienia: co mówi serce? Krok pierwszy to wybór kamienia. Może to być ten, który przyciąga was wyglądem, kształtem czy kolorem. Jak powiedziałby sceptyk: „Wybierzcie ten, który najbardziej wam się podoba". Możecie na przykład wybrać labradoryt, znany z iryzującego połysku, który podobno wzmacnia intuicję. A może hematyt, który ma właściwości uziemiające? Pamiętajcie, że intuicja jest najlepszym przewodnikiem.

Oczyszczanie kamienia: czystość to podstawa. Kiedy już macie swój kamień, ważne jest, aby go oczyścić. Dlaczego? Sceptyk powie, że aby usunąć odciski palców. Możecie to zrobić, trzymając kamień pod bieżącą wodą (pamiętajcie, niektóre nie lubią wody!) lub używając dymu z białej szałwii. To jak kąpiel przed wielką premierą.

Określanie przeznaczenia kamienia: definiowanie intencji. Teraz czas na zakodowanie kamienia. To chwila, kiedy nadajecie mu cel, na przykład ochronę przed negatywną energią. Możecie to zrobić, trzymając kamień w dłoniach i wyobrażając sobie, jak cel wypełnia kamień. Sceptyk powiedziałby: „Cóż, przynajmniej to nic nie kosztuje".

Noszenie kamienia: osobisty strażnik. Ostatnim krokiem jest noszenie kamienia ze sobą. Może to być naszyjnik, bransoletka, a nawet po prostu sam kamień w kieszeni. Każdego dnia, kiedy go nosicie, przypominajcie sobie o waszym celu i intencji. Nawet jeśli jesteście sceptyczni, pomyślcie o tym jak o eksperymencie.

Pamiętajcie, że choć nauka nie potwierdza magicznych właściwości kamieni, ich obecność w naszym życiu może przynieść poczucie spokoju i pewności siebie. A kto wie, może podczas tego procesu odkryjecie coś nowego o sobie samych. Nie zapomnijcie też, że proces tworzenia osobistego talizmanu to także świetna okazja do relaksu i oderwania się od codziennego zgiełku. Więc bawcie się dobrze, eksperymentując z kamieniami!

Gdy intuicja spotyka naukę

Postaram się zbudować most pomiędzy intuicyjnym odbieraniem kamieni a racjonalnym, naukowym podejściem. Opowiem historie osób, które doświadczyły zmian w życiu dzięki kamieniom. Podkreślam zarazem, że nie zawsze trzeba wierzyć w ich magiczne moce, aby zauważyć efekty. **Serpentyn – przyjaciel dla nerwowych.** Znany jest z uspokajających właściwości. Monika, która nosiła serpentyn jako naszyjnik podczas ważnych spotkań biznesowych, mówiła, że kamień ten pomaga jej zachować spokój. Przekonywała, że dzięki serpentynowi czuła się bardziej skoncentrowana i pewna siebie. **Tygrysie oko – fokus i koncentracja.** Według wielu to kolejny kamień, który ma moc poprawy koncentracji. Spotkałam kiedyś Adama, który trzymał tygrysie oko na biurku podczas pracy. Zapewniał, że dzięki temu jego umysł pozostaje skupiony i wolny od rozpraszających myśli. Nauka mówi, że to raczej efekt sugestii, ale jeśli Adamowi pomaga, to dlaczego nie?

Kryształ górski – źródło energii. Kryształ górski jest często uważany za uniwersalny kamień wzmacniający energię. Julia, nauczycielka jogi, używała go podczas sesji medytacyjnych. Mówiła, że pomaga jej wejść w głębszy stan relaksu. Naukowo rzecz biorąc, efekty mogą być spowodowane samą medytacją, ale Julia jest przekonana, że to zasługa kryształu.

Chalcedon – harmonizujący relacje. Karol miał w domu chalcedon w formie ozdoby. Twierdził, że od kiedy pojawił się w jego przestrzeni, atmosfera w domu stała się bardziej spokojna i harmonijna. Czy to magia chalcedonu, czy może zmiana dekoracji wnętrza wpłynęła na to?

Historie te mogą być dla was inspiracją do eksperymentowania z kamieniami. Niezależnie od tego, czy wierzycie w ich moce, czy nie, eksploracja tego świata może być fascynującą przygodą. Dlaczego by więc nie spróbować? Może właśnie odkryjecie w kamieniach coś, co przyniesie wam spokój, radość czy nową energię.

Kamienie w codziennym życiu – praktyczne porady

Nawet jeśli jesteście z tych, co nie wierzą w żadne czary-mary, możecie spróbować wykorzystać kamienie w codziennym życiu. To nie tylko bajecznie kolorowe błyskotki, mogą też dać nam coś fajnego bez magicznej otoczki.

Biżuteria – moda z głębszym znaczeniem. Noszenie kamieni jako biżuterii to nie tylko sposób na dodanie sobie blasku, ale też na cieszenie się ich obecnością. Możecie wybrać na przykład jadeit, który jest uważany za kamień spokoju i równowagi. Jeśli ktoś zapyta, dlaczego nosicie jadeitową bransoletkę, zawsze możecie powiedzieć: „To moja tarcza przeciwko codziennemu chaosowi". A jeśli to nie przekona sceptyków, przynajmniej będą mieli o czym rozmawiać przy kawie.

Kamienie w domu – dekoracje z dodatkowym efektem. Możecie na przykład postawić fluoryt w kuchni. Mówi się, że ten kamień pomaga w utrzymaniu porządku – co przyda się, jeśli to pomieszczenie po gotowaniu przypomina pole bitwy. Kiedy teściowa zauważy fluoryt na blacie i zapyta, po co wam ten kamień, możecie odpowiedzieć, że to wasz sekretny pomocnik kuchenny.

Kamienie w pracy – małe rzeczy wielkiej wagi. Czerwony jaspis na biurku może być osobistym kamieniem motywacji. Gdy szef zauważy ten ciekawy przedmiot i zapyta, dlaczego go tam trzymacie, możecie powiedzieć: „To mój sposób na utrzymanie energii przez cały dzień". Nawet jeśli to nie działa, przynajmniej doda odrobiny charakteru waszemu miejscu pracy.

Kamień kieszonkowy – osobisty strażnik. Rozważcie noszenie małego kamienia w kieszeni. Biały kwarc może być waszym kamieniem spokoju, który trzymacie w kieszeni podczas stresujących spotkań. Kiedy dłoń dotknie kamienia, przypomnicie sobie, żeby wziąć głęboki oddech i zachować spokój. A jeśli ktoś Was zapyta, co tam macie, możecie odpowiedzieć, że to wasz osobisty strażnik spokoju.

Nawet jeśli nie wierzycie w magiczne właściwości kamieni, to ich obecność może przynieść odrobinę radości, uroku lub być świetnym tematem do rozmowy. Warto więc spróbować. Może odkryjecie, że kamienie, choć milczące, mogą być doskonałymi towarzyszami w życiu codziennym.

Jak dbać o kamienie – porady dla początkujących

Zastanawialiście się kiedyś, jak dbać o te skarby, które nosicie przy sobie czy trzymacie w domu? Oto kilka praktycznych porad na temat oczyszczania, ładowania i przechowywania kamieni. Nawet największy sceptyk przyzna, że kamienie, tak jak wszystko inne, wymagają odrobiny troski.

Oczyszczanie kamieni – ożywcza kąpiel. Możecie użyć do tego wody z kranu, ale pamiętajcie, że niektóre kamienie, jak chociażby selenit, nie lubią wody! Alternatywą może być oczyszczanie dymem z szałwii. Wystarczy, że zapalicie szałwię i przeprowadzicie przez dym kamień. To jak mały zabieg spa.

Ładowanie kamieni – słoneczna i księżycowa energia. Po oczyszczeniu warto naładować kamienie energią. Można to zrobić, wystawiając je na słońce lub księżyc. Niektóre kamienie, jak obsydian, mogą uwielbiać słoneczne ciepło, ale pamiętajcie, że zbyt długie wystawianie na słońce może spowodować wyblaknięcie. Możecie też zostawić kamienie na noc w księżycowym świetle, aby napełnić je energią.

Przechowywanie kamieni – własne miejsca. Każdy kamień powinien mieć swoje miejsce. Możecie użyć małych woreczków, pudełek lub specjalnych szkatułek. Opal, na przykład, będzie szczęśliwy w miękkim woreczku, który pomoże chronić go przed zarysowaniami. Organizacja to klucz do zachowania kamieni w dobrej kondycji.

Dbanie o kamienie to nie tylko zachowanie ich piękna, ale także sposób na stworzenie pewnego rodzaju więzi z nimi. Nawet jeśli nie wierzycie w ich magiczne właściwości, to pamiętajcie, że każdy przedmiot, który traktujemy z szacunkiem i troską, może stać się ważną częścią naszego życia.

Nauka kontra wiara

Przyjrzyjmy się, jak te dwa światy – często postrzegane jako przeciwstawne – mogą się zaskakująco przenikać. Nie bójcie się, nie zamierzam was przekonać do noszenia kamieni dla ochrony przed piorunami, ale może znajdziemy wspólny grunt dla obu perspektyw.

Bursztyn – od starożytnych amuletów do elektrostatyki. Bursztyn, od dawna uważany za amulet chroniący przed złym losem, ma również swoje miejsce w świecie nauki. To właśnie ten przyciągający po potarciu drobne przedmioty kamień dał początek terminowi „elektryczność". Czyżby starożytni mieli rację, przypisując mu magiczne właściwości? Może nie odstraszał duchów, ale z pewnością odegrał rolę w historii nauki.

Celestyn – niebiańska piękność i strukturalne cuda. Ze swoim niebiańskim błękitnym blaskiem celestyn często jest uważany za kamień duchowego wzrostu i wewnętrznego spokoju. Naukowcy doceniają go za coś innego – jego niezwykłą strukturę krystaliczną, która może być kluczem do zrozumienia geologicznych procesów. Czy spokojny błękit ma moc uspokajania umysłów? Nauka mówi, że to subiektywne odczucie, ale piękno i struktura tego kamienia z pewnością mogą inspirować.

Topaz – od egipskich talizmanów do twardości mineralnej. W starożytnym Egipcie noszony jako amulet ochronny. Jest również ceniony w geologii za swoją bardzo wysoką twardość na skali Mohsa. Oczywiście noszenie topazu nie sprawi, że staniecie się odporni na wszelkie nieszczęścia, ale jego wyjątkowa twardość na pewno zasługuje na uwagę. Może nie chroni przed złym okiem, ale z pewnością jest trudny do zarysowania.

Gagat – starożytny ochroniarz czy węglowy skarb? Używany od stuleci jako amulet ochronny jest interesujący także dla geologów. To odmiana węgla, która powstała miliony lat temu z przerobionych organicznych materiałów. Czy jego pochodzenie daje mu magiczną moc? Nauka mów, że nie, ale historia i proces jego powstawania są fascynujące.

Zarówno nauka, jak i wiara w kamienie, mogą nas zainspirować na różne sposoby. Niezależnie od tego, czy wierzycie w ich właściwości, czy podchodzicie do nich z naukowego punktu widzenia, kamienie mogą być źródłem fascynacji. Nawet jeśli jesteście sceptykami, pozwólcie sobie na podejście z ciekawością do tych twardzieli. Możecie się zdziwić, co odkryjecie!

Jak umysł i ciało reagują na kamienie

Kontynuujemy podróż, w której nauka ściera się z wiarą, a humor jest przewodnikiem. Nie będziemy robić rozety z kamieni, ale przyjrzymy się, jak interakcja z kamieniami może wpływać na nasze samopoczucie.

Efekt placebo – umysł i jego kamienne triki. Jeśli mocno wierzycie, że trzymanie w kieszeni kawałka ametystu pomoże wam przebrnąć przez stresujący dzień, to jest szansa, że tak się stanie. Naukowcy mówią, że to nie ametyst działa cuda, ale wasz umysł, który w nie wierzy. To trochę jak przekonanie się, że poranna kawa naprawdę czyni cuda, choć to tylko gorzka woda z kofeiną.

Terapia dotykiem – interakcja z kamieniem. Dotykanie gładkiego, chłodnego kamienia może być uspokajające. Niektórzy twierdzą, że to dlatego, że kamienie mają energię. Sceptyk powie, że to po prostu przyjemne uczucie chłodu i gładkości na skórze. Czyżbyśmy odkryli kamienne spa dla palców?

Wizualna stymulacja: oczy i kamienie. Piękno kamieni – ich kolory, wzory, połysk – może być prawdziwą ucztą dla oczu. Czy to sprawia, że czujecie się lepiej? Może. To trochę jak patrzenie na ulubione dzieło sztuki. Nawet jeśli nie zrozumiecie, co artysta miał na myśli, to i tak jest miłe dla oka.

Kamienie jako przypomnienie: psychologia symboliki. Jeśli nosicie kamień jako symbol siły czy spokoju, może on działać jak małe przypomnienie o waszych celach czy wartościach. To jak noszenie zdjęcia ukochanej osoby – przypomina o miłości i bliskości, nawet jeśli dana osoba jest daleko.

Interakcja z kamieniami może mieć ciekawy wpływ na wasze umysły i ciała. Może to być efekt placebo, przyjemne uczucie dotyku, radość dla oczu czy symboliczne przypomnienie – kamienie mają wiele do zaoferowania. Nie wierzcie mi na słowo, tylko sami spróbujcie, jak to z nimi jest.

Kamienie na ścieżkach przyszłości

Stoimy u progu przyszłości, trzymając w ręku kamienie – te małe skarby Ziemi, które przetrwały erę dinozaurów, epokę lodowcową i pewnie przetrwają nas wszystkich. Ale nie bójcie się, to nie jest smutne zakończenie. To początek czegoś nowego i ekscytującego.

W przyszłości, jak sobie wyobrażam, kamienie będą naszymi wiernymi towarzyszami. Może nie będą służyły tylko jako amulety czy ozdoby, ale staną się integralną częścią codziennego życia. Możecie sobie wyobrazić inteligentne kamienie, które pomogą wam medytować, wyciszać umysł, a może nawet zarządzać domem? Kto wie, może ametyst będzie wysyłał powiadomienia o nadchodzących spotkaniach, a różowy kwarc przypomni o rocznicach i urodzinach bliskich.

Ale nie zapominajmy o magii. Tak, nauka idzie do przodu, ale jest w kamieniach coś więcej niż molekuły i atomy. Jest w nich historia, energia i jakaś tajemnica, której nie da się wyjaśnić w laboratorium. Może w przyszłości odkryjemy nowe sposoby korzystania z tej magicznej energii. Nauczymy się lepiej rozumieć, jak kamienie oddziałują na nasze ciała i umysły.

I pamiętajcie, kamienie to nie tylko narzędzia, to nauczyciele, którzy uczą nas szacunku do Ziemi i przypominają o naszym miejscu we wszechświecie. Mam nadzieję, że w przyszłości z pomocą kamieni jeszcze bardziej zbliżymy się do natury i nauczymy się żyć w harmonii z naszą planetą.

Niezależnie od tego, jak zmienia się świat, niezależnie od tego, jakie niesamowite technologie się pojawią, kamienie będą zawsze symbolami trwałości, piękna i tajemnicy. Niech będą dla was źródłem inspiracji, ukojenia i siły. Otwórzcie się na ich magiczną moc i pozwólcie sobie na dalsze odkrycia. Kto wie, jakie niesamowite tajemnice czekają na nas, ukryte w tych małych błyszczących skarbach. To dopiero początek kamiennej przygody!

RUNY – SZYBKA ODPOWIEDŹ WSKAZUJĄCA KONKRETNY CEL I KIERUNEK

DLA ZABIEGANYCH

Runy to symbolika, która łączy nas z naszą przeszłością
i wprowadza w kontakt z naszym wewnętrznym światem.

NIGEL PENNICK, brytyjski pisarz, astrolog,
geomanta, okultysta i artysta

Do tych tajemniczych znaków, które od wieków rozpalają wyobraźnię, początkowo byłam nastawiona sceptycznie. Kiedy po raz pierwszy o nich usłyszałam, w myślach ujrzałam stare, zapomniane litery, które są ozdobą na średniowiecznym manuskrypcie. Ale moje pierwsze spotkanie z runami to było coś jak zaskakująca scena z filmu.

Wydarzyło się to w latach dziewięćdziesiątych. Odkrywałam wtedy świat z innej perspektywy, doskonaląc umysł na kursie prowadzonym przez samego Leszka Emfazego Stefańskiego. Pamiętam ten dzień, chyba nawet kończący kurs, jak przez mgłę. Koleżanka z tajemniczym uśmiechem wyjęła mały woreczek. W środku były kamyczki z dziwnymi symbolami. Cała nasza grupa, pełna entuzjazmu i ciekawości, zgromadziła się wokół niej jak dzieci wokół nowej zabawki. Nikt nie miał pojęcia, co to jest.

A kiedy wspomniała, że to runy, Leszek – jakby tylko czekał na ten moment – zaczął mówić. Jego słowa były jak otwieranie bramy do innego świata. Wprowadził nas w historię run, opowiadał o ich magicznej mocy i o tym, jak były używane przez wieki. Słuchałam z otwartymi ustami, całkowicie pochłonięta wykładem. To był moment, w którym runy skradły moje serce.

Od tego dnia są moim wiernym kompanem. Początkowo był to flirt, później głęboka fascynacja, aż w końcu stały się częścią mojego codziennego życia. Teraz, kiedy spoglądam na te kamyczki z tajemniczymi znakami, nie mogę powstrzymać uśmiechu. Kto by pomyślał, że taka drobna rzecz może całkowicie odmienić życie?

Runy nie tylko wprowadziły mnie w świat magii i tajemnic, ale też nauczyły, że największe odkrycia często czekają tuż za rogiem, zupełnie niespodziewane. Los pisze najlepsze scenariusze.

W tym rozdziale zabiorę was w podróż przez świat run, z nieco ironicznym podejściem, idealnym dla takich sceptyków jak ja. Opowiem wam, jak zaczęłam, jakie błędy popełniałam (bo było ich wiele!) i jak runy stały się częścią mojego życia. Nie obiecuję, że po przeczytaniu staniecie się mistrzami run, ale mam nadzieję, że poczujecie choć odrobinę tej magii, która mnie urzekła. Pamiętajcie jednak, żeby nie brać wszystkiego zbyt poważnie. W końcu, jak mówią runy... Ale zobaczycie sami.

Co to są runy?

Zacznijmy od początku, bo przecież każda dobra historia musi go mieć. I zanim zapytacie, już odpowiadam – nie, nie używam ich do pisania esemesów, choć może wyglądają jak znaki, które ktoś zapomniał dodać do standardowej klawiatury.

Runy to coś więcej niż starodawne emotikony. Ich historia sięga głęboko w przeszłość. Pochodzą z zamierzchłych czasów, kiedy ludzie patrzyli w gwiazdy, a nie w ekrany smartfonów. Skrypty runiczne były używane przez różne kultury, głównie przez te ze Skandynawii i Germanii, a ich początki datuje się na około 150 rok n.e.

Co takiego jest w runach, że wciąż o nich mówimy? Każda ma swoje znaczenie, trochę jak współczesne emoji. Jednak zamiast oznaczać buziaka lub łapkę w górę, dotyczą ważnych dziedzin życia. Jest runa na szczęście, ochronę, miłość...

Czy runy mają jakieś nadprzyrodzone moce? To pytanie, na które każdy musi odpowiedzieć sobie sam. My, współcześni miłośnicy run, uważamy, że mają pewną magiczną moc. Może nie taką, która sprawi, że nagle znajdziecie się w Hogwarcie, ale na pewno taką, która może wpłynąć na wasze życie. Trochę jak wiara w horoskopy – wierzysz czy nie, czasem miło jest pomyśleć, że gwiazdy mają dla nas coś dobrego.

Runy to starożytne symbole, które noszą w sobie różne znaczenia. Były używane do pisania, magicznych rytuałów, a nawet jako amulety. Mają w sobie coś fascynującego, co przyciąga ludzi od setek lat. Teraz, gdy już wiesz, czym są, opowiem ci, jak z nimi pracować. Przygotuj się na magiczną podróż bez konieczności pakowania walizek!

Runy w codziennym życiu

Brzmi to trochę jak temat *reality show*, prawda? Ale runy mogą być bardziej przydatne, niż myślicie. I nie mówię tu o rzucaniu zaklęć na szefa, żeby nagle polubił wasze raporty.

Zacznijmy od czegoś prostego. Pewnego razu stanęłam przed wyzwaniem, które zna każda kobieta: wyprzedaż w ulubionym sklepie z butami. Czerwone szpilki wprost wołały mnie po imieniu. Ale czy naprawdę ich potrzebowałam? Postanowiłam, że sprawdzę, co na to runy. Wyciągnęłam runę *ansuz*, która w mojej interpretacji oznacza mądre wybory. I wiecie co? Zgodnie z sugestią nie kupiłam tych butów. Tydzień później znalazłam piękniejsze i w lepszej cenie!

Runy mogą też pomagać w ważniejszych życiowych wyborach. Kiedyś stanęłam przed decyzją o zmianie pracy.

W moim umyśle szalała burza. Z pomocą przyszła mi runa *eihwaz* (odrodzenia), co zinterpretowałam jako znak, że czas na nowy rozdział. I była to jedna z najlepszych decyzji w moim życiu.

Pamiętajcie jednak, że runy to nie magiczna kula, która pokaże wam przyszłość. To narzędzie, które pomaga skupić myśli i zobaczyć sytuację z innej perspektywy. Jak używać run w codziennym życiu? Możecie rzucać je rano, by zobaczyć, jaki będzie dzień, albo przed ważną decyzją, by uzyskać dodatkowy punkt widzenia.

Oczywiście nie zawsze runy będą mówić to, co chcecie usłyszeć. Jak wtedy, gdy runa *nauthiz* (przeszkoda) uparcie pojawiała się, gdy planowałam weekendowy wyjazd. Zignorowałam ją, a potem okazało się, że zapomniałam zarezerwować hotel!

Runy mogą być świetnym sposobem na dodanie odrobiny magii do codzienności. Pomagają skupić myśli, zastanowić się nad różnymi aspektami życia i czasem po prostu urozmaicić dzień. Pamiętajcie jednak, że to narzędzie, a nie odpowiedzi na wszystkie pytania.

Pierwsze kroki z runami

Jak wybrać pierwszy zestaw run? Musicie znaleźć taki, który do was przemawia. Możecie kupić gotowy w sklepie ezoterycznym, zamówić przez internet, a nawet zrobić sami, jeśli czujecie w sobie ducha artysty. Pamiętajcie, że runy mogą być wykonane z różnych materiałów – kamienia, drewna, a nawet gliny. Wybierzcie ten, który najbardziej was przyciąga. To trochę jak wybieranie partnera na randkę – chcecie, aby był sympatyczny i byście czuli z nim pewien rodzaj porozumienia.

Kiedy już macie swój zestaw, czas się z nim zaprzyjaźnić. Tak, zaprzyjaźnić. Runy, podobnie jak ludzie, lubią czuć, że są ważne. Poświęćcie trochę czasu na zapoznanie się z nimi. Dotknijcie każdej, poczujcie jej fakturę, zobaczcie, jak wygląda. Możecie nawet nadać im imiona, jeśli macie ochotę. To jak zapraszanie nowego znajomego do swojego świata.

Następnie zacznijcie ich używać. Możecie zacząć od prostych rzeczy i wylosować rano jedną runę, by zobaczyć, co przyniesie dzień. To jak sprawdzanie horoskopu, tylko trochę bardziej osobiste. Nie oczekujcie od razu wielkich odkryć. To pierwsza randka, więc trzymajcie emocje na wodzy.

Pamiętajcie, że praktyka czyni mistrza. Im więcej będziecie korzystać z run, tym bardziej będziecie się z nimi utożsamiać. To trochę jak budowanie relacji – im więcej czasu i energii w nią inwestujecie, tym silniejsza się staje.

Pierwsze kroki z runami to przede wszystkim zabawa i eksploracja. Pamiętajcie, że to dopiero początek przygody, więc bawcie się dobrze i bądźcie cierpliwi.

Runy w pracy – od deadline'ów do spotkań

Przenieśmy się do miejsca, które większość z nas zna aż za dobrze – biura. Tak, nawet w świecie pełnym raportów, deadline'ów i niekończących się spotkań runy mogą być dla nas ratunkiem.

Zacznijmy od komunikacji w zespole. Wszyscy wiemy, że czasem wystarczy jedno nieporozumienie, aby projekt zmienił się w koszmar. Tutaj pomoże runa *ansuz*, która symbolizuje komunikację i mądrość. Wyobraźcie sobie, że przed ważnym meetingiem wyciągacie tę runę i trzymacie ją w kieszeni. Będzie jak talizman, który pomaga wypowiadać słowa trafiające prosto w sedno.

A co z kreatywnymi rozwiązaniami? Tutaj świetnie sprawdzi się runa *kenaz* – symbol ognia, transformacji i kreatywności. Gdy stoicie przed wyzwaniem, które wymaga myślenia wykraczającego poza schematy, *kenaz* może być jak kreatywny zastrzyk energii. To jakby mieć w kieszeni lampę Aladyna.

Nie zapominajmy o deadline'ach, tych słodko-gorzkich terminach. W takich chwilach, gdy czas nagli, a wszystko spada na głowę, warto sięgnąć po runę *eihwaz*. Symbolizuje wytrwałość i odporność, coś, co z pewnością przyda się w maratonie do końca projektu.

Ale uwaga, runy nie są magicznym rozwiązaniem wszystkich problemów zawodowych. To nie tak, że wrzucicie *kenaz* do koszyka z projektami, a one same się zrobią.

Runy to narzędzie, które pomaga skupić myśli, dodać odwagi lub kreatywności, ale praca to nadal praca – wymaga wysiłku i zaangażowania.

Runy mogą być cennym dodatkiem do waszego zawodowego arsenału. Pomagają w komunikacji, kreatywności i radzeniu sobie z presją. Ale to nadal tylko narzędzie, sukces zależy od was i waszego zaangażowania.

Runy w miłości i relacjach – nie tylko dla romantyków

Przyszła pora na tematy sercowe. Nie martwcie się, nie zamierzam rzucać miłosnych zaklęć czy tworzyć eliksirów. Zamiast tego pokażę wam, jak runy mogą pomóc w zrozumieniu i poprawie relacji, nie tylko tych romantycznych.

Zacznijmy od emocji – czasem trudnych do zrozumienia, a co dopiero wyrażenia. Tutaj świetnie sprawdzi się runa *gebo*, symbolizująca dar, równowagę i partnerstwo. Wyobraźcie sobie, że wyciągacie ją podczas małego kryzysu w związku. *Gebo* przypomina nam o znaczeniu dawania i brania, o równowadze, która jest kluczowa w każdej relacji.

A teraz anegdota z życia. Mój mąż zawsze zostawiał otwarte tubki pasty do zębów. To działało na mnie jak płachta na byka. Pewnego dnia, kiedy frustracja sięgnęła zenitu, postanowiłam skonsultować się z runami. Wyciągnęłam *ehwaz*, runę reprezentującą ruch, zmianę, a także partnerstwo. Wtedy do mnie dotarło: moja irytacja z powodu pasty to tylko symbol głębszej potrzeby – przestrzeni i zrozumienia.

Runy mogą być również pomocne w budowaniu głębszej więzi. Na przykład *wunjo* – runa radości i satysfakcji. Wyobraźcie sobie, że wyciągacie ją przed ważną rozmową z bliską osobą. *Wunjo* może pomóc w znalezieniu radości i zrozumienia w waszej relacji.

Pamiętajcie jednak, że runy nie zastąpią ani dobrej komunikacji, ani pracy nad związkiem. Są raczej jak drogowskazy, które pomagają zrozumieć i skierować nasze myśli na właściwe tory. Mogą być wspaniałym narzędziem do lepszego zrozumienia siebie i innych, do budowania głębszych relacji i radzenia sobie z emocjami.

Runy dla zdrowia i dobrostanu

Przechodzimy do sfery zdrowia emocjonalnego i fizycznego z lekkim przymrużeniem oka, bo przecież runy to nie tabletki przeciwbólowe. Nie są lekarstwem, ale warto spróbować, bo nie zaszkodzą.

Chcę jednak podkreślić, że runy to nie zamiennik wizyty w przychodni. Jeśli coś wam dolega, udajcie się do odpowiedniego lekarza, a nie sięgajcie po woreczek z runami. Runy mogą jednak wspierać nasze zdrowie emocjonalne i fizyczne, być narzędziem do znalezienia wewnętrznej równowagi i spokoju. Na przykład runa *laguz*, która jest związana z wodą, może pomóc w zanurzeniu się w głębokie emocje i przepływie uczuć. To trochę jak mentalna kąpiel, która odpręża i uspokaja.

A co ze stanem fizycznym? Tutaj przychodzi z pomocą runa *uruz*, symbolizująca siłę i zdrowie. Trzymanie jej w kieszeni nie sprawi, że nagle przebiegniecie maraton, ale może pomóc w budowaniu wewnętrznej siły i wytrzymałości.

Kiedyś, po bardzo stresującym dniu w pracy, postanowiłam wylosować runę na dobry sen. W moim ręku pojawiła się *isa*, runa zimy i spokoju. Nie wiem, czy to była magia, czy po prostu zmęczenie, ale tej nocy spałam jak dziecko.

Runy to nie cudowne lekarstwo, ale mogą być wsparciem w dbaniu o zdrowie emocjonalne i fizyczne. Pomagają w poszukiwaniu równowagi, odprężenia i wewnętrznej siły. Zawsze jednak kierujcie się zdrowym rozsądkiem i w razie potrzeby konsultujcie z lekarzem.

Ludzie naprawdę w to wierzą

Chciałabym opowiedzieć wam historie osób, które dały się uwieść runom i nie żałują.

Zacznijmy od mojej przyjaciółki Kasi. Od dłuższego czasu rozważała zmianę pracy, ale ciągle coś ją powstrzymywało. W końcu, po wielu rozmowach i kawach, postanowiła zasięgnąć rady run. Wyciągnęła *perthro*, runę związaną z losem i nieznanym. To był dla niej znak, że czas otworzyć się na nowe możliwości. Tydzień później dostała ofertę pracy, o której zawsze marzyła. Zbieg okoliczności? Nie sądzę!

Marek miał dylemat dotyczący remontu salonu. Tak, wiem, wybór koloru ścian to nie największy problem na świecie, ale dla Marka to była prawdziwa zagadka. Postanowił zapytać run o radę. Wylosował *fehu*, runę związaną z bogactwem i obfitością. Zainspirowany tym, zdecydował się na bogaty złoty odcień. Salon Marka wygląda teraz jak z katalogu wnętrzarskiego.

Te historie pokazują, że runy mogą być inspirującym narzędziem w codziennych decyzjach. Nie twierdzę, że są magicznym rozwiązaniem wszystkich problemów. Ale mogą pomóc spojrzeć na sytuację z innej perspektywy i dodać odwagi do podjęcia decyzji.

Oczywiście są sceptycy, którzy powiedzą: „To wszystko autosugestia!". I może mają trochę racji. Ale czasem odrobina wiary w magię i pozytywne myślenie mogą zdziałać cuda.

Runy są dla wielu osób narzędziem, które pomogło im w ważnych momentach życia. Od decyzji zawodowych przez wybory estetyczne, aż po osobiste przemyślenia.

Praktyczne ćwiczenia z runami

Doszliśmy do najbardziej ekscytującej części – praktyki! Oto kilka prostych ćwiczeń z runami, które możecie wykonać niemal wszędzie, nawet podczas przerwy na kawę.

Nie potrzebujecie magicznej różdżki ani szaty czarodzieja. Wystarczą runy i chęć do eksperymentowania.

Codzienne losowanie runy. Zacznijcie każdy dzień od wylosowania jednej runy. Po prostu włóżcie rękę do woreczka z runami i wyjmijcie jedną na chybił trafił. Spójrzcie na nią, poczytajcie o jej znaczeniu i zastanówcie się, jak może odnosić się do waszego dnia. Zacznijcie dzień z odrobiną magii.

Runa na dobranoc. Przed snem wylosujcie jedną runę i połóżcie ją pod poduszkę. Niech towarzyszy wam w marzeniach. Rano zastanówcie się, czy miała wpływ na wasze sny i nocne przemyślenia. Może runa snów stanie się waszym ulubionym rytuałem?

Runiczny kalendarz. Zróbcie sobie tygodniowy kalendarz z runami. Na każdy dzień tygodnia przypiszcie jedną runę i jej znaczenie. Może to być świetny sposób na zaplanowanie tygodnia z odrobiną dodatkowej inspiracji.

Runa jako rozwiązanie problemu. Gdy staniecie przed trudną decyzją lub problemem, wylosujcie runę. Nie oczekujcie konkretnej odpowiedzi, ale zastanówcie się, jak jej symbolika może odnosić się do waszego dylematu. To jak rozmowa z mądrym przyjacielem, który nie zawsze mówi dokładnie to, co chcesz usłyszeć, ale zawsze coś, co warto przemyśleć.

Runa dnia dla kogoś innego. To świetny sposób na połączenie się z przyjaciółmi czy rodziną. Wylosujcie runę dla kogoś bliskiego i podzielcie się z nim jej znaczeniem. Może to być początek ciekawej rozmowy lub sposobu na pokazanie, że myślisz o tej osobie.

Te ćwiczenia mają być zabawą i sposobem na lepsze poznanie run. Nie traktujcie ich zbyt poważnie, ale z otwartym umysłem i sercem. Kto wie, może dzięki nim odkryjecie w sobie mistrza run?

Rytuały dla zabieganych

W dzisiejszym świecie, gdzie czas to luksus, którego wiecznie brakuje, wprowadzenie mistycznych runicznych rytuałów do naszego harmonogramu wydaje się niemożliwe. Ale mam dobre wieści. Rytuały runiczne mogą być jak szybki makijaż przed wyjściem – krótkie, proste, a jednak skuteczne.

Poranny rytuał z runami. Zanim jeszcze wstaniecie z łóżka, sięgnijcie po woreczek z runami. Wybierzcie jedną, nie patrząc – będzie waszym przewodnikiem na cały dzień. Pomyślcie o niej jak o osobistej runicznej mantrze na cały dzień.

Rytuał runy ochronnej. Przed wyjściem z domu wybierzcie runę, która będzie waszą ochroną na cały dzień. Może to być runa *algiz* dla ochrony, *thurisaz* dla siły czy *berkana* dla odnowy. Trzymajcie ją w kieszeni lub torebce jak talizman.

Szybka medytacja z runą. Jeśli czujecie się zestresowani, zróbcie chwilę przerwy. Znajdźcie spokojne miejsce, wyjmijcie runę i skupcie się na niej przez kilka minut. Pozwólcie, aby jej energia uspokoiła wasze umysły i ciała. To jak krótka sesja medytacyjna w ciągu dnia.

Rytuał poszukiwania odpowiedzi. Gdy stoicie przed ważną decyzją, wylosujcie runę, która pomoże wam spojrzeć na sprawę z innej perspektywy. Nie oczekujcie magicznej odpowiedzi, ale pozwólcie, aby runa zainspirowała was do dalszych przemyśleń.

Rytuał wieczornej refleksji. Na koniec dnia usiądźcie spokojnie z runą, którą wybraliście rano. Zastanówcie się, jak jej energia wpłynęła na wasz dzień. To podsumowanie dnia z odrobiną runicznej mądrości.

Runy to narzędzie, które ma ułatwiać życie, a nie je komplikować. Te proste rytuały są jak małe akcenty, które mają wprowadzić trochę magii do waszego zabieganego dnia.

Interpretacja run

Nie potrzebujecie doktoratu z runologii, aby zrozumieć, co wszechświat próbuje wam powiedzieć. Pokażę wam, jak interpretować runy w prosty, ale efektywny sposób, odnosząc je do życia codziennego.

Podstawowe znaczenie runy. Każda ma swoje. Na przykład *fehu* symbolizuje bogactwo, a *berkana* odrodzenie. Zacznijcie od zapoznania się z podstawowymi znaczeniami, ale nie traktujcie ich jak niezmienne prawdy. Pomyślcie o nich raczej jak o słownikowych definicjach, które nabierają sensu w kontekście zdania.

Kontekst jest kluczem. Kiedy interpretujecie runy, zawsze bierzcie pod uwagę kontekst. Jeśli pytacie o pracę, a wyciągniecie *fehu*, to może oznaczać nadchodzący sukces finansowy. Ale jeśli pytacie o związek, *fehu* może sugerować, że warto zainwestować w relację więcej wysiłku.

Runy odwrócone. Niektórzy uważają, że zmieniają one znaczenie na przeciwne lub osłabiają. Na przykład odwrócona *jera* może sugerować opóźnienia, zamiast obiecanych owoców pracy. Ale czy odwrócona runa oznacza, że dzisiaj powinniście unikać kawy? Jeśli kawa ma dla was szczególne znaczenie...

Intuicja przed regułami. Podczas interpretacji run pozwólcie, aby prowadziła was intuicja. Runy są narzędziem do głębszego zrozumienia siebie i otaczającego was świata, a nie zestawem ścisłych reguł. Jeśli czujecie, że runa mówi wam coś innego niż podręcznik, posłuchajcie wewnętrznego głosu.

Ćwiczcie i eksperymentujcie. Najlepszym sposobem na naukę interpretacji run jest praktyka. Eksperymentujcie z różnymi pytaniami, sytuacjami i interpretacjami. Z czasem zauważycie, że zrozumienie run i ich znaczeń staje się coraz głębsze.

Przygotujcie się na trochę śmiechu, odrobinę wzruszeń i dużo runicznej magii. Oto kilka historii, które mogą przekonać sceptyków.

Runa, która uratowała kolację. Ania jest mistrzynią w zapominaniu o ważnych rzeczach. Pewnego razu zapomniała o zaplanowanej kolacji z przyjaciółmi. W panice wyciągnęła runę *eihwaz*, która symbolizuje przetrwanie i wytrwałość. Zainspirowana, rzuciła się do kuchni i udało jej się stworzyć coś z niczego. Dania okazały się hitem wieczoru, a Ania do dziś uważa, że to zasługa runy.

Decyzja o przeprowadzce. Tomek długo zastanawiał się nad przeprowadzką do innego miasta. Nie mógł podjąć decyzji, aż pewnego dnia postanowił zasięgnąć rady run. Wyciągnął *raidho*, runę podróży. To był znak. Teraz mieszka w wymarzonym mieście, a runy stały się stałym elementem jego życia.

W poszukiwaniu miłości. Ewa, po wielu nieudanych randkach, postanowiła zapytać run o radę w kwestiach sercowych. Wyciągnęła *gebo*, symbol partnerstwa. Tydzień później poznała kogoś wyjątkowego na imprezie u przyjaciela. Czy to zasługa runy? Ewa jest przekonana, że tak.

Sposób na stres w pracy. Marcin, zmagający się ze stresem w pracy, zaczął codziennie rano losować runę. Pewnego dnia trafił na *sowilo*, symbol siły i sukcesu. Tego dnia odważył się przedstawić swoje pomysły szefowi. Spotkały się z dużym uznaniem. Marcin teraz zawsze nosi tę runę ze sobą na ważne spotkania.

Runa, która pomogła w trudnych czasach. Katarzyna przechodziła przez trudny okres w życiu. Czuła się zagubiona i bezsilna. Pewnego wieczoru wylosowała *isę*, runę zimy i stagnacji, ale także wewnętrznej siły. To było dla niej przypomnienie, że czasem trzeba się zatrzymać, aby móc pójść dalej. Dziś jest bardziej spokojna i zrównoważona.

Te historie pokazują, jak różnorodne i nieoczekiwane mogą być doświadczenia z runami. Niezależnie od tego, czy jesteście sceptykami, czy entuzjastami, runy mają coś do zaoferowania każdemu.

Runy a nauka

Nauka – nasza cudowna logiczna przyjaciółka, zawsze gotowa do eksperymentów i statystyk. A jeśli powiem wam, że runy i nauka mogą iść ramię w ramię? Przynajmniej w pewnym sensie... Spójrzmy na to z przymrużeniem oka, bo życie bez poczucia humoru byłoby jak wykres bez danych.

Runy a psychologia. Powiedzmy to sobie szczerze: runy działają na naszą psychikę trochę jak placebo. Wyciągacie runę, myślicie o jej znaczeniu i nagle znajdujecie w sobie siłę, aby podjąć decyzję. To trochę jak terapia – psycholog zadaje pytania, a ty nagle doznajesz olśnienia. Runy mogą być narzędziem do eksploracji własnych przekonań i emocji.

Statystyki a runy. Ludzie uwielbiają statystyki. „Statystyki nie kłamią" – mówią. Pamiętam jednak, kiedy jeden z moich wykładowców powiedział: „Ze statystyką jest jak z pijanym i latarnią, wesprzeć się na niej można, ale daleko się nie zajdzie". Kiedy mówi się o runach, nagle wszyscy stają się sceptykami. Nie będę bronić run jako metody naukowej, ale ciekawe, jak bardzo sceptycy ufają liczbom, które często są równie nieprzewidywalne jak runiczne symbole.

Eksperymenty z runami. Gdybyśmy chcieli zrobić eksperyment naukowy z runami, prawdopodobnie skończyłoby się na bardzo subiektywnych wynikach. „Sześćdziesiąt pięć procent uczestników poczuło się lepiej po wyciągnięciu runy *wunjo*" – brzmi jak tytuł pracy magisterskiej, prawda? Runy działają bowiem w sferze osobistych doświadczeń, co jest równie ważne, chociaż trudne do zmierzenia.

Osobiste przekonania. Warto pamiętać, że nasze przekonania mocno wpływają na to, jak interpretujemy świat wokół nas. Czy to runy, czy statystyki, zawsze jesteśmy skłonni interpretować rzeczy w sposób, który potwierdza nasze wewnętrzne przekonania. Może więc runy to po prostu narzędzie, które pomaga nam zrozumieć samych siebie?

Runy i nauka to dwie różne sfery. Jednak obie mogą być wartościowe w poszukiwaniu własnego „ja".

Runy dla początkujących – magia codzienności

Może nadal jesteście sceptykami, a może już zaczynacie widzieć runy w nieco innym świetle. Kiedy ja zaczynałam przygodę z runami, byłam pełna wątpliwości. „Magiczne kamienie, które pomagają podejmować decyzje?

Tak, na pewno..." – myślałam. Ale im więcej czasu spędzałam z runami, tym bardziej zaczynałam doceniać ich wartość. Nie jako magiczne narzędzie, które odpowie na wszystkie pytania, ale jako sposób na zatrzymanie się, zastanowienie i spojrzenie na sytuację z nowej perspektywy.

Runy nauczyły mnie, że czasem odpowiedzi, których szukamy, są już w nas. Potrzebujemy tylko chwili spokoju i refleksji, aby je odnaleźć.

Zachęcam was, abyście sami spróbowali. Może to będzie tylko chwilowa zabawa, a może odkryjecie w runach coś więcej, coś, co zaskoczy was tak, jak kiedyś zaskoczyło mnie. Podejdźcie do run z otwartym umysłem, ale zachowajcie zdrowy rozsądek. Dajcie sobie czas na odkrywanie i nie spodziewajcie się cudów.

Pamiętajcie, że runy to nie tylko starożytne symbole, lecz także sposób na lepsze zrozumienie siebie i świata wokół nas. Niezależnie od tego, czy wierzycie w ich moc, czy postrzegacie je jako ciekawostkę kulturową, runy mają wam coś do zaoferowania.

Skrypty dla zabieganych

To zbiór historii osób, którzy w swoim pełnym obowiązków życiu znaleźli chwilę na runy. Nie są to opowieści o czarodziejach czy wróżbitach, to historie o zwykłych ludziach.

Runy w kolejce po kawę. Anna, menedżerka z wielkiego miasta, każdego ranka stoi w nieskończenie długiej kolejce po kawę. Pewnego dnia, zamiast przewijać bezmyślnie social media, postanowiła zająć się runami. Wylosowała *ehwaz*, runę ruchu i zmiany. Uśmiechnęła się pod nosem, bo w końcu, co może być bardziej symbolizować ruch niż kolejka do kawy o ósmej rano?

Runy w przerwie obiadowej. Tomek, informatyk, ma zawsze bardzo krótkie przerwy obiadowe. Postanowił, że to idealny czas na runiczny odpoczynek. Wyciąga losowo runę i zastanawia się nad nią, jedząc kanapkę. Mówi, że to jego runiczny *fast food*. Ulubiona runa? *Kenaz* – runa ognia i kreatywności. Idealna na rozgrzewkę umysłu przed drugą częścią dnia pracy.

Runy w podróży służbowej. Helena dużo podróżuje służbowo. Lotniska, samoloty, hotele... Zaczęła brać ze sobą runy, aby umilić czas podróży. Jej ulubiona technika? Rzucanie run na stoliku w samolocie i zastanawianie się nad ich znaczeniem. Mówi, że to najlepszy sposób na oderwanie myśli od turbulencji.

Runy podczas wieczornej jogi. Marcin, nauczyciel jogi, wprowadził runy do praktyki. Po każdych zajęciach wyciąga runę i dzieli się jej znaczeniem z uczniami. To jego sposób na połączenie starożytnej mądrości z nowoczesnym relaksem. Jego ulubioną jest *isa* – runa zimy i spokoju, idealna na uspokojenie umysłu po intensywnym treningu.

Runy w kolejce w sklepie. Ewa wykorzystuje czas w kolejce w sklepie, aby poćwiczyć interpretację run. Mówi, że to idealny sposób na praktykę cierpliwości i koncentracji. Najbardziej lubi *jerę* symbolizującą żniwa i nagrodę za ciężką pracę – idealną metaforę długiego czekania w kolejce.

Jak widać, runy można wpleść w każdy, nawet najbardziej zapełniony dzień. Czy w kolejce po kawę, czy podczas przerwy obiadowej – zawsze znajdzie się chwila na odrobinę runicznej refleksji. Mam nadzieję, że te historie zainspirują was do znalezienia własnego sposobu na włączenie run do codziennego życia. Życzę wam wielu owocnych i niespodziewanych runicznych przygód!

Znaczenie run

Każda ryska i kreska na tych tajemniczych skandynawskich emoji, których nasi przodkowie używali, zanim wynaleziono smartfony, ma swoje znaczenie, a interpretacja może być równie zaskakująca, co przepowiednia wróżbity.

Fehu – **runa selfie.** Kojarzona z bogactwem. To jak patrzenie na konto w banku i marzenie o wygranej na loterii. Radość, sukces, ale też przestroga – pamiętajcie, żeby nie wydać wszystkiego na niepotrzebne gadżety.

Uruz – **runa fitnessu.** Symbolizuje siłę, wytrzymałość, czasem upór. To jak ten dzień na siłowni, kiedy czujecie, że możecie przenosić góry, ale następnego dnia wszystko boli. Przypomina, że warto czasem zwolnić.

Thurisaz – runa eks. Reprezentuje konflikt, walkę, a czasami przełom. To jak spotkanie z byłym partnerem – może skończyć się dobrze, ale nie musi. Za to wy musicie być gotowi na wszystko.

Ansuz – runa pogawędek. Symbol komunikacji, mądrości, przypomina, że słowa mają moc. To jak długie rozmowy z przyjaciółmi przy kawie, kiedy rozwiązujecie problemy świata.

Raidho – runa podróżnika. Oznacza podróż, ruch. To jak planowanie urlopu, wiecie, że zawsze coś może pójść nie tak. *Raidho* podpowiada, żeby nie zapomnieć o planie B.

Kenaz – runa inspiracji. Symbolizuje twórczość, oświecenie. To te chwile, kiedy nagle wpadacie na genialny pomysł – najczęściej pod prysznicem. *Kenaz* to przypomnienie, żeby zawsze mieć przy sobie notatnik.

Gebo – runa randek. Oznacza dawanie i otrzymywanie, przypomnienie o równowadze w relacjach.

Wunjo – runa weekendu. Symbolizuje radość, szczęście. To piątkowy wieczór, kiedy cały weekend przed wami. *Wunjo* mówi: „Cieszcie się chwilą, ale pamiętajcie o poniedziałku".

Hagalaz – runa niespodzianek. Kojarzona z niespodziewanymi wydarzeniami i zmianami. To ten dzień, gdy wszystko idzie nie tak. Runa przypomina, że życie jest nieprzewidywalne i warto mieć plan awaryjny.

Nauthiz – **runa wyzwań.** Symbolizuje potrzebę, przymus. To jak te chwile, gdy musicie coś zrobić, choć niekoniecznie macie na to ochotę. *Nauthiz* to przypomnienie, że czasami trzeba stawić czoła trudnościom, by osiągnąć coś większego.

Isa – **runa chłodu.** Reprezentuje stagnację, spokój. To ta chwila, kiedy wszystko jakby zatrzymuje się w miejscu. *Isa* uczy cierpliwości i przypomina, że nie wszystko musi się dziać od razu.

Jera – **runa żniw.** Symbolizuje obfitość, wynagrodzenie za ciężką pracę. To jak patrzenie na efekty pracy po długim czasie. Cierpliwość popłaca, a wysiłek zostanie wynagrodzony.

Eihwaz – **runa przemiany.** Oznacza transformację, wytrwałość. Zmiana może następować powoli, ale jest nieuchronna. *Eihwaz* przypomina, że – pokonując trudności –można sięgnąć gwiazd.

Perthro – **runa tajemnic.** Symbolizuje los, tajemnicę. To jak niespodziewany prezent. Nie wszystko da się przewidzieć, bo życie jest pełne niespodzianek.

Algiz – **runa ochrony.** Reprezentuje ostrożność, obronę. To jak instynktowne unikanie niebezpieczeństw. *Algiz* ostrzega: „Bądźcie czujni, ale niech strach was nie sparaliżuje".

Sowilo – **runa sukcesu.** Oznacza zwycięstwo, jasność. To ten moment, gdy wszystko się układa. Sowilo przypomina, że po każdej burzy wychodzi słońce.

Tiwas – **runa zwycięstwa.** Symbolizuje zwycięstwo, honor, sprawiedliwość. Przypomina, że ciężka praca i determinacja często prowadzą do sukcesu, ale warto pamiętać o uczciwości i honorze w dążeniu do celu.

Berkana – **runa wzrostu.** Symbolizuje wzrost, odnowę, możliwości. Jest przypomnieniem, że każde zakończenie to początek czegoś nowego, a zmiana często przynosi nowe możliwości. To jak obserwowanie rośliny, która rośnie.

Ehwaz – **runa partnerstwa.** Jest jak taniec z dobrze zgranym partnerem. Oznacza harmonię, zaufanie, współpracę. Przypomina, że czasami największe sukcesy osiągamy, pracując z innymi.

Mannaz – **runa ludzkości.** To jak spojrzenie w lustro i zauważenie nie tylko siebie, lecz także całej społeczności. Symbolizuje ludzką naturę, wspólnotę. Uczy, że każdy z nas jest częścią całości i nasze działania wpływają na innych.

Laguz – **runa przepływu.** Jest jak płynąca rzeka. Oznacza przepływ, intuicję, emocje. Przypomina, by płynąć z prądem, słuchać intuicji i nie bać się głębokich emocji.

Ingwaz – **runa potencjału.** Jest jak nasiono czekające na wykiełkowanie. Symbolizuje potencjał, oczekiwanie. Uczy cierpliwości i przypomina, że każda wielka rzecz zaczyna się od małego kroku.

Dagaz – **runa przebudzenia.** To świt, który kończy ciemność nocy. Oznacza przebudzenie, jasność, nowe początki. Przypomina, że po każdej ciemności przychodzi światło i że zmiana perspektywy może całkowicie zmienić nasze życie.

Othala – **runa dziedzictwa.** Symbolizuje dziedzictwo, tradycję, przynależność. Uczy szacunku do przeszłości i przypomina o korzeniach, które kształtują naszą tożsamość. Jest jak stare rodzinne zdjęcie.

Odpowiedzi na najczęściej zadawane pytania, czyli wszystko, co chcielibyście wiedzieć o runach, ale wstydzicie się zapytać.

Czy muszę być wikingiem, żeby używać run?
Nie, nie musisz. Chociaż broda i hełm z rogami mogą być miłym dodatkiem.

Czy runy naprawdę działają?
Zależy, co rozumiesz przez „działanie". Jeśli myślisz o rzucaniu zaklęć jak w *Harrym Potterze*, to niestety nie. Jeśli jednak chodzi o refleksję nad sobą i swoim życiem, to tak, runy mogą być bardzo pomocne.

Skąd mam wiedzieć, że dobrze interpretuję runy?
Praktyka czyni mistrza. Im więcej będziesz pracować z runami, tym lepiej będziesz rozumieć ich język. Pamiętaj, że twoja intuicja jest najlepszym przewodnikiem.

Czy runy mogą przewidzieć przyszłość?
Nie do końca. Runy mogą pomóc wam lepiej zrozumieć teraźniejszość i być może dać wskazówkę co do przyszłych możliwości, ale nie są magiczną kulą.

Czy muszę być bardzo poważny, używając run?

Absolutnie nie! Runy to narzędzie do eksploracji, a ona może być zabawna. Nie bierz wszystkiego na poważnie, pozwól sobie na trochę runicznego luzu.

Czy runy mogą mi pomóc w znalezieniu miłości?

Może i nie znajdziesz dzięki nim miłości życia, ale mogą pomóc ci lepiej zrozumieć, czego naprawdę szukasz w związku.

Ile czasu zajmuje nauka run?

To trochę jak z nauką języka. Podstawy możesz opanować szybko, ale prawdziwe zrozumienie i płynność przychodzi z czasem. Ciesz się każdym krokiem na tej runicznej ścieżce.

Czy runy są bezpieczne?

Tak, są bezpieczne. Chyba że masz zamiar nimi w kogoś rzucać. To zdecydowanie odradzam.

Mam nadzieję, że te odpowiedzi rozwiały wasze wątpliwości i rozbawiły was choć trochę. Pamiętajcie, runy to fascynująca podróż do wnętrza siebie i świata dawnych symboli. Bawcie się dobrze i odkrywajcie go bez obaw.

INTUICJA – POMAGA AKTYWOWAĆ UŚPIONE W NAS MOŻLIWOŚCI

DLA KREATYWNYCH I OTWARTYCH NA NOWE DOŚWIADCZENIA

Intuicja to nasze najmądrzejsze „ja" – nasza wewnętrzna mądrość i wskazówka.

SONIA CHOQUETTE, amerykańska intuicyjna przewodniczka duchowa, autorka i ekspertka w zakresie intuicji, doktor metafizyki

Intuicja – ta tajemnicza siła w nas, która szepcze odpowiedzi, zaskakując naszą logiczną stronę – pomaga aktywować uśpiony w nas potencjał dla kreatywnych i otwartych na nowe doświadczenia. Odkryjmy, jak intuicja może być naszym drogowskazem w życiu, niczym latarnia morska rzucająca światło na nasze codzienne decyzje.

Wyobraźcie sobie intuicję nie jako mapę z dokładnymi instrukcjami, ale jako wiernego przewodnika, który wskazuje kierunek na burzliwym morzu emocji i rozterek. Ta wewnętrzna mądrość, często mylona z emocjami, to coś więcej niż chwilowy impuls. To wewnętrzny mędrzec, który łączy nasze doświadczenia z głęboką wiedzą o nas samych, niczym biblioteka przechowująca wszystkie przeżycia w sekretnych szufladach, by wyciągnąć z nich najlepszą odpowiedź, gdy najbardziej jej potrzebujemy.

Naukowcy opisują intuicję jako szybkie, automatyczne przetwarzanie informacji przez mózg. Jest to niezwykłe narzędzie, które pozwala nam podejmować decyzje w ułamku sekundy, odczytując sytuację znacznie szybciej, niż jesteśmy w stanie to zrozumieć. Intuicja miała udział w wielu historycznych odkryciach – pomyślcie o Newtonie i jabłku czy Mendelejewie, który śnił o układzie okresowym. To właśnie dzięki intuicji nasz mózg potrafi połączyć kropki, tworząc obraz, który wcześniej był niewidoczny.

W praktyce życiowej intuicja jest niczym osobisty doradca, który podpowiada, jaką ścieżkę wybrać na życiowych rozstajach, w momentach podejmowania decyzji o ważnych projektach czy codziennych, pozornie błahych sytuacjach. Nie zawsze jej głos jest wyraźny – często to ledwie szept, ale zawsze warto zatrzymać się i posłuchać.

Uczymy się korzystać z intuicji poprzez praktykę. Im częściej jej używamy, tym bardziej staje się wyrazista i silna. Rozpoczynamy od drobnych decyzji, stopniowo ucząc się ufać temu cichemu głosowi wewnętrznemu, aż staje się on niezawodnym przewodnikiem.

Intuicja to więcej niż magia – to klucz do naszego ukrytego potencjału i ścieżka do pełniejszego, świadomego i spełnionego życia.

Zastanawialiście się, dlaczego wasza intuicja często przypomina śpiącą królewnę, a nie czujnego strażnika?

W naszym zabieganym technologicznym świecie łatwo zaniedbać ten cenny dar wewnętrznego głosu. Oto kilka przyczyn, dlaczego intuicja może być stłumiona, a wraz z nią zdolność do słuchania tego, co mówi nasze wewnętrzne „ja".

W erze Google'a, kiedy odpowiedź na każde pytanie wydaje się na wyciągnięcie ręki, często zapominamy o intuicji. Zastanawiając się nad pogodą, zamiast spojrzeć w niebo, sięgamy po telefon. W ten sposób nasza zdolność do samodzielnego myślenia i odczuwania zostaje zastąpiona przez algorytmy i dane, które – choć użyteczne – nie potrafią czytać myśli ani odczuć.

Nasze umysły przypominają przeglądarki internetowe z otwartymi milionami kart. Rodzina, praca, media społecznościowe – wszystko to sprawia, że wewnętrzny głos ginie w natłoku codziennych obowiązków. W takim świecie, gdzie czas jest luksusem, trudno znaleźć moment, aby zatrzymać się i posłuchać, co mówi nam intuicja.

Nadmierna wiara w logikę również może być przeszkodą w słuchaniu intuicji. Uczymy się, że każdy problem ma logiczne rozwiązanie, ale czy można rozwiązać zagadkę serca za pomocą kalkulatora? Czasem najlepsze rozwiązania przychodzą do nas wtedy, kiedy pozwalamy sobie wyjść poza utarte schematy myślenia.

Strach przed nieznanym często paraliżuje intuicję. Kiedy stoi przed nami wybór, który wymaga śmiałości, łatwiej jest pozostać w bezpiecznej strefie komfortu, niż zaryzykować. Nasza intuicja wtedy zasypia, a my trwamy w rutynie, nie pozwalając sobie na odwagę podążania za głosem serca.

Perfekcjonizm również może zaszkodzić naszej intuicji. W świecie, gdzie wszystko wydaje się być idealne, jak na kolorowych zdjęciach na Instagramie, łatwo jest stracić z oczu własne nietypowe ścieżki, które często prowadzą nas w nieoczekiwane, ale fascynujące miejsca.

By nasza intuicja stała się czujnym strażnikiem, potrzebujemy ciszy. Odkładając smartfony i zamykając miliony kart w przeglądarce umysłu, otwieramy się na głos naszego wewnętrznego „ja", który może prowadzić do prawdziwych odkryć.

Zastanawialiście się kiedyś nad tym, jak często ignorujemy cichy głos naszej intuicji, pozwalając, by głośny krzyk upartego ego przejął kontrolę? Czasem nasze wewnętrzne „ja" próbuje się z nami komunikować, ale zamiast wsłuchać się w jego subtelne sugestie, pozostajemy głusi na jego rady, pozostając z przekonaniem, że mamy rację. Pozwólcie mi pokazać, jak rozpoznać, kiedy mówi do was intuicja, a kiedy to tylko głośne echo waszego ego.

Intuicja nie narzuca się z głośnymi komendami typu „Zrób to, tak będzie najlepiej!". Przypomina szept, który delikatnie podpowiada, że może warto spróbować tej drogi. To ciche przeczucie, które pojawia się subtelnie, bez nacisku, prowadząc nas ku nowym perspektywom.

Gdy intuicja przemawia, towarzyszy temu poczucie spokoju i pewności, nawet jeśli podpowiada coś ryzykownego. To zupełnie inaczej niż kiedy ego krzyczy z uporem i napięciem, niosącym stres i wewnętrzny konflikt. Intuicja to mistrzyni w łączeniu pozornie niepowiązanych rzeczy, tworząc spójny obraz, który ma sens tylko dla nas, jakby każdy jej szept był drogowskazem na naszej życiowej mapie.

Jak głos mamy intuicja budzi w nas poczucie bezpieczeństwa i zaufania. Kiedy coś nam podpowiada, czujemy, jakby ktoś bliski szepnął nam do ucha coś, co wydaje się zarówno nowe, jak i dziwnie znajome.

Ważne jest, aby pamiętać, że intuicja nie lubi pośpiechu. Jeśli czujecie presję, by podjąć decyzję natychmiast, najprawdopodobniej jest to nacisk waszego ego, a nie delikatna podpowiedź intuicji. Ona daje przestrzeń do przemyśleń, pozwala poczuć i zrozumieć, co jest naprawdę ważne.

Rozwijanie intuicji to proces – jak budzenie się wiosny – powolny, delikatny, lecz pewny. Gdy poczujecie intuicyjny szept, zamiast reagować impulsywnie, zatrzymajcie się i posłuchajcie tego mądrego głosu. Może to on poprowadzi was na ścieżki, których wybór okaże się najlepszymi decyzjami życia.

Wyobraźcie sobie, że codzienna kolejka po poranną kawę może stać się nieoczekiwanym miejscem treningu intuicyjnych zdolności. Brzmi niewiarygodnie? A jednak!

Otoczeni zapachem świeżo mielonej kawy i dźwiękiem ekspresu możecie przekształcić te chwile w cenne ćwiczenia na rozwijanie intuicji.

Wyobraźcie sobie, że obserwujecie osobę stojącą przed wami w kolejce. Spróbujcie przewidzieć, co zamówi. Może to być cappuccino, latte, a może herbata? Gdy złoży zamówienie, sprawdźcie, czy wasze przeczucie było trafne. To proste ćwiczenie jest doskonałym sposobem na rozwijanie umiejętności czytania ludzi i sytuacji.

W kolejnym kroku zwróćcie uwagę na emocje osób wokół was, nie słuchając wypowiadanych słów. Czy osoba siedząca w kącie wydaje się zamyślona? A może para przy oknie emanuje szczęściem? To ćwiczenie pomaga w rozwoju empatii i intuicyjnego rozumienia emocji innych.

Kiedy przyjdzie wasza kolej na zamówienie, pozwólcie intuicji wybrać za was. Zamiast zamawiać rutynowo to samo co zawsze, pozwólcie wewnętrznemu głosowi podjąć decyzję. To może być okazja do odkrycia nowego ulubionego smaku.

Spróbujcie też zgadnąć, ile czasu zajmie otrzymanie zamówienia, nie spoglądając na zegarek. To ćwiczenie na synchronizację z czasem może być niezwykle ciekawe i pouczające.

Na koniec zagrajcie w grę skojarzeń, patrząc na przedmioty wokół was. Na przykład widząc filiżankę kawy, pomyślcie o kimś, z kim chcielibyście ją wypić. To ćwiczenie pobudza kreatywność i pomaga w odkrywaniu ukrytych pragnień i myśli.

Te proste ćwiczenia pomogą wzbogacić wasze codzienne rytuały, przynosząc intuicyjną magię do każdego dnia. Niech poranna kolejka po kawę stanie się miejscem rozwijania intuicji, przypominając, że najlepsze pomysły mogą pojawić się wraz z kubkiem kawy.

Zachęcam was do stworzenia wyjątkowego narzędzia – dziennika Intuicyjnego, który stanie się waszym osobistym towarzyszem w odkrywaniu świata intuicji. To nie będą zwykłe zapiski z nastoletnich lat, ale dojrzały zapis intuicyjnych doświadczeń pomagający śledzić i rozwijać tę cenną wewnętrzną umiejętność.

Wyobraźcie sobie, że każda strona tego dziennika to kolejna scena w fascynującym serialu waszego życia, gdzie główną rolę gra intuicja. Zacznijcie od prostej notatki: data, wasze uczucia, przeczucia, a także to, co się działo w waszym życiu w tym czasie. Niech każdy wpis będzie jak intuicyjna rozmowa przy filiżance herbaty – spontaniczna, szczera i bez presji.

Dzięki zapiskom w dzienniku intuicyjnym będziecie mieli okazję prześledzić, kiedy wasza intuicja była trafna, a kiedy nie do końca. To jak oglądanie własnej historii, gdzie każdy wybór, każda decyzja staje się cenną lekcją. Nie zapomnijcie o wprowadzeniu do notatek odrobiny humoru. Czy to śmieszne zdarzenie, czy nietypowe przeczucie – każdy wpis niech przynosi uśmiech.

Regularność i szczerość to klucze do sukcesu tego dziennika. Nie musicie pisać codziennie, ale starajcie się robić to regularnie, będąc w pełni szczerzy. To wasza osobista przestrzeń, gdzie możecie być całkowicie sobą. Co jakiś czas poświęćcie chwilę na refleksję. Przeglądajcie wasze wpisy i zastanówcie się, czego intuicja nauczyła was przez ten czas. Czy zauważacie jakieś wzorce? Czy są momenty, gdy jesteście bardziej intuicyjni niż zwykle?

Rozważcie stworzenie dziennika intuicyjnego jako osobistej mapy skarbów do badania intuicji. Nie zapominajcie o humorze, który może ujawnić zaskakujące aspekty wewnętrznej mądrości. Niech ten dziennik stanie się codziennym przewodnikiem w odkrywaniu intuicji.

Intuicja w świecie biznesu

Czy sukces niektórych liderów, wydających się mieć szósty zmysł, to jasnowidzenie czy efektywne wykorzystanie intuicji? Jak intuicja wpływa na decyzje i strategie w biznesie?

W świecie, w którym dane to nowe złoto, łatwo zapomnieć, że za każdym wykresem i tabelą kryje się coś więcej niż tylko liczby. Intuicja pozwala nam dostrzec ukryte wzorce i możliwości, które nie zawsze są widoczne na pierwszy rzut oka. To jak okulary, które pozwalają zobaczyć to, co niewidzialne dla innych.

Wyobraźcie sobie sytuacje w pracy, kiedy coś wydaje się nie grać w projekcie, mimo że wszystkie dane na to nie wskazują, albo kiedy musicie wybrać między dwoma kandydatami, którzy na papierze wydają się identyczni. W tych momentach intuicja może stać się mądrym mentorem, który cicho podpowiada kierunek.

Intuicyjne podejmowanie decyzji nie oznacza odrzucania wszelkich raportów i analiz. To raczej sztuka równoważenia tego, co mówią dane, z tym, co podpowiada wewnętrzne „ja". To jak taniec, w którym raz prowadzi logika, raz intuicja.

Rozwijanie intuicji w pracy zaczyna się od małych rzeczy. Na przykład zanim otworzycie maila od współpracownika, spróbujcie przewidzieć jego treść. Przed ważnym spotkaniem poświęćcie chwilę na przemyślenia i posłuchajcie, co podpowiada wam intuicja. To proces podobny do rozwijania mięśni – im więcej ćwiczeń, tym lepsze rezultaty.

Kilka słów o liderach. Czy zastanawialiście się kiedyś, skąd wiedzą, kiedy podjąć ryzyko, a kiedy się wycofać? Może wydaje się, że mają kulę do wróżenia ukrytą w biurku, ale prawda jest taka, że wielu z nich po prostu skutecznie korzysta ze swojej intuicji. To ich sekretna broń, która teraz może stać się również waszą.

Bez względu na to, czy jesteście na początku kariery, czy już na szczycie, pamiętajcie, że intuicja to potężne narzędzie do podejmowania świadomych decyzji. Może nawet któregoś dnia wasz intuicyjny talent zaskoczy współpracowników.

Zastanawialiście się, w jaki sposób niektórzy potrafią tworzyć genialne pomysły niemal z niczego? Sekret tkwi w intuicji, najpotężniejszym sprzymierzeńcu w walce z brakiem natchnienia i presją czasu.

Kreatywność nie jest czymś, co można włączyć i wyłączyć według ustalonego harmonogramu pracy. Często najlepsze pomysły przychodzą w najmniej oczekiwanych momentach – pod prysznicem, w kolejce po kawę czy na spacerze z psem. Dzieje się tak, ponieważ intuicja nie przestrzega godzin pracy i jest zawsze aktywna, gotowa zasypać nas pomysłami, kiedy tylko zwrócimy na nią uwagę.

Pod presją czasu nasze umysły mogą działać jak przegrzane komputery, wolno i z błędami. W tych momentach ważne jest, by dać sobie chwilę spokoju. Nawet krótka przerwa na głęboki oddech czy medytację może sprawić, że wszystko zacznie działać płynniej, dając intuicji szansę na przemówienie.

Często doświadczamy wewnętrznych przeczuć, ale ignorujemy je, uważając za zbyt nielogiczne. W procesie kreatywnym to właśnie te niestandardowe, intuicyjne pomysły mogą być kluczem do sukcesu. Nauka słuchania tych podpowiedzi, nawet jeśli wydają się abstrakcyjne, jest nieocenionym narzędziem w naszym kreatywnym arsenale.

Intuicja to suma naszych doświadczeń, wiedzy i umiejętności. W momentach, gdy brakuje nam czasu, warto pozwolić jej czerpać z bogatej skarbnicy doświadczeń. Może nie zawsze będziemy rozumieli, skąd dokładnie wziął się dany pomysł, ale z pewnością będzie on efektem naszych poprzednich przeżyć.

Czasami konieczne jest podjęcie ryzyka, pójście na żywioł. W sytuacjach kryzysowych, kiedy nie ma czasu na długie analizy, intuicyjne decyzje często okazują się najlepszym wyborem. W tych chwilach intuicja staje się niezawodnym przyjacielem.

Kreatywność wynika z umiejętności słuchania wewnętrznego głosu. To narzędzie, które zawsze się sprawdza, aktywuje kreatywność, nawet gdy czas ucieka.

Zanurkujmy w świat, gdzie króluje Excel, a decyzje zdają się ukrywać w tabelach i wykresach. Czy zastanawialiście się nad wartością intuicji działającej obok twardych danych? Nie chodzi o całkowite odrzucanie logiki, ale o umiejętne równoważenie analizy z intuicyjnym spojrzeniem.

Pomyślcie o danych jak o suchych faktach, które mogą powiedzieć wiele, ale nie wszystko. Czasami najistotniejsze odpowiedzi kryją się między wierszami arkusza kalkulacyjnego, ukryte jak obrazy w chmurach – większość ludzi widzi tylko pojedyncze obłoki. Intuicja pozwala dostrzec te ukryte aspekty, rozszyfrowując tajemnice, których twarde dane nie są w stanie ujawnić.

W sytuacjach, gdy nawet najlepsze analizy kończą się wielkim znakiem zapytania, intuicja może okazać się nieocenionym detektywem. Łączy fakty w sposób, którego nie przewidziały żadne algorytmy.

Wyobraźcie sobie, że dane to nuty na partyturze, a intuicja to sposób, w jaki gra się muzykę. Obydwa elementy są niezbędne do stworzenia harmonijnego utworu. Uczcie się więc korzystać z danych jako solidnego fundamentu, ale pozwólcie intuicji dyrygować orkiestrą waszych decyzji.

Słuchanie intuicji może być wyzwaniem, szczególnie gdy jesteście przyzwyczajeni do opierania się wyłącznie na faktach. Zacznijcie od małych kroków. Jeśli czujecie, że jakiś pomysł jest dobry, mimo że dane nie są jednoznaczne, zastanówcie się, dlaczego tak czujecie. Czy jest to intuicja oparta na doświadczeniu, czy po prostu chwilowy kaprys?

Pamiętajcie, że intuicja to nie wróżka, która zawsze ma rację. To raczej narzędzie, które pomaga spojrzeć na problem z innej perspektywy, uzupełniając dane. Nie zastępuje ich całkowicie.

Intuicja a miłość

Relacje i związki mogą czasem wydawać się bardzo skomplikowane. Zastanawialiście się, jak to się dzieje, że niektórzy ludzie znajdują miłość jakby mimochodem, podczas gdy inni próbują rozszyfrować każdą wiadomość od osoby, która sprawia, że ich serce bije szybciej? Czy w labiryncie miłosnych zawiłości intuicja może być lepszym przewodnikiem niż najnowsze aplikacje randkowe? Zdecydowanie tak!

W dzisiejszych czasach, gdy każda wysłana i otrzymana wiadomość jest poddawana analizie, łatwo zapomnieć, że intuicja może być lepszym doradcą niż nadinterpretacja każdego emotikona. „Dlaczego napisał »cześć« zamiast »hej«?" – zastanawiacie się. Czasem warto zamknąć aplikację i posłuchać, co mówi wam serce.

Pamiętajcie, że słowa to tylko część komunikacji. Ważniejsze jest to, co czujecie, będąc z drugą osobą. Czy czujecie się bezpieczni, zrozumiani, zaakceptowani? Intuicja potrafi wychwycić subtelne sygnały, które mówią więcej niż tysiąc słów.

Czy zdarzyło wam się kiedyś czuć, że coś jest nie tak, mimo że wszystko wydawało się idealne? To intuicja próbuje wam coś powiedzieć. Zamiast ignorować te uczucia, spróbujcie je zbadać. Może to klucz do zrozumienia, czego naprawdę potrzebujecie w związku.

Nie chodzi o to, aby zaniedbywać logikę czy zdrowy rozsądek, ale o to, aby pozwolić intuicji również znaleźć swoje miejsce. Czasem serce wie lepiej, kto jest dla nas dobry, nawet jeśli nasz umysł próbuje przekonać nas o czymś innym.

W relacjach łatwo jest się zagubić w analizowaniu, planowaniu i próbowaniu przewidzenia każdego ruchu. A miłość to nie szachy. Czasem trzeba odłożyć na bok strategie i po prostu zdać się na serce.

Intuicja a rodzicielstwo

To cudownie chaotyczna i najbardziej satysfakcjonująca rola w życiu. Czy zastanawialiście się kiedyś, dlaczego, mimo braku instrukcji obsługi, tak dobrze sobie radzicie? Tajemnica tkwi w waszej intuicji, tej cichej mocy, która prowadzi was przez labirynt wychowawczych wyzwań.

Pomyślcie o tych pierwszych momentach, gdy pociechy jeszcze nie mówią, a komunikują się płaczem, śmiechem i różnorodnymi grymasami. Właśnie wtedy wkracza do akcji intuicja, jak supermoc pozwalająca zrozumieć, czego potrzebuje wasze dziecko, jeszcze zanim ono samo to zrozumie. To ona pomaga czytać te subtelne sygnały, które mówią więcej niż słowa.

W świecie pełnym poradników wychowawczych intuicja podpowiada, kiedy być stanowczym, a kiedy dać dziecku więcej swobody. Jest jak wewnętrzny kompas, który pokazuje kierunek, gdy stajecie przed kolejnymi dylematami. Nie zawsze potrzebne są książkowe metody, czasem to intuicja najlepiej prowadzi przez zawiłości wychowania.

To także rodzicielski radar, który ostrzega przed niebezpieczeństwem, zanim coś się wydarzy. Cicha myśl, która podpowiada, żeby sprawdzić, co dziecko robi w pokoju czy dlaczego tak długo siedzi w łazience. To intuicja pozwala zawsze być tam, gdzie dzieci was potrzebują, nawet jeśli one same nie są tego świadome.

Dzieci instynktownie wiedzą, że macie rację, nawet jeśli czasem protestują. Wierzą w was, ponieważ wasza intuicja prowadzi was do działania w ich najlepszym interesie. To ona podpowiada, kiedy powiedzieć „nie" na kolejny odcinek kreskówki przed snem, a kiedy pozwolić na dodatkową godzinę zabawy.

Intuicja a zdrowie

Wasze ciało komunikuje się z wami skuteczniej niż najnowsze gadżety technologiczne, a intuicja okazuje się lepszym doradcą niż najdroższy trener personalny. Czas na rozmowę o zdrowiu, ale w sposób inny niż zwykle – skupmy się na tym, co mówi nam nasze ciało.

Zastanówcie się, czy zauważyliście, jak ciało wysyła sygnały, gdy jesteście zmęczeni –ziewanie, ociężałość. To nic innego jak intuicja mówiąca, że potrzebujecie odpoczynku. W naszym pędzącym świecie często ignorujemy te sygnały, a potem jesteśmy zdziwieni, że brakuje nam energii.

Podobnie jest z jedzeniem. Zamiast ślepo podążać za najnowszymi dietami, spróbujcie wsłuchać się w to, co mówi ciało. Jak reaguje na różne pokarmy? Czy czujecie się po nich pełni energii, czy raczej ospali? Ciało doskonale wie, co mu służy – trzeba tylko nauczyć się go słuchać.

Jeśli chodzi o ruch, wasze ciała również mają preferencje. Nie każdy jest stworzony do maratonów czy ciężkich treningów siłowych. Może lubicie jogę, taniec, a może wolicie spacer w parku? Słuchanie swojego ciała pomoże znaleźć formę aktywności, która jest dla was najlepsza.

Nasze ciała są również doskonałym systemem ostrzegawczym, kiedy coś jest nie tak. Nietypowe uczucie dyskomfortu, zmęczenie, nagłe zmiany w apetycie – to wszystko może być sygnałem, że należy zwrócić uwagę na zdrowie.

Intuicja to również ten cichy głos, który podpowiada, kiedy nadszedł czas na przerwę. Znalezienie czasu na relaks i regenerację jest kluczowe dla utrzymania zdrowia. Słuchajcie więc swojego ciała, kiedy mówi, że potrzebuje odpoczynku.

A co jeśli intuicja wprowadziła nas w błąd? Cóż, nie jest nieomylną wróżką. Intuicja to fantastyczne narzędzie, ale niesie ze sobą też pułapki. Dlatego czasem warto przyjąć jej podpowiedzi z pewnym dystansem.

Zastanówcie się nad sytuacjami, w których intuicja podpowiada wam radykalne działanie, które wydaje się w danym momencie idealne. „Wejdź w ten biznes!", „Kup ten dom teraz!" – mówi. Zanim zrobicie ten wielki skok, warto się jednak na chwilę zatrzymać i przemyśleć decyzję. To, co na pierwszy rzut oka wydaje się intuicyjnym olśnieniem, może okazać się pochopną emocjonalną reakcją.

Często emocje mogą zaciemniać intuicyjne sygnały. Strach, radość, złość – te uczucia potrafią wprowadzać zamieszanie w intuicyjnych przesłaniach. W takich momentach warto oddzielić emocjonalne reakcje od prawdziwych intuicyjnych przeczuć.

Pamiętajcie też, że intuicja często opiera się na wcześniejszych doświadczeniach, co nie zawsze prowadzi do dobrych wyników. Przeszłe niepowodzenia lub sukcesy mogą wpływać na sposób interpretacji obecnych sytuacji, skłaniając nas czasem do błędnych wniosków.

Czasami to, co uważamy za intuicję, może być efektem wewnętrznych uprzedzeń lub stereotypów. Pierwsze wrażenie na temat osoby, oparte na jej wyglądzie czy zachowaniu, nie zawsze odzwierciedla rzeczywistość.

Uważajcie także na intuicyjne podpowiedzi, które mówią, że coś zawsze się sprawdza lub nigdy nie działa. Świat nie jest czarno-biały, a intuicja czasami może nie dostrzegać odcieni szarości.

Równowaga między intuicją a logiką jest kluczem do mądrych decyzji. Jak nie przesadzić z intuicją, aby nie stać się osobą, która na każde pytanie odpowiada: „Po prostu to poczułam"? Trzeba utrzymać zdrowy balans między intuicją a logiką.

Zacznijmy od przypomnienia, że intuicja i logika to nie przeciwności, ale raczej dwie strony tej samej monety. Intuicja może podpowiadać kierunki, ale to logika jest mapą, która pomaga dotrzeć do celu. Są jak yin i yang – uzupełniają się nawzajem.

Czasem intuicja podpowie wam, by zaryzykować, ale warto wtedy posłuchać logiki. Intuicja mówi: „Wejdź w ten biznes!", a logika dodaje: „Ale najpierw zrób biznesplan". To jak tandem – jedno bez drugiego nie działa dobrze.

Intuicja często opiera się na uczuciach, a logika na faktach. Kluczem jest znalezienie równowagi. Słuchajcie tego, co mówi serce, ale nie ignorujcie tego, co mówi głowa. To jak dbanie o roślinę – potrzebuje zarówno wody, jak i światła.

Zanim pójdziecie za tym, co podpowiada intuicja, warto to sprawdzić. Zastanówcie się, czy to, co czujecie, ma sens w kontekście faktów i danych. Czasem intuicja może zaskoczyć was trafnością, a czasem warto mieć plan awaryjny.

Pamiętajcie, że zbytnie poleganie na intuicji bez równowagi z logiką, może prowadzić do decyzji, których później będziecie żałować. Szczególnie że intuicja nie jest nieomylna. To jak chodzenie po linie na wysokości bez zabezpieczenia – ekscytujące, ale ryzykowne.

Podzielę się z wami kilkoma inspirującymi historiami, które dowodzą, jak małe kroki intuicyjne mogą prowadzić do wielkich zmian. Te opowieści, wzięte prosto z życia osób takich jak wy, ukazują, jak potężnym narzędziem jest intuicja. Przygotujcie się na dawkę inspiracji i odrobinę humoru, bo życie pisze najciekawsze scenariusze.

Ania pewnego dnia poczuła nieodpartą chęć na kawę w nowo otwartej kawiarni po drugiej stronie miasta. Choć logika podpowiadała jej, by została w biurze, posłuchała przeczucia. I spotkała dawną znajomą, z którą nie widziała się od lat. To spotkanie zaowocowało nowym projektem biznesowym, który okazał się wielkim sukcesem. A wszystko zaczęło się od filiżanki kawy.

Tomasz jeździł do pracy zawsze tą samą trasą, pewnego ranka postanowił jednak jechać inną drogą. Nie wiedział, dlaczego, ale posłuchał wewnętrznego głosu. Jak się później okazało, uniknął w ten sposób poważnego wypadku na standardowej trasie. Ta decyzja mogła uratować mu życie.

Ewa podczas zakupów intuicyjnie zdecydowała się na książkę, która zupełnie nie była w jej guście. Ta książka zainspirowała ją do zmiany stylu życia, co doprowadziło do poprawy zdrowia i samopoczucia. Wszystko zaczęło się od jednej pozornie nieistotnej decyzji.

Marcin zazwyczaj unikał small talku z sąsiadami, ale pewnego dnia poczuł impuls, by zagadać do starszej pani z parteru. Ta rozmowa z emerytowaną ekspertką w jego dziedzinie studiów doprowadziła do mentorstwa i otworzyła przed nim nowe możliwości kariery.

Te historie pokazują, jak małe intuicyjne kroki mogą prowadzić do znaczących zmian. Nie lekceważcie przeczuć, które mogą otworzyć drzwi do nowych możliwości w życiu. Odważcie się słuchać intuicji – może stać się przewodnikiem w waszej życiowej podróży.

Na koniec chciałam się z wami podzielić sprawdzonymi metodami na ćwiczenie i rozwijanie intuicji.

Medytacja i uważność. Klucz do intuicji leży w umiejętności wyciszenia umysłu. Regularne praktyki medytacyjne i uważności pomagają odciąć zgiełk zewnętrzny, skupiając nas na subtelnym głosie z wnętrza.

Dziennik snów. Sny to fascynująca brama do podświadomości. Notując je zaraz po przebudzeniu, stopniowo uczymy się rozumieć intuicyjne wiadomości, które niosą.

Pierwsze wrażenia. Zwracajcie uwagę na instynktowne odczucia, kiedy stajecie przed wyborem. Często to pierwsza spontaniczna reakcja niesie ze sobą ziarno intuicyjnej prawdy.

Ćwiczenia intuicyjne. Zabawne zadania, takie jak przewidywanie, kto dzwoni, czy losowe wybieranie kart mogą być efektywnym treningiem intuicyjnych zdolności.

Analiza doświadczeń. Spędzajcie czas na refleksji nad chwilami, gdy intuicja była waszym przewodnikiem. To pozwoli zrozumieć, w jakich sytuacjach wasz wewnętrzny głos jest najbardziej wiarygodny.

Bycie uważnym. Praktykowanie uważności w codziennych czynnościach pomaga zauważyć, kiedy intuicja próbuje się do was odezwać.

Czas w samotności. Cisza i samotność pomagają nawiązać głębszy kontakt z intuicją.

Ćwiczenia wizualizacyjne. Wizualizacja jest potężnym narzędziem w rozwijaniu intuicji. Ćwiczenia, które polegają na tworzeniu mentalnych obrazów, mogą pomóc w połączeniu się z wewnętrzną mądrością. Na przykład wyobrażenie sobie spotkania z mądrym przewodnikiem lub wędrowanie po wewnętrznym labiryncie może prowadzić do głębszego zrozumienia intuicyjnych przesłań.

Praktyki ciała i ruchu. Ćwiczenia takie jak joga, tai chi czy taniec, które łączą ruch z wewnętrzną uwagą, mogą być również świetnym sposobem na rozwijanie intuicji. Te praktyki uczą słuchania ciała i emocji, co jest nieodłączną częścią procesu intuicyjnego.

Dziennik intuicyjny. Zapisywanie przeczuć i obserwowanie, jak się one sprawdzają, może być niezwykle pouczające. Taki dziennik może pomóc zidentyfikować wzorce i sytuacje, w których intuicja była szczególnie silna lub trafna, co z kolei zwiększa zaufanie do tej wewnętrznej mądrości.

Pamiętajcie, że rozwijanie intuicji to proces, który wymaga cierpliwości i konsekwencji. Nie spodziewajcie się szybkich efektów, ale z czasem możecie odkryć, że intuicja staje się waszym coraz bardziej dostrzegalnym i zaufanym towarzyszem.

Intuicja rozwija się poprzez praktykę. Zacznijcie od małych decyzji, jak wybór potrawy w restauracji czy drogi do pracy. Obserwujcie, jak się czujecie po tych decyzjach i jak one wpływają na wasze życie. Z czasem pewność siebie wzrośnie, a intuicja stanie się silniejsza.

Każdy z nas jest inny i każdy ma swoje sposoby na dostrojenie się do intuicji. Może to być medytacja, spacer na łonie natury, twórcze hobby czy głęboka rozmowa z przyjacielem. Znajdźcie to, co pozwala wam najlepiej połączyć się z intuicją.

RYTUAŁY – POMAGAJĄ PODNIEŚĆ JAKOŚĆ ŻYCIA

DLA OSÓB Z OTWARTYM UMYSŁEM I CZYSTYM SERCEM

W rytuałach drzemie potęga intencji i wiary,
która może dokonywać cudów.
SCOTT CUNNINGHAM, amerykański pisarz, autor książek o wicca
i magii naturalnej, uznawany za jedną z najważniejszych postaci
w świecie naturalnej magii i społeczności magicznej

Zanim odwrócicie wzrok, przekonani, że magia to jedynie bajki dla naiwnych, zatrzymajcie się na chwilę. Sama kiedyś niezbyt wierzyłam w magiczne rytuały. Dzisiaj chcę was zaprosić na małą wyprawę, w której nauka i magia splatają się niczym składniki w starannie przygotowanym przepisie na wyjątkowe danie. Tak, wiem, co myślicie: „Czarownice to nie naukowcy!". Na pewno? Pomyślcie o rytuałach jak o eksperymentach w laboratorium życia. Każdy rytuał jest jak protokół eksperymentu naukowego. Mamy hipotezę, procedurę i obserwację. Naukowcy też mają swoje rytuały – od procedur bezpieczeństwa po szczegółowe kroki eksperymentu. A niektóre laboratoria przypominają kuchnię czarownicy, pełną tajemniczych eliksirów i bulgoczących menzurek.

W magii mówimy o intencji, w nauce o hipotezie. W obu zadajemy pytanie: „Co się stanie, jeśli...?". Kiedy czarownica rzuca zaklęcie, a naukowiec uruchamia akcelerator protonowy, oboje zadają wszechświatowi pytanie, oczekując odpowiedzi. Czy wiecie, że zarówno w nauce, jak i w magii, powtarzalność jest kluczowa? Naukowiec powtarza eksperyment, aby upewnić się, że wyniki są wiarygodne. Czarownica wykonuje rytuał podczas kolejnych faz Księżyca, dążąc do wzmocnienia efektu. Oba podejścia opierają się na przekonaniu, że powtórzenie zwiększa szanse na sukces. A wy, drodzy racjonaliści, zapewne również powtarzacie czasem pewne czynności, by przyciągnąć szczęście? Gra w lotto to też rodzaj rytuału!

Efekt placebo to ulubione dziecko sceptyków i naukowców, które jednocześnie odgrywa kluczową rolę zarówno w medycynie, jak i w magii. „To tylko w twojej głowie" – mówią, ale czyż to nie właśnie w umyśle leży ogromna moc? Jest potężnym narzędziem, a magia często jest postrzegana jako gra umysłu, w której wiara i przekonanie uczestników mają fundamentalne znaczenie.

W obu przypadkach, czy to w rytuałach magicznych, czy w zastosowaniu medycznym, efekt placebo pokazuje, jak silnie przekonania i oczekiwania mogą wpływać na nasze fizyczne i emocjonalne doświadczenie. Jeśli rytuał pomaga wam się skupić, poczuć się lepiej czy nawet wydaje się przynosić szczęście, działa to na podobnej zasadzie. Chodzi nie tyle o sam rytuał, co o moc przekonania, która

za nim stoi. Wiara – nawet jeśli jest to wiara w to, że noszenie zielonych skarpet przynosi szczęście w pokerze – ma
swoją moc.

Kiedy więc mówimy o sugestii w kontekście magii i medycyny, mówimy o sile umysłu i przekonania. To przypomnienie, że nasze myśli i intencje mogą kształtować nasze
doświadczenie rzeczywistości, a oczekiwania mogą mieć
realny, namacalny wpływ na nasze życie. Czy to poprzez
rytuały magiczne, czy dzięki pigułce, moc przekonania jest
potężna i uniwersalna.

W nauce, tak jak i w magii, obserwacja jest kluczowa.
Naukowiec obserwuje wyniki, czarownica – zmiany, które
ma wywołać jej magiczne działanie. Ale oboje spoglądają
na świat z ciekawością, zastanawiając się nad znaczeniem
tego, co widzą.

Nauka używa teorii i modeli do opisu oraz zrozumienia zjawisk. Magia używa symboli i metafor. Oba te języki
służą do opisu rzeczywistości, która może być trudna do
wyrażenia w prostych terminach. Chociaż różnią się za-
sadniczo, obie dziedziny dążą do zrozumienia i interpretacji otaczającego nas świata. Dla sceptyka magia może
wydawać się nieracjonalna i bezpodstawna, ale gdy spoj-
rzy się na nią przez pryzmat analogii z nauką, może zacząć
dostrzegać, że praktyki te działają na podobnych zasadach:
powtarzalności, skupienia, intencji, obserwacji i interpretacji. Choć magia i nauka różnią się w wielu aspektach,
porównanie ich metod i celów może pomóc zrozumieć,

dlaczego ludzie od wieków praktykują rytuały i że nawet sceptyk może znaleźć w nich wartość.

Jestem tego najlepszym dowodem – ja, twardo stąpającą po ziemi racjonalistka, zmieniłam się w osobę praktykującą magiczne rytuały. Jak już wiecie, moje życie było zbudowane na naukowym fundamencie i logicznym rozumowaniu. „Magia? Cóż to za przesądy!" – mówiłam, śmiejąc się pod nosem. Ale pewnego dnia, było to jakieś 20 lat temu, gdy życie rzuciło mi wyzwanie i sprowadziło do parteru, zaczęłam szukać pomocy i wsparcia w niekonwencjonalnych metodach. W moje ręce – całkiem przypadkiem – wpadła stara książka o rytuałach i zaczęłam eksperymentować. Początkowo sceptycznie, ale z każdym dniem byłam coraz bardziej otwarta na nowe doświadczenia. Moja przygoda zaczęła się od prostego rytuału wdzięczności. Każdego wieczora zapisywałam trzy rzeczy, za które byłam wdzięczna tego dnia. Z czasem zauważyłam zmianę w moim samopoczuciu i perspektywie na życie. Zaczęłam odkrywać bardziej złożone rytuały na oczyszczenie przestrzeni, przyciąganie miłości i wzmacnianie intencji zawodowych. Każdy nowy rytuał otwierał przede mną świat możliwości, zaczęłam zauważać i rozumieć, że magia to coś, co może pomóc podnieść jakość mojego życia, które wówczas brało ostry zakręt.

Z czasem odkryłam, że magia nie wymaga wielkich gestów ani tajemniczych składników. Wszystko, czego potrzeba, to intencja i świadomość. Nawet najprostsze działania mogą stać się rytuałem, jeśli wykonuje się je z odpowiednią intencją. Moje życie stało się pełniejsze, bogatsze i zdecydowanie bardziej magiczne. Nauczyłam się, że każdy z nas ma w sobie moc, by tworzyć własną magię. Nie trzeba być urodzonym czarodziejem czy mistykiem. Wystarczy otwarty umysł, czyste serce i chęć do odkrywania nowych rzeczy.

Zanurzmy się w głębiny tego, co magia naprawdę może zaoferować – nie tylko jako fascynująca idea, ale jako praktyczne narzędzie do samorozwoju i kreowania lepszego życia.

Czym jest magia?

Magia to nie tylko fajerwerki w noc świętojańską czy zaklęcia rodem z Hogwartu. To subtelna sztuka wpływania na rzeczywistość poprzez skupioną intencję i symboliczne działania. Jest niczym wewnętrzny taniec między waszą wolą a energią wszechświata. Najlepsze w tym jest to, że każdy może stać się tancerzem na tej scenie życia.

Wyobraźcie sobie magię jako uniwersalne narzędzie w waszym duchowym przyborniku. Może pomóc odkryć głębiej samych siebie, zrozumieć wasze pragnienia, a nawet przekształcić wyzwania w możliwości. Poprzez rytuały możecie skupić energię i uwagę na określonym aspekcie życia, co jest kluczowe w samorozwoju. Czy chcecie zwiększyć swoją pewność siebie, znaleźć wewnętrzny spokój czy może przyciągnąć obfitość? Magia może być waszym osobistym przewodnikiem.

Jak magia służy lepszemu życiu?

Skupienie i intencja – magia uczy, jak skupić myśli i działania na tym, co naprawdę ważne. To jak laserowa wiązka skierowana na wasze cele i marzenia.

Samodyscyplina i rytuał – regularne praktyki magiczne mogą wzmocnić samodyscyplinę – a to już połowa sukcesu w każdej dziedzinie życia.

Poznanie siebie – magia zachęca do introspekcji i samopoznania. Poznając swoje blaski i cienie, stajecie się bardziej świadomymi i zrównoważonymi istotami.

Łączność z naturą – wiele rytuałów opiera się na cyklach naturalnych, co przypomina o naszej więzi z Ziemią i wszechświatem. To perspektywa, która może głęboko uzdrawiać i inspirować.

Tworzenie rzeczywistości – przez świadome ustawianie intencji i działanie zgodnie z nimi uczycie się, jak kształtować rzeczywistość. To niczym posiadanie magicznej różdżki, która naprawdę działa!

Pamiętajcie, magia nie musi być zawsze śmiertelnie poważna. Śmiech i radość to też potężne narzędzia. Gdy coś pójdzie nie tak, a z pewnością czasem tak będzie, śmiejcie się z tego! Magia kocha lekkość serca i iskrę w oku.

Czym są magiczne rytuały?

Są niczym wyszukane choreografie wszechświata, gdzie każdy krok jest precyzyjnie zaplanowany, a każdy ruch ma swoje znaczenie. To sekwencje działań, słów, a czasem nawet przedmiotów, które łączymy z określoną intencją. Niech was nie zmylą filmy z migającymi światłami i dymem – prawdziwa magia rytuałów jest subtelna, a jej moc płynie z głębi waszych intencji i połączenia z energiami natury.

Wyobraźcie sobie, że każda wasza myśl to nasionko, które sadzicie w ogrodzie rzeczywistości. Magiczne rytuały to proces pielęgnowania tych nasionek – podlewania ich skupieniem, nasłoneczniania intencją i chronienia przed chwastami negatywnych myśli. Kiedy wykonujecie rytuał, tworzycie przestrzeń, w której wasze intencje mogą kwitnąć i owocować.

Intencja – serce każdego rytuału. To jasno określony cel lub pragnienie, które chcecie przyciągnąć lub manifestować w waszym życiu.

Skupienie: rytuały wymagają pełnej uwagi. To czas, kiedy odłączacie się od zgiełku codzienności, skupiając się wyłącznie na waszym celu.

Symbolika – często w rytuałach używa się przedmiotów. Symbolizują one coś większego: świece reprezentują światło i wiedzę, woda – oczyszczenie, zioła i kamienie niosą specyficzne energie.

Powtarzalność – rytuały często powtarza się w określonych cyklach. Ma to na celu wzmocnienie intencji i zbudowanie silniejszego połączenia z energią, którą chcecie przyciągnąć.

Magiczne rytuały działają na wielu poziomach. Są narzędziem skupienia, które pozwala przeorganizować wasze myśli i energie w kierunku pożądanego celu. Są też formą medytacji, która pomaga nawiązać głębszą łączność z samymi sobą i otaczającym was światem. Ale najważniejsze jest to, że rytuały uczą świadomego kreowania własnego życia, dając narzędzia do przekształcania marzeń w rzeczywistość.

Intencja – siła napędowa magii

To nie tylko chwilowe „Chciałabym to mieć" czy „Byłoby fajnie, gdyby...". To mocne, jasno określone postanowienie, które kieruje waszą energią i działaniami. To deklaracja wobec wszechświata, precyzyjny adres, pod który chcecie dostarczyć wasze myśli i czyny. Rozważcie intencję jako fundament, który kładziecie pod budowę domu waszej rzeczywistości. Im solidniejszy i bardziej precyzyjnie ułożony, tym stabilniejsza i pewniejsza będzie konstrukcja, która na nim powstaje, pozwalając wam skuteczniej ją kształtować i śledzić jej rozwój.

Jak ustalić intencję? Zacznijcie od zastanowienia się, co naprawdę chcecie osiągnąć. Bądźcie konkretni, uczciwi wobec siebie i skupcie się na tym, co naprawdę jest dla was ważne. Intencja powinna pochodzić z głębi waszego serca i odzwierciedlać prawdziwe pragnienia.

Siła słów. Formułując intencję, używajcie jasnego, pozytywnego języka. Zamiast mówić „Nie chcę być więcej zestresowana", powiedzcie „Wybieram spokój i harmonię". Słowa mają moc, więc używajcie tych, które najbardziej rezonują z waszymi celami.

Wizualizacja – kreowanie rzeczywistości w umysłach

Wizualizacja to proces tworzenia w umysłach obrazów, które odzwierciedlają wasze pragnienia i cele. Kiedy wizualizujecie, dajecie wszechświatowi dokładny obraz tego, co chcecie przyciągnąć. To potężne narzędzie, które może pomóc przekształcić wasze intencje w realne wyniki.

Jak wizualizować. Znajdźcie spokojne miejsce, gdzie możecie się zrelaksować. Zamknijcie oczy i wyobraźcie sobie scenę, w której osiągnęliście swój cel. Spróbujcie zaangażować wszystkie zmysły – co widzicie, czujecie, słyszycie, a może nawet wąchacie i smakujecie? Im bardziej szczegółowy i żywy obraz, tym lepiej.

Emocje to klucz. Najważniejszym elementem wizualizacji są emocje, które towarzyszą temu obrazowi. Czujcie radość, wdzięczność, ekscytację czy spokój, które będą wam towarzyszyć, gdy osiągniecie to, o czym marzycie. To emocje nadają wizualizacjom prawdziwą moc.

Jak przygotować przestrzeń i umysł do rytuału

Przygotowanie stanowi klucz do sukcesu każdego rytuału. Tak jak nie zaczynacie gotować bez uprzedniego przyszykowania składników i kuchni, tak samo nie wchodzicie w świat magii bez odpowiedniego przygotowania. Pokażę wam, jak zorganizować nie tylko przestrzeń, ale i umysł, aby wasze rytuały były niczym symfonie skupienia, intencji i harmonii.

Przygotowanie przestrzeni – wasz święty kącik:
Czystość to podstawa. Zaczynamy od oczyszczenia przestrzeni. Nie musicie od razu wzywać ekipy sprzątającej. Wystarczy uporządkowanie miejsca, w którym planujecie przeprowadzić rytuał. Zorganizuje to przestrzeń i oczyści ją z nagromadzonej negatywnej energii.
Elementy natury. Włączcie do świętego kącika elementy natury, które rezonują z waszymi intencjami. Może to być gałązka świeżych ziół, piękny kamień, kryształ lub świeże kwiaty. Każdy z nich wnosi do przestrzeni swoją unikatową energię.
Symbole i przedmioty. Umieśćcie w przestrzeni przedmioty, które mają dla was szczególne znaczenie i mogą

wzmacniać intencję rytuału. Może to być coś tak prostego jak świeca, zdjęcie ukochanej osoby, symbolizujący coś
ważnego talizman czy nawet ulubiony kocyk dla poczucia
bezpieczeństwa i komfortu.

Przygotowanie umysłu – wasz wewnętrzny ogród:
Spokój i koncentracja. Przed rozpoczęciem rytuału za-
dbajcie o wyciszenie umysłu. Możecie to zrobić poprzez
krótką medytację, głębokie oddychanie czy nawet krótki
spacer. Idea polega na tym, aby odciąć się od codziennego
zgiełku i skupić na tym, co macie zamiar zrobić.
Intencja i afirmacja. Jasno określcie, co chcecie osiągnąć
za pomocą rytuału. Możecie zapisać intencję, aby uczynić
z niej esencję waszych myśli, nadając jej jasny i konkretny
wymiar. Powtarzajcie intencję jak afirmację, by wzmocnić
jej moc i skupienie.
Otwartość i zaufanie. Podejdźcie do rytuału z otwartością i zaufaniem. Nawet jeśli gdzieś w kąciku duszy tli się
jeszcze iskierka sceptycyzmu, pozwólcie na moment uwierzyć, że wszystko jest możliwe. Magia kocha otwarte serca
i umysły.

Znaczenie rytuałów ochronnych

Są jak osobiste czarodziejskie zaklęcia, które mają na celu
uchronić was przed negatywnymi energiami, toksycznymi

ludźmi czy nawet własnymi wątpliwościami. To działania, które chronią waszą aurę przed niechcianą energią, a serca obdarzają spokojem. Pomyślcie o nich jak o energetycznym ogrodzeniu, które chroni wasz ogród przed chwastami negatywności.

Pozwólcie, że opowiem wam historię Anny, która kiedyś czuła się jak mała łódka na wzburzonym morzu ludzkich emocji i oczekiwań. Wszystko się zmieniło, gdy odkryła moc rytuałów ochronnych. Zaczynała każdy dzień od stworzenia wizualnego kokonu wokół siebie, wyobrażając sobie, jak fioletowe, ciepłe światło otacza ją ze wszystkich stron, tworząc barierę. Z czasem zauważyła, że ludzie, którzy wcześniej wywoływali w niej lęk czy niepokój, już tak silnie na nią nie wpływają. Jej relacje stały się zdrowsze, a ona sama poczuła się bardziej spokojna i pewna siebie.

Jak stworzyć własny rytuał ochronny – krok po kroku:
Znajdźcie spokojny kącik. Wybierzcie miejsce, gdzie możecie się zrelaksować i skoncentrować. Może to być ulubiony fotel, zakątek w ogrodzie czy nawet zaciszny fragment parku.
Określcie swoją intencję. Jasno zdefiniujcie, przed czym chcecie się ochronić. Może to być stres, negatywne myśli, toksyczne relacje. Im bardziej precyzyjna intencja, tym skuteczniejszy rytuał.
Użyjcie symboli. Znajdźcie przedmioty, które w waszym mniemaniu symbolizują ochronę. Może to być kamień,

amulet, obraz czy nawet zapach, który kojarzy się wam z bezpieczeństwem.

Wizualizacja. Zamknijcie oczy i wyobraźcie sobie, jak ciało otacza świetlista bariera. Może to być błyskawica, miękka mgiełka czy ciepłe światło – coś, co was uspokaja i daje poczucie bezpieczeństwa.

Umocnij ochronę. Kiedy już poczujecie, że bariera jest na miejscu, powiedzcie sobie kilka słów potwierdzających, na przykład: „Jestem bezpieczna, jestem chroniona, nic złego nie może mnie dotknąć".

Rytuały zdrowotne

Magia może leczyć i wspierać zdrowie. W świecie magii zdrowie jest postrzegane nie tylko jako brak choroby, ale jako stan pełnej harmonii ciała, umysłu i ducha. To równowaga, której tak często szukamy między obowiązkami dnia codziennego. Magia oferuje narzędzia, które pomagają przywrócić tę równowagę, czy to poprzez wyciszenie umysłu, oczyszczenie ciała czy wzmocnienie ducha. Pamiętajcie, zdrowie to najcenniejszy klejnot, jakim możemy się cieszyć, więc dbajmy o nie z całą magią, jaką dysponujemy.

Jarek, człowiek, którego przewlekłe bóle stały się codziennością, choć sceptycznie nastawiony, postanowił spróbować rytuałów, by złagodzić swoje dolegliwości. Rozpoczął od prostych medytacji i wizualizacji, wyobrażając sobie, jak jego ciało otacza lecznicze światło. Dołożył do tego aromaterapię i zioła, które według tradycji miały właściwości kojące. Z czasem zauważył, że bóle stają się mniej dokuczliwe, a on sam czuje się bardziej zrelaksowany i wypoczęty. Jego sceptycyzm powoli ustępował miejsca ciekawości, a rytuały stały się częścią jego drogi do lepszego zdrowia.

Proste rytuały i zaklęcia na poprawę zdrowia:

Medytacja czystego światła. Znajdźcie ciche miejsce, usiądźcie wygodnie i zamknijcie oczy. Wyobraźcie sobie, jak z każdym oddechem wciągacie czyste, lecznicze światło, które rozpuszcza wszelkie bóle i napięcia. Z każdym wydechem oddajcie wszystko, co negatywne, pozwalając, by światło oczyściło ciało i umysł.

Eliksir zdrowia. Przygotujcie napar z ziół znanych z leczniczych właściwości. Może to być mięta, imbir czy rumianek. Podczas parzenia skupcie się na intencji zdrowia i spokoju, a następnie powoli pijcie, wyobrażając sobie, jak każdy łyk przynosi ulgę i witalność.

Kąpiel oczyszczająca. Przygotujcie kąpiel z dodatkiem soli morskiej i kilku kropli olejków eterycznych, takich jak lawenda czy eukaliptus. Przed wejściem do wody wyobraźcie sobie, jak wszystkie negatywne energie są zmywane, a ciało i umysł napełniają się czystością i zdrowiem.

Pamiętajcie, że rytuały zdrowotne to wsparcie, a nie substytut profesjonalnej opieki medycznej. Są cudownym sposobem na zadbanie o siebie i dodanie magii do codziennej troski o zdrowie. Otwórzcie serca na te praktyki, a odkryjecie, jak wiele dobra mogą przynieść.

Odcięcie od toksycznych osób

Pora na odważny krok – odcięcie się od toksycznych osób, które zaburzają wasz spokój i radość życia. Nie brzmi to jak lekki temat, ale obiecuję, podejdziemy do niego z humorem i mnóstwem empatii.

Jak rozpoznać toksyczne związki i energie? To te, które regularnie sprawiają, że czujecie się wyczerpani, smutni, zaniepokojeni lub gorsi, niż jesteście. To ci ludzie, którzy mają dar zamieniania pięknego dnia w sztorm pełen chmur. Czasem to krzykliwy partner, który wiecznie krytykuje. Innym razem to „przyjaciółka" zazdroszcząca sukcesów. Albo rodzic, który ciągle wpędza was w poczucie winy. Kluczem jest zauważenie, jak się czujecie w czyimś towarzystwie i czy ta osoba wnosi do waszego życia więcej radości czy smutku.

Julia, jak zapewne wiele z was, czuła się uwięziona w relacji, która odbierała jej energię i radość. Partner Julii był mistrzem manipulacji i krytyki. Ale ona, zainspirowana magią rytuałów, postanowiła odzyskać kontrolę nad swoim życiem. Wykonała prosty, ale potężny rytuał odcięcia, który polegał na wizualizacji przecięcia energetycznych więzów, które łączyły ją z partnerem. Wyobrażała sobie, jak potężne świetliste nożyce przecinają ciemne nici, pozwalając jej na odetchnięcie pełną piersią. Z czasem zauważyła, jak coraz łatwiej przychodziło jej stawiać granice, aż w końcu podjęła decyzję o zakończeniu relacji. Dziś Julia jest jak Feniks, który odrodził się z popiołów – silniejsza, mądrzejsza i pełna życiowej energii.

Jak stworzyć własny rytuał odcięcia:
Znajdźcie swoją przestrzeń. Wybierzcie miejsce, gdzie czujecie się bezpiecznie i spokojnie. Może to być pokój, ulubiony zakątek w parku czy nawet cicha kawiarnia.
Określcie swoją intencję. Jasno zdefiniujcie, od kogo lub czego chcecie się odciąć. Może to być konkretna osoba, negatywny wzorzec myślenia czy nawet dawna wersja samego siebie.
Użyjcie symboli. Możecie użyć symboli, takich jak sznurki reprezentujące więzy, które chcecie przeciąć, albo świeczki symbolizujące światło i czystość.
Wizualizacja i działanie. Wyobraźcie sobie, jak przecinacie te więzy. Możecie nawet fizycznie przeciąć sznurek lub zgasić świeczkę jako symbol zakończenia tego, co toksyczne.
Umocnijcie swoje działanie. Powiedzcie sobie, że teraz jesteście wolni, odcięci od tego, co was ograniczało. Poczujcie ulgę i przestrzeń na nowe, zdrowe relacje i energie.

Pamiętajcie, że odcięcie się od toksycznych osób oraz energii to akt odwagi i miłości do samego siebie. To decyzja o inwestycji w swoje zdrowie, szczęście i przyszłość. Niech ten rytuał będzie pierwszym krokiem na waszej drodze do życia pełnego radości, harmonii i magicznych chwil.

Rytuały na miłość

Zapraszam do świata, gdzie serce jest królem, a miłość – najpotężniejszym z zaklęć. Skupimy się na tym, jak przyciągnąć miłość i harmonię do waszego życia.

Miłość to nie tylko uczucie, to energia, która krąży wokół i wewnątrz nas. Aby ją przyciągnąć, musimy najpierw upewnić się, że nasze serca są otwarte i gotowe na przyjęcie tej energii. To jak zaproszenie, które wysyłacie do wszechświata, mówiąc: „Jestem gotowa! Jestem gotów! Przynieś mi miłość, która rezonuje z moim najwyższym dobrem".

Pielęgnujcie miłość do siebie. To podstawa! Miłość do siebie to pierwszy krok do przyciągnięcia miłości od innych. Kiedy kochacie i akceptujecie siebie, wysyłacie sygnał, że jesteście warci miłości.

Wizualizacja. Wyobraźcie sobie, że wasze serce jest niczym magnes przyciągający miłość. Wizualizujcie, jak spotykacie osobę, która współgra z waszymi najgłębszymi pragnieniami i wartościami.

Andrzej po wielu nieudanych związkach postanowił spróbować rytuału miłosnego. Stworzył listę cech, które chciał znaleźć w partnerce, i codziennie medytował, wyobrażając sobie, jak buduje z nią głęboką i pełną zrozumienia relację. Z czasem, kiedy już prawie stracił nadzieję, poznał Mariannę – kobietę, która była ucieleśnieniem jego wizualizacji. Ich związek rozkwitał, a Andrzej wiedział, że to nie przypadek, ale wynik jego intencji i otwartości na miłość.

Porady i rytuały na znalezienie, odnowienie i umocnienie miłości:

Rytuał listu do wszechświata. Napiszcie list do wszechświata, w którym szczegółowo opiszecie partnera, jakiego pragniecie. Wyraźcie swoje pragnienie miłości, a potem spalcie list, wyobrażając sobie, jak wasze intencje unoszą się w kosmos.

Kąpiel miłosna. Przygotujcie relaksującą kąpiel z dodatkiem płatków róż (symbol miłości) i kilka kropli olejku różanego. Podczas kąpieli skupcie się na otwarciu serca i uwolnieniu wszystkiego, co mogłoby blokować przepływ miłości.

Amulet miłości. Wybierzcie kamień znany z właściwości związanych z miłością, na przykład różowy kwarc, lapis lazuli czy kamień księżycowy. Noście go stale przy sobie jako przypomnienie o waszej intencji przyciągnięcia miłości.

Rytuały na pogodzenie się

Nadszedł czas, aby skupić się na uzdrowieniu tych relacji, które zostały nadszarpnięte konfliktem, nieporozumieniami czy po prostu upływem czasu. Przyjrzyjmy się, jak rytuały mogą pomóc w odnalezieniu drogi do pojednania.

Przebaczenie to coś więcej niż tylko nakaz moralny czy akt życzliwości. To potężne narzędzie samouzdrawiania, które pozwala uwolnić się od ciężaru przeszłych urazów i otworzyć na przyszłość bez ciągłego ciężaru złości i żalu. Zgoda natomiast to most, który pozwala ponownie połączyć się z tymi, którzy kiedyś byli bliscy naszemu sercu. To droga do odzyskania utraconych relacji i budowania ich na nowo na fundamentach wzajemnego zrozumienia i szacunku.

Ewa, przez lata oddalona od długoletniej przyjaciółki z powodu niefortunnego nieporozumienia, postanowiła, że czas na zmiany. Zainspirowana rytuałami na pogodzenie, stworzyła własny, który miał pomóc jej otworzyć serce na przebaczenie. Napisała list do przyjaciółki, w którym szczerym językiem przeprosiła, wyraziła swoje uczucia, ale też nadzieję na nowy początek. List spaliła, prosząc wszechświat o pomoc w dostarczeniu jej intencji. Po kilku tygodniach, ku swojemu zdumieniu, otrzymała wiadomość od dawnej przyjaciółki. Spotkały się, rozmawiały, a łzy i śmiech w końcu przyniosły ulgę i nową, głębszą więź.

Rytuały na uzdrowienie relacji i przynoszenie pokoju:
List przebaczenia. Napiszcie list do osoby, z którą chcecie się pogodzić. Wyraźcie w nim wszystko, co czujecie, bez złości i oskarżeń. Następnie przeczytajcie go na głos przy świecy, a potem spalcie, wyobrażając sobie, jak wasze słowa i intencje docierają do drugiej osoby.

Medytacja uzdrowienia relacji. Znajdźcie spokojne miejsce, zamknijcie oczy i wyobraźcie sobie osobę, z którą chcecie się pogodzić. Wyślijcie do niej mentalnie światło i miłość, wyobrażając sobie, jak wasze pozytywne intencje otaczają ją i przynoszą jej spokój.

Stwórzcie własny amulet pojednania. Może to być mały kamień, kryształ czy inny przedmiot, który będzie dla Was symbolem gotowości do zgody i przebaczenia. Noście go przy sobie, niech przypomina o waszej intencji uzdrowienia relacji.

Rytuały oczyszczające

Jak pozbyć się starych, niepotrzebnych energii i otworzyć przestrzeń na nowe możliwości? Rytuały oczyszczające to wasze narzędzia do usuwania energetycznego kurzu, który gromadzi się z czasem wokół was i w waszych przestrzeniach. Niechciane energie mogą pochodzić z różnych źródeł – od negatywnych emocji przez stresujące sytuacje, aż po toksyczne osoby. Czysta przestrzeń i umysł to klucz do harmonii, spokoju i zdrowia. To jak wiosenne porządki, które nie tylko odświeżają otoczenie, ale przynoszą również nową energię i radość.

Zanim przejdziemy do konkretnych kroków, poznajcie historię Mai, która po trudnym rozstaniu poczuła, że jej dom i serce potrzebują energetycznego oczyszczenia. Maja przeprowadziła rytuał oczyszczający, używając szałwii do oczyszczenia domu i medytacji, aby uwolnić się od emocjonalnych resztek po związku. Z każdym dniem czuła, jak jej przestrzeń staje się lżejsza, a serce otwiera się na nowy rozdział.

Jak stworzyć własny rytuał oczyszczający:

Określcie swoje potrzeby. Najpierw zastanówcie się, co chcecie oczyścić. Czy to konkretne miejsce w domu, ciało czy może umysł?

Wybierzcie narzędzia. Do najpopularniejszych narzędzi oczyszczających należą szałwia, palo santo, dzwonki, kamienie oczyszczające jak czarny turmalin czy kadzidła, takie jak mirra. Wybierzcie to, co odpowiada wam najbardziej.

Stwórzcie przestrzeń. Upewnijcie się, że macie spokojne miejsce, gdzie nikt nie będzie wam przeszkadzał. Może to być dom, ale także natura.

Wykonajcie rytuał. Zapalcie ulubione zioło czy kadzidło i delikatnie przemieszczajcie się z nim, kierując dym w miejsca, które chcecie oczyścić. Kiedy oczyszczacie przestrzeń, możecie również oczyszczać myśli, wyobrażając sobie, jak wszystkie negatywne energie rozpuszczają się w dymie.

Zakończcie rytuał. Możecie go zakończyć krótką medytacją lub afirmacją, potwierdzając swoją intencję oczyszczenia i otwarcia na nowe, pozytywne doświadczenia.

Dostosowywanie rytuałów do swoich potrzeb – tworzenie własnych rytuałów

Pamiętajcie, magia to nie tylko starożytne zaklęcia i skomplikowane ceremonie. To też codzienne czynności, które wykonujecie świadomie i z intencją. Kluczem do dostosowania rytuałów do waszych potrzeb jest zrozumienie, co chcecie osiągnąć, i połączenie tego z działaniami, które współgrają z waszym sercem.

Zrozumcie swoje intencje. Zanim zaczniecie, zastanówcie się, co chcecie przyciągnąć lub zmienić. Czy to spokój umysłu, miłość, ochrona czy może coś zupełnie innego? Jasno określona intencja to fundament skutecznego rytuału.

Wybierzcie takie elementy, które was inspirują. Mogą to być świeczki, kamienie, zioła czy też własnoręcznie napisane afirmacje. Zgromadźcie te przedmioty, które mają dla was szczególne znaczenie i które uważacie za piękne lub magiczne.

Inspiracje i wskazówki do tworzenia osobistych rytuałów:

Tworzenie własnych rytuałów to niczym malowanie obrazu. Możecie czerpać inspiracje z tradycji, które was fascynują, ale też śmiało eksperymentować z własnymi pomysłami.

Inspirujcie się naturą. Obserwujcie cykle księżyca, zmiany pór roku, a nawet codzienne wschody i zachody słońca. Znajdźcie w nich rytm, który możecie wprowadzić do swoich rytuałów.

Bądźcie kreatywni. Używajcie własnych słów, twórzcie symbole, które mają dla was znaczenie, i nie bójcie się wprowadzać zmian. Wasz rytuał – wasze zasady!

Utrzymywanie praktyki i rozwijanie magicznej ścieżki

Podobnie jak każda inna umiejętność magia wymaga praktyki i zaangażowania. Regularne wykonywanie rytuałów nie tylko wzmocni ich moc, ale też pomoże wam lepiej zrozumieć siebie i swoje potrzeby.

Regularność. Może to być codzienna krótka medytacja, tygodniowe oczyszczanie przestrzeni czy miesięczne rytuały podczas nowiu księżyca. Regularność pomoże wam utrzymać praktykę i uczyni ją częścią waszego życia.

Dziennik magiczny. Prowadzenie dziennika, w którym zapisujecie swoje rytuały, uczucia i wynikające z nich zmiany, to wspaniały sposób na śledzenie swojego rozwoju i dostosowywanie praktyk do zmieniających się potrzeb.

Każdy rytuał, nawet ten najprostszy, wykonany z głębi serca i z czystą intencją, jest potężnym aktem magii. Niech wasza kreatywność i intuicja prowadzą was przez ten fascynujący świat, a życie wypełni się magią, którą sami stworzycie.

Zamykamy powoli tę książkę, ale nie waszą podróż. Podzieliłam się z wami rytuałami, które przez lata praktyki i doświadczeń, zarówno własnych, jak i moich klientów, wypróbowałam i uznałam za skuteczne. Najpotężniejsza magia to ta, która rodzi się w sercu i jest echem duszy.

Zachęcam was do eksperymentowania, mieszania tradycji, tworzenia własnych, unikalnych rytuałów. Niech cała wiedza, którą się z wami podzieliłam, służy jako inspiracja, a nie ograniczenie. Magia nie zna granic, podobnie jak kreatywność. W magii nie ma przestrzeni na sztywne reguły – to sztuka tak elastyczna i zmieniająca się jak przypływy morza.

W swoich praktykach zawsze kierujcie się zasadą niekrzywdzenia. Niech wasze działania przynoszą pokój, uzdrowienie i światło, nie tylko wam, ale i wszystkim wokół. Pamiętajcie, że najważniejsza jest czysta intencja i serce pełne miłości i szacunku.

Niech to nie będzie koniec, ale nowy początek. Niech każdy dzień będzie dla was okazją do tworzenia, odkrywania i świętowania magii, która mieszka w każdym z was.

Niech z każdym rytuałem, który wykonacie, wasze życie staje się bogatsze, pełniejsze i bardziej magiczne.

Słownik terminów magicznych – kieszonkowy przewodnik dla sceptyków

Drodzy sceptycy, czy kiedykolwiek zastanawialiście się, co w rzeczywistości oznaczają te wszystkie „abrakadabra" i „hocus-pocus" w świecie magii? Nie obawiajcie się, przed wami słownik terminów magicznych – wasz osobisty przewodnik po krainie czarów, który rozjaśni nawet najbardziej tajemniczą terminologię. Odkryjmy, co kryje się pod powierzchnią magicznego żargonu:

Intencja – to nie tylko słowo, które lubią używać guru medytacji. To podstawowy element każdego rytuału: myśl przewodnia, cel, za którym tęskni wasze serce. Kiedy następnym razem pomyślicie „Chcę lepszą pracę", pamiętajcie – właśnie ustawiliście intencję! Gratulacje, jesteście o krok bliżej do zostania czarownikiem.

Rytuał – to nie tylko coś, co czarownice odprawiają przy blasku pełni księżyca. To seria działań, które wykonujecie, by osiągnąć określony cel. Tak, nawet parzenie porannej kawy może być rytuałem, jeśli tylko robicie to z odpowiednią intencją i szczyptą czarodziejskiego zapału.

Energia – w świecie magii to coś więcej niż to, co potrzebujecie, by nie zasnąć na stojąco. To siła życiowa, która przepływa przez wszystko. Kiedy czujecie przypływ entuzjazmu lub przeciwnie, jesteście wyczerpani po spotkaniu z toksyczną osobą, doświadczacie energii.

Zaklęcie – to po prostu słowa wypowiedziane z mocą. Nie potrzebujecie magicznej różdżki ani starych pergaminów. Wystarczy silna intencja i trochę wyobraźni. Następnym razem, gdy będziecie mówić „Niech się stanie!", pomyślie o sobie jak o czarodzieju rzucającym zaklęcie.

Ochrona – to nie tylko noszenie amuletu czy wieszanie czosnku nad drzwiami. To wszystko, co robicie, by utrzymać złą energię z dala od waszego życia. Noszenie ulubionej bransoletki czy też unikanie negatywnych ludzi – każdy ma swój sposób na magiczną tarczę.

Oczyszczenie – w magii to nie tylko wiosenne sprzątanie. To proces usuwania negatywnej energii z otoczenia lub własnego wnętrza. Może to być coś tak prostego jak głębokie oddechy, aby oczyścić umysł, albo zapalenie kadzidła, aby oczyścić przestrzeń. Tak, drodzy sceptycy, czasem wystarczy dobrze wywietrzyć pokój.

Wizualizacja – to jak wasze wewnętrzne kino. Wyobrażacie sobie pożądany rezultat i w ten sposób pomagacie mu nadejść. Czy chcecie wierzyć, czy nie, ale to potężne narzędzie pomoże wam pomóc zdobyć to, o czym marzycie – wystarczy trochę skupienia i wyobraźni.

Korespondencje – w magii to połączenia między różnymi elementami, takimi jak kolory, zioła, kamienie, planety i dni tygodnia, które odpowiadają określonym energiom lub celom. To trochę jak dobieranie odpowiedniego wina do dania – wszystko ma idealne połączenie.

Mam nadzieję, że ten krótki słownik rzucił nieco światła na magiczne terminy i pokazał, że magia nie musi być przerażająca czy niezrozumiała. W końcu rytuał porannego parzenia kawy czy świadome stawianie intencji – we wszystkim jest odrobina magii. W was też. Bądźcie więc odważni, otwórzcie umysły i serca, i kto wie, może odkryjecie w sobie czarodzieja, o jakim nigdy nie śniliście!

BIBLIOGRAFIA

Andre Ch., *Medytacja dzień po dniu*, Wydawnictwo Czarna Owca, Warszawa 2017.

Antonowicz-Wlazińska B., *Tarot intuicyjny. Małe Arkana*, Studio Astropsychologii, Białystok 2014.

Antonowicz-Wlazińska B., *Tarot intuicyjny, Wielkie Arkana*, Studio Astropsychologii, Białystok 2000.

Arroyo S., *Podręcznik interpretacji astrologicznej*, Ravi, Łódź 1995.

Arroyo S., *Astrologia i psychologia*, Ravi, Łódź 1994.

Arroyo S., *Astrologia karma transformacja*, Wydawnictwo Multum, Poznań 1999.

Avery J., *Astrologia i twoje zdrowie*, Wydawnictwo W.A.B., Warszawa 1997.

Birkenbihl V.F., *Liczby określają życie*, Astrum, Wrocław 1994.

Blake D., *Współczesna czarownica*, Wydawnictwo Kobiece, Białystok 2023.

Chrzanowska A.A., *Jak stosować runy na co dzień*, Ars Scripti-2, Białystok 2011.

Chrzanowska A.A., *Misterium tarota. Arkana Małe*, Studio Astropsychologii, Białystok 1999.

Chrzanowska A.A., *Tajemnice energii kamieni*, Ars Scripti-2, Białystok 2023.

Claire, *Magia wiedźm*, Studio Astropsychologii, Białystok 2011.

Czarmińska N., *Liczby losu*, Wydawnictwo Wodnika, Łódź 1994.

Davine A., *Magia wróżby, zaklęcia, amulety*, Wydawnictwo KIRKE, Wrocław 2001.

Diaz J., *Sekretna magia*, Studio Astropsychologii, Białystok 2021.

Douglas A., *Tarot*, Wydawnictwo Warsztat Specjalny, Milanówek 1993.

Fielding Ch., *Kabała praktyczna*, Ravi, Łódź 1997.

Gauquelin M., *Planety a osobowość człowieka*, Wydawnictwo Warsztat Specjalny, Milanówek 1994.

Gibaszewski P., *Tarot*, Studio Astropsychologii, Białystok 2008.

Hall M., *Reiki*, Studio Emka, Warszawa 1995.

Huber B. i L., *Astrologia węzłów księżycowych*, Studio Astropsychologii, Białystok 1998.

Karska M., *Tarot. Klucz do wnętrza*, Ravi, Łódź 1994.

Konaszewska-Rymarkiewicz K., *Astrologia. Progresje, dyrekcje*, Studio Astropsychologii, Białystok 1998.

Krogulska M., Podlaska-Konkel I., *Podręcznik astrologii*, t. 1, *Interpretacja horoskopu*, Wydawnictwo Albireo, Warszawa 2014.

Kulejewska E., *Vademecum run*, Studio Astropsychologii, Białystok 2023.

Lobos G, *Magia numerologii*, Dom Wydawniczo-Księgarski Kos, Katowice 1995.

Lobos G., *Twój portret, czyli magia numerologii*, Omnipress, Warszawa 1991.

Marks T., *Astrologia głębi*, Ravi, Łódź 1996.

Olszewska M.K., *Tarot archetypowy*, Studio Astropsychologii, Białystok 2008.

Olszewska M.K., *Tarot. Lekarz dusz*, Studio Astropsychologii, Białystok 1997.

Olszewska K.M., *Tarot. Terapia słowem*, Studio Astropsychologii, Białystok 1999.

Podlaska-Konkel I., *Astrologia horarna w praktyce*, Albireo, Warszawa 2017.

Prinke R.T., *Tarot. Dzieje niezwykłej talii kart*, Wydawnictwo Głodnych Duchów, Warszawa 1991.

Sharamon S., Bagiński B.J., *Kamienie szlachetne a znaki zodiaku*, Oficyna Wydawnicza Aster, Kraków 1993.

Shine N., *Numerologia*, Diogenes, Warszawa 1997.

Starowieyska H., *Tarot marsylski*, Wydawnictwo Wodnika, Łódź 1993.

Stone B. i R., *Kamienie astrologiczne*, Wydawnictwa Geologiczne, Warszawa 1992.

Suliga J.W., *Biblia Szatana*, Novum, Warszawa 1996.

Suliga J.W., *Tarot*, Wydawnictwo Medium, Warszawa 1993.

Suliga J.W., *Tarot magów*, Dertor, Warszawa 1994.

Suliga J.W., *Tarot. Systemy wróżebne*, Wydawnictwo Kolpap, Kielce 2013.

Szuman L., *Astrologia*, Centrala Usługowo-Wytwórcza Różdżkarz, Poznań 1991.

Vigne J., *Wprowadzenie do psychologii duchowej*, Jacek Santorski & CO Agencja Wydawnicza, Warszawa 1995.

von Pronay A., *Interpretacja horoskopu*, Studio Astropsychologii, Białystok 1996.

von Pronay A., *Zarys astrologii prognostycznej*, Studio Astropsychologii, Białystok 1994.

Weres L., *Homo-Zodiacus*, Cinpo International, Poznań 1991.

Weres L., Prinke R.T., *Mandala życia*, t. 1–2, KAW, Poznań 1982.

Williams M., Penman D., *Mindfulness. Trening uważności*, Samo Sedno, Warszawa 2014.

www.elle.pl/artykul/astrologia-i-nauka-jak-nowoczesne-badania-potwierdzaja-starozytne-madrosci?fbclid=IwAR0nmwG6F5qmUaRotUZPsrcrfwdBOnNd1bTYJFdFhvIwriuiMtQoZR2URRg (dostęp 31.08.2023)

SPIS TREŚCI

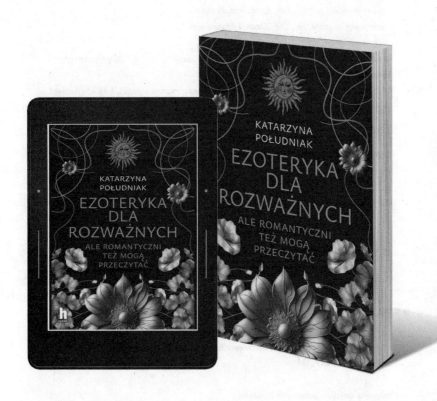

Książka dostępna również jako e-book.
Szukaj na vivelo.pl i w dobrych księgarniach.

EZOTERYKA DLA ROZWAŻNYCH

Projekt okładki i grafiki: Katarzyna Trzeszkowska
Opracowanie graficzne: TYPO Marek Ugorowski

Redaktor prowadząca dział poradników: Anna Sperling; aperling@grupazpr.pl
Redakcja: Anna Wróblewska
Korekta: Małgorzata Ablewska, Mortensja de Lux, Joanna Misztal, Elżbieta Szelest
Zdjęcie Katarzyny Południak: Karolina Figa/Archiwum prywatne autorki

Wydawca: TIME SA, ul. Jubilerska 10, 04-190 Warszawa

ISBN: 978-83-8343-243-4

HARDE
WYDAWNICTWO

Książkę możesz zamówić pod numerem telefonu: 22 590-55-50
lub na **VIVELO.pl**

Więcej o naszych autorach i książkach:

 facebook.com/hardewydawnictwo

 instagram.com/hardewydawnictwo

 tiktok.com/@harde.wydawnictwo

Dział sprzedaży i kontakt z czytelnikami: harde@grupazpr.pl

Druk i oprawa: Abedik SA